U0629984

权威・前沿・原创

皮书系列为
"十二五""十三五"国家重点图书出版规划项目

BLUE BOOK

智库成果出版与传播平台

体育场馆蓝皮书

BLUE BOOK OF
VENUES

中国体育场馆发展报告
（2019~2020）

ANNUAL REPORT ON DEVELOPMENT OF CHINA'S
SPORTS VENUES (2019-2020)

研　创／北京体育大学中国体育战略研究院
主　编／李艳丽
副主编／吴　特　范松梅　马天平

社会科学文献出版社
SOCIAL SCIENCES ACADEMIC PRESS（CHINA）

图书在版编目（CIP）数据

中国体育场馆发展报告.2019~2020／李艳丽主编
.－－北京：社会科学文献出版社，2020.8
（体育场馆蓝皮书）
ISBN 978-7-5201-6639-3

Ⅰ.①中… Ⅱ.①李… Ⅲ.①体育场－产业发展－研
究报告－中国－2019－2020②体育馆－产业发展－研究报
告－中国－2019－2020 Ⅳ.①G818

中国版本图书馆 CIP 数据核字（2020）第 077497 号

体育场馆蓝皮书
中国体育场馆发展报告（2019~2020）

主　　编／李艳丽
副 主 编／吴　特　范松梅　马天平

出 版 人／谢寿光
组稿编辑／祝得彬
责任编辑／郭红婷

出　　版／社会科学文献出版社·当代世界出版分社 （010）59367004
　　　　　　地址：北京市北三环中路甲 29 号院华龙大厦　邮编：100029
　　　　　　网址：www.ssap.com.cn
发　　行／市场营销中心 （010）59367081　59367083
印　　装／三河市东方印刷有限公司

规　　格／开　本：787mm×1092mm　1/16
　　　　　　印　张：18.25　字　数：238 千字
版　　次／2020 年 8 月第 1 版　2020 年 8 月第 1 次印刷
书　　号／ISBN 978-7-5201-6639-3
定　　价／168.00 元

主要编撰者简介

    李艳丽   管理学博士，北京体育大学体育商学院经济学教研室主任、副教授、硕士生导师。毕业于中国人民大学商学院，曾在美国内华达大学里诺分校商学院（金融学专业）交流访问。长期从事体育经济与体育产业研究，特别是体育场馆管理、数字体育、体育资本运营以及体育产业政策等方面。在《体育科学》《北京体育大学学报》《体育学刊》《体育与科学》《中国体育科技》《体育文化导刊》等核心期刊上发表论文10余篇，主持和参与国家级、省部级等课题10余项。

摘　要

《中国体育场馆发展报告（2019～2020）》包括总报告、建设运营篇、专题篇、案例篇、附录五个部分。作为中国首部体育场馆蓝皮书，本书既注重学术性、权威性、全面性，也强调实践性、创新性和时效性。本报告以政策为指引，以事实为依据，以案例为载体，以数据为支撑，力求呈现中国体育场馆行业全貌，探寻其高质量发展的动力和引擎。

中华人民共和国成立以来，各级政府和体育管理部门始终高度重视体育场馆的建设、运营及其经济社会价值的发挥。从"十三五"至今，体育场馆建设成效显著，无论是场地规模还是人均场地面积都有较大增长。但是，体育场馆在不同系统间、不同单位间、不同项目间以及城乡间、区域间的分布仍不均衡，尤其是中西部地区和广大农村的体育场馆还不充足，篮球、乒乓球、跑步三大运动项目之外的场馆施设供给也存在不足。

中国体育场馆的业态模式主要包括体育场馆服务业和体育场地建设业。其中，体育场馆服务业在快速发展的同时，一直面临经营专业化水平不足、经营模式单一、管理人才缺乏、资源开发利用不充分、信息化和智能化程度偏低、经营成本高企六大制约因素。体育场地建设业的稳健成长则亟须克服融资问题、建设机制与模式问题、土地问题与后续运营问题等。

展望未来，报告认为在"体育强国"和"健康中国"战略深入实施的大背景下，体育场馆行业将呈现如下十大发展趋势：整体快速发展势头继续保持，进入提质增效新阶段，体制机制改革进一步深

化，社会力量深度参与场馆建设运营，场馆多元化经营和体育服务综合体渐成主导，场馆建设运营智能化程度不断提高，新型专业化场馆运营市场主体快速成长，服务全民健身的功能与使命更为强化，冰雪、足球等重点项目掀起场馆建设发展新热潮，体育场馆成为社区发展重要载体。

关键词： 体育场馆　体育产业　冬奥会　服务综合体　智慧场馆

目　录

Ⅳ　案例篇

Ⅴ　附录

皮书数据库阅读 **使用指南**

总 报 告

General Report

B.1

中国体育场馆发展：回顾与展望
（1949~2019）

吴 特[*]

摘 要： 本文回顾了中华人民共和国成立以来体育场馆建设运营经历的三个发展阶段，基于第五次和第六次全国体育场地普查数据以及"十三五"时期体育场馆行业相关重要数据资料，重点分析了体育场馆在不同系统间、不同单位间、不同运动项目间以及城乡间、区域间的分布情况，指出了体育场馆服务业、体育场地建设业两大业态的发展制约因素。研究认为，在体制机制改革不断深化、新科技突飞猛进和居民消费能力持

---

* 吴特，管理学博士，北京体育大学体育商学院讲师，研究方向为体育产业、体育企业商业模式。

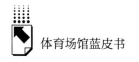
续增强等利好支撑下，体育场馆行业将呈现十大发展趋势。

关键词： 体育场馆　体育场馆服务业　体育场地建设业

体育场馆是进行运动训练、开展运动竞赛及锻炼身体的专业性场所，是为了满足运动训练、运动竞赛及大众体育消费需要而专门修建的各类运动场所的总称。在古希腊时代，体育场馆不仅作为竞技运动的主要载体，而且具有宗教、外交、文化和政治交流等重要的社会价值①。现代体育场馆不仅是体育运动的物质载体和大众体育消费的重要空间，而且是社区文化与社会生活的重要节点，更进一步构成区域体育产业以及服务业发展的重要支撑。在空间上，体育场馆的发展已经突破了自身的物理边界，拓展到社区和区域层面；在内容上，在作为体育运动物质载体的基础上，体育场馆发展为多种消费服务和公共文化生活的综合载体，在当今社会正发挥着越来越重要的经济社会价值。

中国政府和各级体育管理部门十分重视体育场馆的建设与运营，高度重视发挥体育场馆的经济社会价值。《"健康中国2030"规划纲要》《体育强国建设纲要》② 等都强调加快建设全民健身公共设施，并提出明确发展目标。未来，随着大众体育消费的不断发展以及各级政府和政策的鼓励、支持，中国体育场馆的建设与运营将迎来发展的新时代。

---

① 王东：《体育场馆在古代希腊的社会价值》，《当代体育科技》2017年第7期，第251~252页。
② 《"健康中国2030"规划纲要》，中国政府网，2016年10月25日，http://www.gov.cn/xinwen/2016-10/25/content_5124174.htm；《体育强国建设纲要》，中国政府网，2019年9月2日，http://www.gov.cn/zhengce/content/2019-09/02/content_5426485.htm。

一 中国体育场馆发展历史回顾

中华人民共和国成立以来，体育事业、体育产业取得了突出的发展成就。体育场馆设施作为中国体育领域发展的重要载体，是构建公共服务体系、提高竞技体育水平、促进社会和谐发展、提高人民满足感和幸福感的重要物质基础。

总体来说，中华人民共和国成立以来，体育场馆的发展历程可以分为三个阶段——发展起步期、快速发展期、深化发展期。在每个发展阶段，体育场馆的建设、管理运营都取得突出成果，并出台了一系列相关支持政策，推动中国体育场馆行业不断繁荣发展。

（一）体育场馆发展起步期（1949～1978）

1949年中华人民共和国成立，体育事业发展开始步入新的征程。在国家统一计划、实施和管理下，体育场馆建设与运营开始起步，并为后来的发展打下良好的基础。

1949年之前中国只有13个体育场和13个体育馆，大多位于上海、北京、天津、广州等少数几个大城市。① 在体育场馆建设方面，复兴体育事业，面临的首要任务是接收和改造原有的体育场地设施，加快大型体育场馆的建设，并注重服务于竞技体育。发展迅速、"强竞体弱群体"是这一时期体育场馆建设的特征。

在体育场馆管理运营方面，由国家统一计划、实施和管理，建设和维护经费由国家拨付、各级体育行政部门进行管理，实行统收、统支、统管。

① 陈元欣：《新中国成立以来我国体育场馆供给的历史回顾》，《新中国体育60年理论研讨会论文集》，2019年9月。

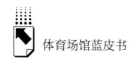

在体育场馆政策方面，1949～1978 年，关于体育场馆的政策数量相对较少，共约 26 件；政策的制定具有全面、公平发展的特点，同时城市化导向和教育导向也很突出。

（二）体育场馆快速发展期（1979～2008）

改革开放后，中国体育事业和体育产业迎来发展的大好局面。随着综合国力和人民生活水平的提高，市场化改革逐步推进，体育场馆建设与运营获得快速发展，在服务竞技体育、群众体育以及推动体育产业发展的过程中发挥着重要作用。

在体育场馆建设方面，十一届三中全会的召开及中国在国际奥委会合法地位的恢复，推动中国体育领域进入新的发展时期，提出"普及与提高相结合"的发展思路，加快中国体育场馆的发展进程。自 20 世纪 80 年代开始，大中型体育场馆陆续在各省会城市兴建。场馆建设呈现多功能化、大中型场馆集中化趋势，场馆建设与城市发展相结合，建设举办国内综合性运动会和国际体育单项赛事的大中型体育场馆成为主流。南京奥体中心、水立方、鸟巢、五棵松体育馆、奥林匹克水上公园、国家体育馆、武汉体育中心、广州奥林匹克体育中心等相继落成，这些场馆的建设理念先进、构思巧妙、设施先进、功能齐全、容量巨大，同时大量使用新技术、新材料、新工艺，注重标准化、节能环保、空间利用最大化。

在体育场馆管理运营方面，改革开放后，随着政府部门对体育场馆建设和管理的财政投入压力日益增大，积极探索体育场馆改革措施被提上日程。中国开始逐步探索国家办与社会办相结合的方式，积极吸引民营资本、外资参与体育场馆的供给，探索各类市场化管理运营手段。①

---

① 卢花、何元春：《集权 - 放权 - 分权：我国体育场馆治理模式演变历程》，《体育研究与教育》2019 年第 3 期。

体育场馆政策方面，这一时期颁布了 30 多项大型体育场馆相关政策，引导体育场馆建设运营的社会化、市场化发展。例如，1993年 5 月发布《国家体委关于培育体育市场、加速体育产业化进程的意见》、1993 年 6 月发布《国家体委关于深化体育改革的意见》、1995 年 6 月发布《体育产业发展纲要》、1995 年 7 月发布《奥运争光计划纲要》等。这些政策指出，体育场馆要由福利型、事业型向经营型、市场化转变，形成"以体为主、以体养体、以副助体"的体育场馆产业化发展模式。

（三）体育场馆深化发展期（自2008年至今）

随着北京奥运会成功举办，中国体育场馆建设与运营进入新的发展时期。这一时期体育场馆市场化改革不断深化，服务于全民健身的功能日益得到重视，在"健康中国"和"体育强国"战略中的作用日益凸显，体育场馆建设与运营的经济效益和社会效益不断强化。

进入 21 世纪以来，尤其是 2008 年北京奥运会之后，体育场馆建设呈现出小型场馆深入普及、中型场馆丰富多样、大型场馆迈向现代化的趋势。大型场馆的建设积极与城市建设发展相配套，并进入了科技化、标准化和国际化发展时期。

2015 年，北京赢得第 24 届冬季奥林匹克运动会举办权，冰雪体育场馆的建设围绕 2022 年冬奥会的办赛需求有条不紊地展开，注重赛后综合利用、艺术性与实用性并重、节能环保成为体育场馆建设新的特点。

体育场馆管理运营方面，改革力度不断加大，实施政企分开、政事分开。[①] 鼓励企业、社会组织、个人等参与体育场馆的建设、

---

① 卢花、何元春：《集权 - 放权 - 分权：我国体育场馆治理模式演变历程》，《体育研究与教育》2019 年第 3 期。

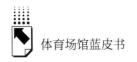

管理和运营等，并提供政策支持。目前，已形成多种运营模式并存的局面。

在从"体育大国"转向"体育强国"的时代背景下，中国体育设施的政策内容也发生变化。近年来，有关体育设施的政策文件主要包括：国家体育总局于2016年7月发布《体育产业发展"十三五"规划》，国务院先后于2016年6月发布《全民健身计划（2016—2020年)》、2016年10月发布《"健康中国2030"规划纲要》、2019年9月发布《体育强国建设纲要》，国家发展改革委、国家体育总局、工业和信息化部等部门于2016年11月联合发布《全国冰雪场地设施建设规划（2016—2022年)》，国家发展改革委和国家体育总局于2016年12月发布《"十三五"公共体育普及工程实施方案》、2019年1月发布《进一步促进体育消费的行动计划（2019—2020年)》，等等。这些政策进一步推动体育场馆的市场化改革发展，强调群众体育的重要性，积极推进全民健身场馆建设和体育场馆向社会开放。这一阶段，体育场馆政策更加细化、具体化，旨在解决群众体育发展中的问题，通过制定激励性及规范性政策，引导体育事业的健康发展及体育场馆科学建设，呈现出注重科学发展、民生导向等特点。

二 "十三五"以来中国体育场馆总体发展情况

"十三五"以来中国体育场馆获得快速发展，场馆建筑的数量和水平也不断提高。2013年，第六次全国体育场地普查对中国体育场馆建筑总体情况进行了统计，并发布《第六次全国体育场地普查数据公报》（以下简称"六普"）。此后，关于体育场馆总体发展情况的部分数据也陆续发布。2019年，国家体育总局组织开展了体育场地统计调查工作，并公布了相关数据。本文将在分析"六普"等数据的基础上，对"十三五"以来中国体育场馆建筑发展总体情况进行分析。

（一）体育场馆建筑总体情况

《第六次全国体育场地普查数据公报》显示，截至 2013 年 12 月 31 日，全国共有体育场地 169.46 万个，用地面积 39.82 亿平方米，建筑面积 2.59 亿平方米，场地面积 19.92 亿平方米。其中，室内体育场地 16.91 万个，场地面积 0.62 亿平方米；室外体育场地 152.55 万个，场地面积 19.30 亿平方米；平均每万人拥有体育场地 12.45 个，人均体育场地面积 1.46 平方米。[①]

2017 年，全国建设各类体育场地 2 万余个，经常性参加体育锻炼的人口比例提高到 41.3%[②]；截至 2018 年底，全国体育场地总数达 316.20 万个，人均体育场地面积达 1.86 平方米[③]。《健康中国行动（2019—2030 年）》提出，到 2022 年和 2030 年人均体育场地面积分别达到 1.9 平方米及以上和 2.3 平方米及以上[④]；《体育强国建设纲要》提出到 2035 年，人均体育场地面积达到 2.5 平方米[⑤]。

2003～2013 年，中国体育场馆建筑面积保持了较高的增速，年均增速达 13.2%；而场地面积的年均增速只有 4.1%，表明中国体育场馆建设呈现出建筑面积发展快于场地面积的特点。从人均指标来

① 《第六次全国体育场地普查数据公报》，国家体育总局网站，2014 年 12 月 26 日，http://www. sport. gov. cn/n16/n1077/n1467/n3895927/n4119307/7153937. html。
② 《服务业继续领跑　新经济不断壮大》，《经济日报》2018 年 1 月 20 日，第 4 版，http://paper. ce. cn/jjrb/html/2018 – 01/20/content_ 354183. htm。
③ 《全国体育场地统计调查数据》，国家体育总局网站，2020 年 1 月 23 日，http://www. sport. gov. cn/n315/n9041/n9042/n9143/n9162/c941782/content. html。
④ 《健康中国行动（2019—2030 年）》，中国政府网，2019 年 7 月 15 日，http://www. gov. cn/xinwen/2019 – 07/15/content_ 5409694. htm。
⑤ 《体育强国建设纲要》，中国政府网，2019 年 9 月 2 日，http://www. gov. cn/zhengce/content/2019 – 09/02/content_ 5426485. htm。

看，平均每万人拥有体育场地的年均增长率为6.6%；而人均体育场地面积的年均增长率仅为3.6%，在人均体育场馆设施拥有量方面还存在进一步的发展空间（见表1）。

表1 中国体育场馆的总体发展情况（2003～2018年）

项目	2003年	2013年	2003～2013年均增长率(%)	2018年
体育场地总数(万个)	85.01	169.46	7.1	316.20
用地面积(亿平方米)	22.50	39.82	5.9	—
建筑面积(亿平方米)	0.75	2.59	13.2	—
场地面积(亿平方米)	13.30	19.92	4.1	—
平均每万人拥有体育场地(个)	6.58	12.45	6.6	—
人均体育场地面积(平方米)	1.03	1.46	3.6	1.86

资料来源：《第五次全国体育场地普查数据公报》，国家体育总局网站，2005年2月18日，http://www.sport.gov.cn/n16/n1167/n2768/n32454/134749.html；《第六次全国体育场地普查数据公报》，国家体育总局网站，2014年12月26日，http://www.sport.gov.cn/n16/n1077/n1467/n3895927/n4119307/7153937.html；《全国体育场地统计调查数据》，国家体育总局网站，2020年1月23日，http://www.sport.gov.cn/n315/n9041/n9042/n9143/n9162/c941782/content.html。

（二）体育场地的系统分布情况

中国体育场地主要分布在体育、教育、军队等系统中。根据第五次全国体育场地普查（以下简称"五普"）和第六次全国体育场地普查数据，体育系统和军队系统的体育场地数量在体育场地总数中的占比不高，并且从2003年到2013年的变化也不大。教育系统的场地数量在体育场地总数中的占比较大，虽然与2003年相比，2013年的占比下滑了26.6个百分点，但依然保持较高份额（见表2）。

表2　2003年、2013年中国各系统体育场地数量情况

系统类型	2003年场地数量（万个）	2003年各系统场地数量占比（%）	2013年场地数量（万个）	2013年各系统场地数量占比（%）
合计	85.01	100.0	169.46	100.0
体育系统	1.85	2.2	2.43	1.4
教育系统	55.80	65.6	66.05	39.0
高等院校	2.87	3.4	4.97	2.9
中小学	50.04	58.9	58.49	34.5
其他教育系统单位	1.05	1.2	2.59	1.5
军队系统	3.80	4.5	5.22	3.1
其他系统	23.56	27.7	95.76	56.5

资料来源：《第五次全国体育场地普查数据公报》，国家体育总局网站，2005年2月18日，http://www.sport.gov.cn/n16/n1167/n2768/n32454/134749.html；《第六次全国体育场地普查数据公报》，国家体育总局网站，2014年12月26日，http://www.sport.gov.cn/n16/n1077/n1467/n3895927/n4119307/7153937.html。

从各系统体育场地面积看，六普数据显示（五普没有统计相关指标），教育系统拥有的体育场地面积占比达53.0%，其中中小学的场地数量和面积占绝大多数（见表3）。总体来看，无论是数量还是面积，教育系统都是中国体育场地的主要拥有者，说明中国体育场地的拥有者以教育系统（尤其是中小学）为主、其他系统为辅。

表3　2013年各系统体育场地面积情况

系统类型	场地面积（亿平方米）	各系统场地面积占比（%）
合计	19.92	100.0
体育系统	0.95	4.8
教育系统	10.56	53.0
高等院校	0.82	4.1
中小学	9.29	46.6
其他教育系统单位	0.45	2.3

系统类型	场地面积（亿平方米）	各系统场地面积占比（%）
军队系统	0.43	2.2
其他系统	7.98	40.1

资料来源：《第六次全国体育场地普查数据公报》，国家体育总局网站，2014 年 12 月 26 日，http：//www. sport. gov. cn/n16/n1077/n1467/n3895927/n4119307/7153937. html。

（三）体育场地的单位分布情况

从单位分布看，行政机关、事业单位、企业单位是中国体育场地的主要拥有者。其中，事业单位体育场地数量占体育场地总数量及总面积的份额最大，尤其在面积方面，占比达 58.7%（见表 4）。2018 年底，事业单位体育场地面积为 12.6 亿平方米，在体育场地总面积（25.94 亿平方米）中的占比为 48.6%，占比有所降低。可以说，中国体育场地的拥有者以事业单位为主、其他单位为辅。2018 年底，企业单位拥有的体育场地面积为 4.83 亿平方米，与 2013 年相比增长了 17.5%，取得较快增长。

表 4　2013 年中国各单位体育场地数量及面积情况

单位类型	场地数量（万个）	各单位场地数量占比（%）	场地面积（亿平方米）	各单位场地面积占比（%）
合计	164.24	100.0	19.49	100.0
行政机关	8.39	5.1	0.86	4.4
事业单位	68.66	41.8	11.45	58.7
企业单位	13.77	8.4	4.11	21.0
内资企业	12.94	7.9	3.40	17.4
港、澳、台商投资企业	0.46	0.3	0.39	2.0
外商投资企业	0.37	0.2	0.32	1.6
其他单位	73.42	44.7	3.07	15.8

资料来源：《第六次全国体育场地普查数据公报》，国家体育总局网站，2014 年 12 月 26 日，http：//www. sport. gov. cn/n16/n1077/n1467/n3895927/n4119307/7153937. html。

（四）体育场地的类型分布情况

不同类型的运动项目需要相关的体育场地，而相关体育场地建设情况也能从某个角度揭示该项运动在中国的普及程度。从体育场地的类型分布看，截至 2013 年 12 月 31 日，全国普查到 82 种主要体育场地类型，场地数量为 154.01 万个，场地面积为 17.92 亿平方米（见表 5）。

表 5　2013 年中国各类型体育场地数量及面积情况

场地类型	场地数量（万个）	场地面积（亿平方米）
82 种主要体育场地	154.01	17.92
其他体育场地	10.23	1.57
合计	164.24	19.49

资料来源：《第六次全国体育场地普查数据公报》，国家体育总局网站，2014 年 12 月 26 日，http://www.sport.gov.cn/n16/n1077/n1467/n3895927/n4119307/7153937.html。

在主要体育场地类型中，数量排名前 3 的体育场地分别是篮球场、全民健身路径和乒乓球场。这三类体育场地的占比为 67.6%，尤其是篮球场的数量占总体的 1/3 强（见表 6）。2018 年底，篮球场、全民健身路径、乒乓球场数量分别为 90.36 万个、74.91 万个、69.69 万个，均取得较快增长。这也表明，在中国，篮球、乒乓球、跑步等运动项目的场地数量相对较多，具备相对较好的场地条件。

表 6　2013 年主要体育场地类型情况

场地类型	场地数量（万个）	数量占比（%）
篮球场	59.64	36.32
全民健身路径	36.81	22.41
乒乓球场	14.57	8.87
小运动场	8.91	5.42

场地类型	场地数量(万个)	数量占比(%)
乒乓球房(馆)	4.87	2.97
合计	124.80	75.99

资料来源:《第六次全国体育场地普查数据公报》,国家体育总局网站,2014 年 12 月 26 日,http://www.sport.gov.cn/n16/n1077/n1467/n3895927/n4119307/7153937.html。

此外,随着北京冬奥会申办成功,中国冰雪场地建设进入高潮。截至 2018 年底,全国共有 742 个滑雪场,比去年同期增加 39 个,增幅为 5.55%[1]。截至 2018 年 6 月底,滑冰场馆数量达到 334 家,较上年度统计周期的 259 家同比增加 29%[2]。

(五)体育场地的城乡分布情况

城乡发展和公共服务均等化是当前中国发展的一个重大课题,缩小体育场地的城乡差异是其中的重要组成部分。已有调查显示,城乡在体育场地供给方面的差异会直接影响到城乡体育服务的供给水平。

从体育场地数量和面积看,城镇体育场地的数量是乡村的 1.42 倍,面积则是乡村的 2.18 倍。从人均拥有面积看,2013 年中国城镇人口为 7.3 亿人,人均场地面积为 1.83 平方米;2013 年中国乡村人口为 6.3 亿人,人均场地面积为 0.97 平方米,约为城镇的一半(见表7)。无论是总体情况还是人均情况,城乡之间在体育场地数量和面积的拥有上仍有较大的差距。

---

① 伍斌等:《中国滑雪产业白皮书(2018 年度报告)》,中冰雪网,2019 年 1 月 17 日,https://www.chnzbx.com/index.php?a=nrinfo&id=3243。

② 《〈中国冰雪产业发展研究报告(2018)〉正式发布,国内滑雪场馆达到 738 座,冰场达到 334 家》,搜狐网,2018 年 10 月 23 日,https://www.sohu.com/a/270658391_505583。

表7　2013年中国室内外体育场地城乡分布情况

类型	城镇体育场地			乡村体育场地		
	数量 （万个）	场地面积 （亿平方米）	人均场地面积 （平方米）	数量 （万个）	场地面积 （亿平方米）	人均场地面积 （平方米）
合计	96.27	13.37	1.83	67.97	6.12	0.97
室内体育场地	12.87	0.54	——	2.73	0.05	——
室外体育场地	83.40	12.83	——	65.24	6.07	——

资料来源：《第六次全国体育场地普查数据公报》，国家体育总局网站，2014年12月26日，http：//www. sport. gov. cn/n16/n1077/n1467/n3895927/n4119307/7153937. html。

（六）体育场地的地区分布情况

从地区分布看，东部地区的体育场地数量和面积占比较大，分别为43.3%和48.1%，约占一半的份额（见表8）。在体育场地的地域分布上，存在一定的不均衡现象。

表8　2013年体育场地的区域分布情况

地区	场地数量 （万个）	各地区场地 数量占比（%）	场地面积 （亿平方米）	各地区场地 面积占比（%）
合计	164.24	100.0	19.49	100.0
东部	71.10	43.3	9.38	48.1
中部	40.39	24.6	4.18	21.4
西部	42.63	26.0	4.28	22.0
东北	10.12	6.2	1.65	8.5

资料来源：《第六次全国体育场地普查数据公报》，国家体育总局网站，2014年12月26日，http：//www. sport. gov. cn/n16/n1077/n1467/n3895927/n4119307/7153937. html。

近年来，各省份体育场地建设获得了长足发展，体育场地数量和面积快速增加，人均体育场地面积不断增长，全民健身体育服务场地和设施日益完善（见表9）。

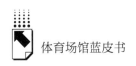

表9 2016～2018年部分省份体育场地建设情况

地区	体育场地发展情况
北京市	2018年,新建700余片专项活动场地。目前,北京市人均体育场地面积为2.25平方米,100%的街道(乡镇)、行政村和有条件的社区均建有体育设施
上海市	2019年9月,上海市体育局发布了最新调查的《2018年上海市全民健身发展报告》。报告显示,截至2018年底,全市可供市民健身的体育场地面积达到54028318平方米,可供市民健身的人均体育场地面积达2.23平方米
广东省	2018年,广东省各级各类体育场地设施有15万多个,人均体育场地面积达2.2平方米,建成绿道17000多千米,利用城镇用地“金边银角”兴建社区体育公园2100多个
江苏省	2016年,全省人均公共体育场地面积达到2.01平方米,高于全国平均水平0.55平方米,新建健身步道1500千米,全省累计健身步道总长达8000千米
山东省	2017年,全省人均体育场地面积达到2平方米,城市社区建成“15分钟健身圈”,新建社区和乡镇、行政村公共体育设施覆盖率达到100%,基本实现体育公共服务全覆盖
浙江省	截至2018年底,全省共有体育场地数量151251个,与2017年相比,增幅为5.4%。其中2018年新增体育场地数量中前五位依次是全民健身路径1970条、篮球场1232片、健身房800个、步行道431条、乒乓球房(馆)430个
辽宁省	2018年,全省城市健身路径实现全覆盖,“15分钟健身圈”基本形成。人均体育场地面积达到1.7平方米,健身站点总数达1.4万个
重庆市	截至2017年,全市累计建成体育场36座、体育馆39座、游泳馆30座;建设全民健身路径工程1368个,覆盖全市55%的社区;建设农体工程8440个,覆盖全市97%的村社;建设乡镇健身广场364个,覆盖全市44%的乡镇;命名全民健身登山步道总数143条,区县覆盖率为100%。2016年人均体育场地面积为1.36平方米,到2020年,人均体育场地面积将达到1.7平方米

地区	体育场地发展情况
贵州省	2018 年,贵州省争取中央、省级各类资金 14 亿元,支持全省 92 个公共体育场馆、25 个生态体育公园、1000 千米健身绿色步道工程建设,完成 12 个县级以上老年体育活动中心、50 个城镇保障性安居工程体育配套设施、80 个乡镇和 773 个行政村农民体育健身工程建设

资料来源：笔者根据相关网络报道及资料整理。参见《北京今年新建 700 余片专项活动场地　人均体育场地面积 2.25 平米》,人民网,2018 年 11 月 22 日,http://bj. people. com. cn/gb/n2/2018/1122/c82840 – 32318264. html;《〈2018 年上海市全民健身发展报告〉发布》,腾讯·大申网,2019 年 9 月 19 日,https://sh. qq. com/a/20190919/008087. htm;《体育强国梦　广东冲在前》,广东省体育场馆协会网站,2019 年 10 月 9 日,http://gdsva. org/content/newsInfo/newsInfo/2019/2/20191011news6xafMnETrh. html? newsInfoId = 250;《江苏人均公共体育场地面积超过全国平均水平》,人民网,2016 年 12 月 30 日,http://js. people. com. cn/n2/2016/1230/c360302 – 29537104. html;《山东：城市社区建成 15 分钟健身圈》,国际在线,2017 年 6 月 27 日,http://sd. cri. cn/20170627/2fef37f8 – 40f2 – a361 – 3790 – de6e6828b72f. html;《2018 年浙江省全民健身活动状况大数据发布》,国家体育总局网站,2019 年 1 月 29 日,http://www. sport. gov. cn/n316/n338/c891683/content. html;《辽宁"15 分钟健身圈"基本形成》,手机人民网,2018 年 7 月 25 日,http://m. people. cn/n4/2018/0725/c1281 – 11345927. html;《新周期〈重庆市全民健身实施计划〉出台》,国家体育总局网站,2016 年 11 月 16 日,http://www. sport. gov. cn/n317/n344/c775876/content. html;《2018 年度全民健身设施建设情况》,贵州省体育局网站,2019 年 1 月 16 日,http://tyj. guizhou. gov. cn/zwgk/xxgkml/zdlyxxgk/tyssjs/201905/t20190507_ 5142906. html。

总体来看，中国体育场馆建筑取得了良好发展，体育场地的数量、面积和人均体育场地面积都有较快发展。教育系统、事业单位、城镇、东部地区，以及篮球、乒乓球、跑步三大运动项目拥有相对较多的体育场馆设施。相比之下，三大运动以外的项目以及中西部、乡村地区的体育场馆建设仍有待进一步发展。中国体育场馆总体呈快速发展的态势，但也存在在系统、单位、项目、区域、城乡之间的发展不均衡状况。

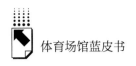
三 "十三五"以来中国体育场馆主要业态发展情况

中国体育场馆主要业态包括体育场馆服务业和体育场地建设业两大部分，下面分别从行业总体情况、经营状况、行业发展制约因素三个方面对这两大业态发展进行分析。

（一）体育场馆服务业

1. 行业总体情况

随着中国体育产业的迅速发展，体育场馆服务业近年来也出现了良好的增长势头。从2015～2018年的全国体育统计数据看，中国体育场馆服务业总产出已经突破两千亿元人民币大关，并呈逐年稳步增长的态势。2016年中国体育场馆服务业总产出较2015年增长25.2%，2017年较2016年增长24.8%，2018年较2017年增长96.6%，均高于同期体育产业总体增速（见图1）。

增加值方面，2016年体育场馆服务业增加值较2015年增长23.9%，2017年较2016年增长19.5%，2018年较2017年增长26.1%，发展态势良好（见图2）。

2015～2018年，体育场馆服务业总产值占体育产业总产值比重呈现逐年增加的特点，从2015年的5%上升到2018年的9.9%（见图3）；体育场馆服务业增加值占体育产业增加值的比重基本稳定在8%以上（见图4）。

2. 行业经营状况

总体来看，体育场馆服务内容主要可分为两大类：场地出租和衍生服务业。场地出租主要用于举办体育赛事、文娱活动、健身培训等；衍生服务业包括餐饮、酒店、各类零售商店等配套设施，以及休闲旅游。在日益增强的体育消费需求的推动下，中国体育场馆服务业

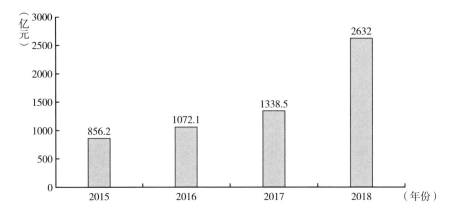

图1　2015～2018年体育场馆服务业总产出

资料来源：《国家体育总局、国家统计局联合发布2015年国家体育产业规模及增加值数据的公告》，国家体育总局网站，2016年12月27日，http：//www. sport. gov. cn/n319/n10510/c782465/content. html；《2016年国家体育产业总规模与增加值数据公告》，中国政府网，2018年1月14日，http：//www. gov. cn/xinwen/ 2018－01/14/content_ 5256472. htm；《2017年全国体育产业总规模与增加值数据公告》，国家统计局网站，2019年1月8日，http：//www. stats. gov. cn/tjsj/zxfb/ 201901/t20190108_ 1643790. html；《2018年全国体育产业总规模和增加值数据公告》，国家统计局网站，2020年1月20日，http：//www. stats. gov. cn/tjsj/zxfb/ 202001/t20200120_ 1724122. html。

发展迅速，并不断探索多元和创新的经营模式。尤其是大型体育场馆，近年来大多同时开展多种业务，努力成为具备多种城市功能的综合场所——体育综合体。总体来看，体育场馆基于不同的定位、区位、体制、市场等因素，采取不同的经营策略，构建不同的经营模式，呈现出不同的商业业态。

在运营主体方面，体育场馆运营主要分为自主运营、合作运营、委托运营三种模式。自主运营包括单位内部自主运营和事业单位自主运营；委托运营包括承包、租赁、委托等不同形式。根据第六次全国体育场地普查数据，截至2013年底，在1093座大型体育场馆中，984座为自主运营，占比达90%；合作运营的大型体育场馆有42座，

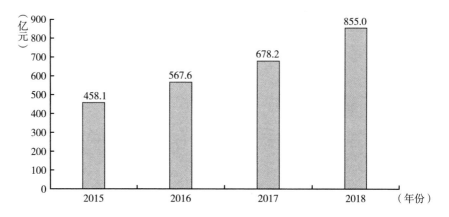

图2 2015～2018 年体育场馆服务业增加值

资料来源:《国家体育总局、国家统计局联合发布2015年国家体育产业规模及增加值数据的公告》,国家体育总局网站,2016 年 12 月 27 日,http://www.sport.gov.cn/n319/n10510/c782465/content.html;《2016 年国家体育产业总规模与增加值数据公告》,中国政府网,2018 年 1 月 14 日,http://www.gov.cn/xinwen/2018 - 01/14/content_ 5256472.htm;《2017 年全国体育产业总规模与增加值数据公告》,国家统计局网站,2019 年 1 月 8 日,http://www.stats.gov.cn/tjsj/zxfb/201901/t20190108_ 1643790.html;《2018 年全国体育产业总规模和增加值数据公告》,国家统计局网站,2020 年 1 月 20 日,http://www.stats.gov.cn/tjsj/zxfb/202001/t20200120_ 1724122.html。

占 3.8%;67 座为委托运营,占 6.1%。[1]

从国内体育场馆服务业相关上市公司经营情况来看,目前国内从事体育场馆服务的上市公司包括中体产业、当代明诚、中智华体、莱茵体育等。以中体产业、当代明诚和莱茵体育为例,分析各公司2018 年度的报告,可以发现各公司 2018 年度的体育场馆服务业相关业务的主营收入存在较大差异,高的达到 1.7 亿元,低的则只有1200 多万元,相差 14 倍。从主营利润和毛利率的情况看,差异则更加明显,除中体产业外,另外两家公司盈利状况不佳,莱茵体育甚至

---

[1] 体育 BANK、文投体育:《大型体育场馆建设与运营模式分析》,业绩榜网站,2017 年 6 月 5 日,http://www.yejibang.com/news - details - 18217.html。

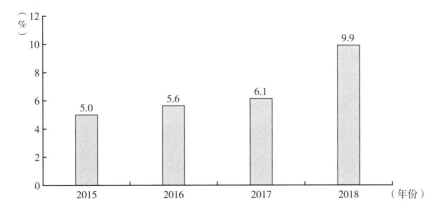

图3　2015～2018年体育场馆服务业总产出占比

资料来源：《国家体育总局、国家统计局联合发布2015年国家体育产业规模及增加值数据的公告》，国家体育总局网站，2016年12月27日，http：//www. sport. gov. cn/n319/n10510/c782465/content. html；《2016年国家体育产业总规模与增加值数据公告》，中国政府网，2018年1月14日，http：//www. gov. cn/xinwen/2018－01/14/content_5256472. htm；《2017年全国体育产业总规模与增加值数据公告》，国家统计局网站，2019年1月8日，http：//www. stats. gov. cn/tjsj/zxfb/201901/t20190108_1643790. html；《2018年全国体育产业总规模和增加值数据公告》，国家统计局网站，2020年1月20日，http：//www. stats. gov. cn/tjsj/zxfb/202001/t20200120_1724122. html。

存在880多万元的亏损（见表10）。可以看出，国内体育场馆服务业相关上市公司经营的差异较大，一些公司面临盈利能力不足的问题。

中国体育场馆服务业目前既有着多种经营模式探索活跃、发展潜力巨大的良好局面，同时也面临着加强盈利能力、突破发展瓶颈的重大挑战。体育场馆服务业经营模式的创新和盈利水平的提高任重道远。

3. 行业发展制约因素

中国体育场馆服务业虽然发展迅速，但仍存在一定的制约因素，主要包括六个方面。一是场馆经营专业化水平相对不足。2014年的一项体育场馆相关调查显示，80.0%被调查场馆的主要经营方式为自主经营，55.6%的被调查场馆未与专业机构合作；清洁卫生、安保、

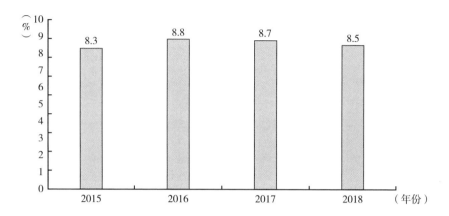

图 4　2015～2018 年体育场馆服务业增加值占比

资料来源：《国家体育总局、国家统计局联合发布 2015 年国家体育产业规模及增加值数据的公告》，国家体育总局网站，2016 年 12 月 27 日，http：//www.sport.gov.cn/n319/n10510/c782465/content.html；《2016 年国家体育产业总规模与增加值数据公告》，中国政府网，2018 年 1 月 14 日，http：//www.gov.cn/xinwen/2018－01/14/content_5256472.htm；《2017 年全国体育产业总规模与增加值数据公告》，国家统计局网站，2019 年 1 月 8 日，http：//www.stats.gov.cn/tjsj/zxfb/201901/t20190108_1643790.html；《2018 年全国体育产业总规模和增加值数据公告》，国家统计局网站，2020 年 1 月 20 日，http：//www.stats.gov.cn/tjsj/zxfb/202001/t20200120_1724122.html。

表 10　2018 年度国内体育场馆服务业部分上市公司经营情况

公司名称	相关业务领域	相关业务主营收入（元）	主营利润（元）	毛利率（%）
中体产业	体育场馆运营管理	1.70 亿	5055.43 万	29.76
当代明诚	场馆运营	5378.05 万	215.42 万	4.01
莱茵体育	体育运营	1253.79 万	－882.86 万	－70.42

资料来源：《中体产业 2018 年年度报告》，网易，http：//quotes.money.163.com/f10/ggmx_600158_5076420.html；《当代明诚 2018 年年度报告》，网易，http：//quotes.money.163.com/f10/ggmx_600136_5173595.html；《莱茵体育 2018 年年度报告》，网易，http：//quotes.money.163.com/f10/ggmx_000558_5271838.html。

饮食等服务性工作，46.7%的被调查场馆也是以自我服务为主。① 目前，中国许多体育场馆在专业化经营管理方面还处于较为初级的状态，自身缺乏专业化服务能力或者经营活动无法支持专业化外包，对体育场馆未来经营构成明显制约。

二是场馆经营模式相对单一。虽然目前体育服务综合体已经成为许多场馆未来发展的重要方向，但发展还相对不足。调查显示，在被调查场馆的主要收入来源中，广告收入、餐饮、休闲等经营项目的收入不到总收入的10%；35.6%的场馆的主要收入来源为场地出租，高达88.9%的被调查场馆在文艺演出、展览等大型活动中仅仅作为场地出租者。② 这表明中国体育场馆经营模式相对单一，提供的产品和服务相对简单，缺乏足够的盈利点，在多样化经营方面仍存在一定不足。

三是场馆缺乏经营管理人才。中国体育场馆人员构成中，经营管理人才尤其是高水平市场开发人才相对缺乏，存在一定的人员结构失衡现象。调查显示，场馆工作人员以日常维护管理人员为主，市场开发人员相对较少。优秀市场开发人才的缺乏严重制约场馆经营。③

四是场馆资源开发利用不足。调查显示，37.8%的被调查场馆看台下空间和附属设施处于闲置状态。大型体育场馆利用效率较低，如占大型体育场馆面积约90%的看台和看台下空间并未得到利用。④ 这仅是场馆资源的一部分，除此之外，场馆冠名权的营销、

---

① 陈元欣、刘倩：《我国大型体育场馆运营管理现状与发展研究》，《体育成人教育学刊》2015年第6期，第27页。
② 陈元欣、刘倩：《我国大型体育场馆运营管理现状与发展研究》，《体育成人教育学刊》2015年第6期，第27～28页。
③ 陈元欣、刘倩：《我国大型体育场馆运营管理现状与发展研究》，《体育成人教育学刊》2015年第6期，第27页。
④ 陈元欣、刘倩：《我国大型体育场馆运营管理现状与发展研究》，《体育成人教育学刊》2015年第6期，第28页。

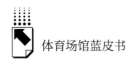
场馆赞助的开发、场馆周边衍生品的开发等都是目前相对薄弱的经营环节。

五是场馆信息化和智能化程度较低。调查显示，57.8%的被调查场馆未建立门户网站，82.2%的被调查场馆未建立网上查询、场馆预订等信息化服务系统，且只有9家场馆采用微信、微博等新媒体作为场馆宣传手段之一。[①] 这表明场馆在经营中对信息化、智能化发展的重视相对不足，在利用互联网、大数据等新型信息化经营手段与工具方面还存在一定不足，这也制约了中国体育场馆经营的发展。

六是场馆经营成本高企。调查结果显示，中国大型体育场馆的能源缴费标准大部分为商业标准，而且是所有收费标准之中相对较高的，仅能源费用支出一项就对场馆经营构成较大的成本压力。[②] 此外，场馆的人员成本、维护成本也是经营的主要支出。在"开源"尚在不断探索的情况下，"节流"方面的挑战也不小。未来，优化体育场馆经营的成本结构是体育场馆重要的发展课题。

（二）体育场地建设业

1. 行业总体情况

2015～2018年，中国体育场地设施建设业呈现快速发展态势。2016年的体育场地设施建设总产出较2015年增长43.1%，2017年较2016年增长106.9%，2018年较2017年增长40.6%（见图5）。这表明近年来中国在体育场地设施建设方面的投入力度加大，体育场馆设施将日益完善。

2015～2018年，体育场地设施建设的增加值也实现了迅猛增长。

---

① 陈元欣、刘倩：《我国大型体育场馆运营管理现状与发展研究》，《体育成人教育学刊》2015年第6期，第27页。

② 陈元欣、刘倩：《我国大型体育场馆运营管理现状与发展研究》，《体育成人教育学刊》2015年第6期，第29页。

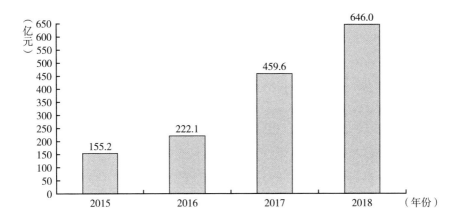

图5　2015～2018年体育场地设施建设总产出

资料来源：《国家体育总局、国家统计局联合发布2015年国家体育产业规模及增加值数据的公告》，国家体育总局网站，2016年12月27日，http：//www. sport. gov. cn/n319/n10510/c782465/content. html；《2016年国家体育产业总规模与增加值数据公告》，中国政府网，2018年1月14日，http：//www. gov. cn/xinwen/2018－01/14/content_ 5256472. htm；《2017年全国体育产业总规模与增加值数据公告》，国家统计局网站，2019年1月8日，http：//www. stats. gov. cn/tjsj/zxfb/201901/t20190108_ 1643790. html；《2018年全国体育产业总规模和增加值数据公告》，国家统计局网站，2020年1月20日，http：//www. stats. gov. cn/tjsj/zxfb/202001/t20200120_ 1724122. html。

2016年中国体育场地设施建设增加值较2015年增长42.5%，2017年较2016年增长94.4%，2018年较2017年增长53.4%（见图6）。

2015～2018年，体育场地设施建设总产值占体育产业总产值的比重逐年上升，从2015年的0.9%上升到2018年的2.4%；体育场地设施建设增加值占比也从2015年的0.6%上升到2018年的1.5%（见图7、图8）。相对而言，中国体育场地设施建设在体育产业中的比重还比较小。

2. 行业经营状况

目前，中国大部分体育场地特别是大中型体育场地以政府性投入和建设为主，尤其是在城镇化和新城运动迅速发展的推动下，

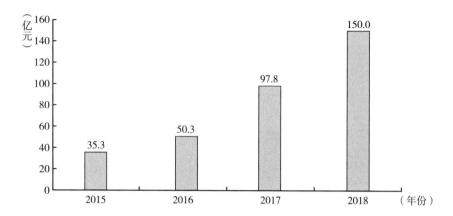

图6 2015～2018年体育场地设施建设增加值

资料来源：《国家体育总局、国家统计局联合发布2015年国家体育产业规模及增加值数据的公告》，国家体育总局网站，2016年12月27日，http://www. sport. gov. cn/n319/n10510/c782465/content. html；《2016年国家体育产业总规模与增加值数据公告》，中国政府网，2018年1月14日，http://www. gov. cn/xinwen/2018－01/14/content_ 5256472. htm；《2017年全国体育产业总规模与增加值数据公告》，国家统计局网站，2019年1月8日，http://www. stats. gov. cn/tjsj/zxfb/201901/t20190108_ 1643790. html；《2018年全国体育产业总规模和增加值数据公告》，国家统计局网站，2020年1月20日，http://www. stats. gov. cn/tjsj/zxfb/202001/t20200120_ 1724122. html。

政府投入和建设大型体育场馆成为一种重要的发展趋向。近些年来，随着中国体育场馆需求的不断增加，体育资源的日趋开放，社会力量逐步参与体育场地的投融资和建设，体育场地建设呈现出市场化、企业化运作的趋势，并重新塑造体育场馆"规划设计－投融资－施工建设－运营管理"全产业链的不同环节，不断探索新的建设发展模式。

目前，国内从事体育场地建设的上市公司主要包括大丰实业、铭弘体育、泛华体育、雷曼光电、金陵体育等。分析上述公司2018年度的报告，可以发现，各公司在体育场地建设相关业务主营收入和主营利润方面存在较大差异，呈现出不同的发展规模；从毛利率情况看，

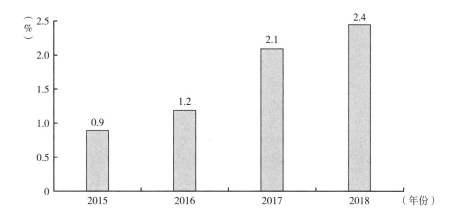

图7　2015～2018年体育场地设施建设总产出占比

资料来源：《国家体育总局、国家统计局联合发布2015年国家体育产业规模及增加值数据的公告》，国家体育总局网站，2016年12月27日，http://www. sport. gov. cn/n319/n10510/c782465/content. html；《2016年国家体育产业总规模与增加值数据公告》，中国政府网，2018年1月14日，http://www. gov. cn/xinwen/2018 - 01/14/content_ 5256472. htm；《2017年全国体育产业总规模与增加值数据公告》，国家统计局网站，2019年1月8日，http://www. stats. gov. cn/tjsj/zxfb/201901/t20190108_ 1643790. html；《2018年全国体育产业总规模和增加值数据公告》，国家统计局网站，2020年1月20日，http://www. stats. gov. cn/tjsj/zxfb/202001/t20200120_ 1724122. html。

各公司也存在差异，但都保持在18%以上的水平（见表11）。从上述公司的情况看，国内体育场地建设相关上市公司的经营规模存在较大差异，但盈利能力普遍较好。

中国体育场地建设正处于快速发展时期，相关行业的从业机构也具备较好的盈利能力，但也面临着进一步探索创新建设模式的重任。传统的政府主导模式将日益转向市场主导，而新兴的PPP模式仍处于发展探索阶段，尚有一系列政策、经营、法律方面的问题需要解决，才能最终走向成熟和全面推广，从而进一步推动中国体育场地建设的未来发展。

3. 行业发展制约因素

当前，中国体育场地建设业虽然发展迅速，但仍存在一定的制约因

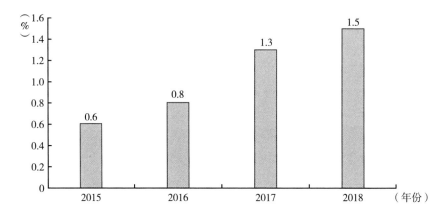

图8 2015～2018年体育场地设施建设增加值占比

资料来源：《国家体育总局、国家统计局联合发布2015年国家体育产业规模及增加值数据的公告》，国家体育总局网站，2016年12月27日，http：//www. sport. gov. cn/n319/n10510/c782465/content. html；《2016年国家体育产业总规模与增加值数据公告》，中国政府网，2018年1月14日，http：//www. gov. cn/xinwen/2018－01/14/content_ 5256472. htm；《2017年全国体育产业总规模与增加值数据公告》，国家统计局网站，2019年1月8日，http：//www. stats. gov. cn/tjsj/zxfb/201901/t20190108_ 1643790. html；《2018年全国体育产业总规模和增加值数据公告》，国家统计局网站，2020年1月20日，http：//www. stats. gov. cn/tjsj/zxfb/202001/t20200120_ 1724122. html。

素，主要包括四个方面。一是融资问题。在发展初期，主要通过政府公共投入的方式解决这一问题，尤其是通过举办大型赛事来解决体育场馆的建设资金问题。进入21世纪以来，随着城镇化发展的不断加速，新城新区不断建设发展，体育场馆作为新区公共服务的重要配套设施以及拉动新区发展成熟的重要引擎，也获得大量资金投入，许多新城新区兴建起一批大型综合性体育场馆。未来，随着城镇化发展高速增长的时代过去，类似的投入将趋缓，体育场馆建设更多地需要社会资金和市场投入，这将对其未来发展形成挑战。未来能否有更多社会资本、市场主体参与体育场馆建设是关乎其发展的重要因素。

表11 2018年度国内体育场地建设部分相关上市公司经营情况

公司名称	涉及相关业务领域	相关业务主营收入（元）	主营利润（元）	毛利率（％）
大丰实业	场馆设备（座椅看台）	1.28亿	4709.51万	36.82
铭弘体育	体育场馆建设	3801.83万	711.7万	18.72
雷曼光电	场馆设施（LED显示屏）	2165.97万	1303.19万	60.17
金陵体育	场馆设施	1783.89万	334.49万	18.75

资料来源：《大丰实业2018年年度报告（修订）》，网易，http：//quotes. money. 163. com/f10/ggmx_603081_5310397. html；《铭弘体育2018年年度报告》，东方财富网，2019年4月19日，http：//xinsanban. eastmoney. com/Article/NoticeContent？id=AN201904191320927100；《雷曼股份2018年年度报告》，东方财富网，2019年4月20日，http：//data. eastmoney. com/notices/detail/300162/AN201904191320914048，JWU5JTliJWI3JWU2JTliJWJjJWU4JTgyJWExJWU0JWJiJWJk. html；《金陵体育2018年年度报告》，东方财富网，2019年4月22日，http：//data. eastmoney. com/notices/detail/300651/AN201904211321094366，JUU5JTg3Jkx1JUU5JTk5JJUI1JUU0JUJEJTkz JUU4JTgyJUIy. html。

二是建设机制与模式问题。2014年以来，中国大力推进公共基础设施建设的PPP模式，以更好地发挥各个部门、私营企业的积极性，调动社会资本的力量参与公共品的投入。体育场馆建设也越来越多地尝试采用PPP模式，但在实际运作过程中遇到一些问题，包括政策配套、项目经营、政府监管等。因此，在未来的体育场馆建设中，需要进一步优化PPP模式，推动体育场馆建设体制机制和建设模式的完善。

三是土地问题。体育场馆建设需要大量土地资源，《体育强国建设纲要》提出："研究完善建设用地标准，在国家土地政策允许范围内，保障重要公益性体育设施和体育产业设施、项目必要用地，并依法依规办理用地手续"[①]，这为未来体育场馆建设的用地提供了有力

———————

① 《体育强国建设纲要》，中国政府网，2019年9月2日，http：//www. gov. cn/zhengce/content/2019-09/02/content_5426485. htm。

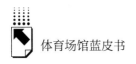
支持。但随着城镇化建设对土地资源的大量使用以及土地资源的保护日趋严格，未来体育场馆建设所需土地的实际使用仍然面临一定的挑战。

四是后续运营问题。体育场馆建设除了"建"的问题以外，还有"管"的问题，而且很多时候"管"制约了"建"。尤其是PPP模式下的体育场馆建设，如果没有较好的项目后续运营及现金流支撑，PPP项目在经济可行性方面将面临较大的问题，制约项目的建设。因此，化解体育场馆资产经营难题、提高资产经营效益将是未来体育场馆建设发展的重要课题。

四　中国体育场馆行业未来发展趋势

历经数十年探索、增长与积累，当前中国体育场馆已拥有坚实的物质基础和较强的运营能力，并进入提质增效的新时代。如何通过加强集约化、内涵式、精细化发展，加大供给侧结构性改革力度，积极突破体制机制、资源配置等方面的瓶颈，以进一步提高体育场馆的经济与社会效益，更好地服务于"健康中国""体育强国"等国家战略，将成为下一阶段的发展主题。而场馆领域新兴科技的应用、体制机制改革的深化、体育市场消费不断增长则成为推动这一转型的重要动能。具体来看，未来中国体育场馆行业发展主要呈现以下十点趋势。

第一，体育场馆行业仍将保持较快增长。近年来，体育场馆行业一直保持快速增长的势头，体育场馆服务业增速高于体育产业整体增速，体育场地建设业增速也很快。未来，政策和市场两方面的因素将共同推进体育场馆行业的快速发展。一方面，《体育发展"十三五"规划》和《体育强国建设纲要》等要求"加强体育场馆等体育消费基础设施建设与改造"，推动体育场地设施建设工程，[①] 从政策上营造了鼓励和支持体育场馆建设发展的良好环境；另一方面，近年来体育消费需求不断增加，市场日益繁荣，客观上也推动了场馆建设和服务业的发展。在这两种力量的推动之下，体育场馆行业仍有着深厚的发展潜力。

第二，体育场馆发展进入效益提高新阶段。随着中国经济发展改革的深化推进，提质增效成为新的主题。对于体育场馆行业来说，此前的大规模发展已经积累了大量优秀的场馆资产和运营资源，但也面临场馆利用率不足、场馆运营效益不高等问题。未来，体育场馆行业将继续加强内涵式发展，更好地发挥资产和资源的价值，取得更好的经济和社会效益。相关国家政策也强调要提高健身场地设施使用率、体育发展的质量和效益，为未来体育场馆发展指明了方向。未来，体育场馆行业尤其是体育场馆服务业将在理顺机制、创新模式、科学管理的基础上，进一步发挥其内在发展动力，进入提高效益的新发展阶段。

第三，体育场馆体制机制改革进一步深化。目前，中国许多体育场馆尤其是大型体育场馆还存在市场化发展不充分、机制不顺、业务单一等问题，导致体育场馆经营亏损、闲置率高。未来，体育场馆发展将进一步理顺体制机制，释放改革红利；稳步推进体育场馆改革，尤其是行政机关和事业单位所属的体育场馆将进一步加大市场化经营、社会化发展的力度。

第四，社会力量日益深入参与体育场馆建设与运营。随着体育场馆改革的深入推进以及市场吸引力的日益提高，社会力量将在体育场馆未来发展中发挥更加重要的作用，积极介入、深度参与体育场馆建

---

① 《体育发展"十三五"规划》，国家发展和改革委员会网站，2017 年 8 月 10 日，https：//www. ndrc. gov. cn/fggz/fzzlgh/gjjzxgh/201708/t20170810_ 1196892. html；《体育强国建设纲要》，中国政府网，2019 年 9 月 2 日，http：//www. gov. cn/zhengce/content/2019－09/02/content_ 5426485. htm。

设与运营的各个环节。包括以 PPP 模式为代表的新兴体育场馆建设运营模式也将日益得到推广。当前，中国已有部分新建场馆采取 PPP 模式运营，并取得了一定成绩。未来，中国体育场馆行业将进一步完善引导社会力量积极参与的相关制度设计，通过法规、政策强化运营监管，保障各方权益，深化体育场馆行业的市场化发展。

第五，场馆多元化经营和体育服务综合体将日益成为主导。体育场馆先天具备多元化和综合经营的优势。目前，中国体育场馆空间已经越来越注重餐饮、购物消费、休闲娱乐等多种业态的结合，以多种业态对人流形成复合吸引力，提高区域消费能力。未来中国体育场馆的服务内容将更加多元化、服务业态将更加综合化、服务客群将更加多样化、服务模式一站化，形成场馆全面发展、多业兴体的局面，越来越多的体育场馆运营机构将从场馆服务商转型为体育产业综合服务商，以满足群众日益增长的体育需求及相关衍生需求。

第六，体育场馆建设与运营的智能化程度不断加深。当前，"智慧场馆"建设正成为新的潮流。大数据、云计算、人工智能等新兴科技不断发展，体育场馆也走在新技术应用的前沿。未来，随着新兴科技的推广，可能将促成场馆服务的大变革。未来场馆智能化的发展，将从两个重要方面逐步展开：一是智能硬件和智能建筑的发展，二是场馆智能软件的开发。此外，绿色场馆、环保高科技场馆也将成为科技应用的重要领域。建设环保型（或环境友好型）体育场馆日益受到重视，促进体育场馆及其所在区域的可持续发展。

第七，新型专业化场馆运营市场主体不断发展。场馆市场化改革的加快，将催生专业化管理的需求。《体育发展"十三五"规划》也提出鼓励场馆实现规模化、专业化运营①。这些都推动着新的专业场

---

① 《体育发展"十三五"规划》，国家发展和改革委员会网站，2017 年 8 月 10 日，https：//www.ndrc.gov.cn/fggz/fzzlgh/gjjzxgh/201708/t20170810_ 1196892. html。

馆服务提供商的涌现。未来，一批具有较强品牌实力、管理经验的专业化体育场馆经营者将迅速成为场馆服务业的中坚力量，实现场馆连锁和规模化经营，带动场馆服务业的快速发展。未来，中国体育场馆的专业化乃至集团化连锁经营将成为重要发展趋势。

第八，体育场馆将日益强化服务全民健身的功能与使命。全民健身热潮的兴起以及"健康中国"战略的实施，对体育场馆有了新的需求，对体育场馆建设尤其是服务提出了更高的要求。国家政策也鼓励机关、学校等企事业单位的体育场馆设施向社会开放。这些都指明了体育场馆未来服务的对象、内容和目标。当前，很多地区积极部署场馆向社会开放，未来这一趋势仍会继续，而全民健身场地设施也将成为体育场馆发展的重点领域。体育场馆不再大门深锁，而是积极面向全民健身，并在"健康中国"战略中发挥重要的载体作用。

第九，冰雪、足球等重点项目将掀起场馆建设发展新热潮，场馆服务能力也将不断得到提高。冰雪、足球等重点项目自身拥有深厚的市场化基础，随着 2022 年冬奥会的筹备，中国正在大力建设冰雪大国、强国。《中国足球中长期发展规划（2016—2050 年）》等政策的出台，对中国冰雪、足球等重点项目发展起到了重要的推动作用；《体育发展"十三五"规划》也提出加强足球、冬季项目场地设施建设[①]；等等。这些政策层面的推动力，将有力促进冰雪、足球等重点项目发展，而与此相关的专业体育场馆建设也迎来新的发展机遇，获得快速发展，促进体育场馆和体育赛事、体育培训等的共同发展。

第十，体育场馆将成为社区发展的重要载体。随着全民健身和体育消费的不断发展，体育场馆日益融入居民社区生活，并发挥重要的功能和作用，体育场馆的社区化发展趋势将日益明显。加之，国家政

---

① 《体育发展"十三五"规划》，国家发展和改革委员会网站，2017 年 8 月 10 日，https：// www.ndrc.gov.cn/fggz/fzzlgh/gjjzxgh/201708/t20170810_ 1196892.html。

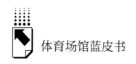

策也积极鼓励体育场馆走进社区、扎根社区，未来体育场馆将成为社区生活的重要组成部分和服务载体，在社区经济社会文化发展过程中发挥更加重要的作用。此外，体育场馆对于周边区域的发展带动作用也日益突出。体育场馆的建设与运营将带动场馆周边区域经济的发展、促进区域价值的提高。未来体育场馆将在作为社区和区域的重要服务载体的基础上，作为发展载体、活力载体发挥更多的功能和作用。

参考文献

曹亚东、马文新、赵雪梅：《沈阳市大型公共体育场馆经营管理探析——基于沈阳奥体中心等5家体育场馆的调研》，《辽宁经济》2014年第1期。

陈文倩：《我国大型公共体育场馆体制改革模式研究》，《西安体育学院学报》2016年第3期。

陈元欣、姬庆：《大型体育场馆运营内容产业发展现状、问题及对策》，《首都体育学院学报》2015年第6期。

李艳丽：《国外体育场馆PPP模式应用经验及启示》，《体育文化导刊》2019年第4期。

李艳丽：《我国大型体育场馆财务运营及对策研究》，《北京体育大学学报》2013年第3期。

李艳丽：《我国体育场馆国有资产混合所有制改革研究》，《体育与科学》2016年第6期。

刘国永、魏健主编《中国群众体育发展报告（2018）》，社会科学文献出版社，2018。

刘雪姣、侯斌、黄亚莉：《全民健身体育场地的发展现状及趋势》，《体育文化导刊》2012年第5期。

任立峰、杨毅、何会权：《我国体育场馆经营模式研究》，《中国商贸》

2011 年第 20 期。

宋忠良、陈更亮、贺新家：《体育强国背景下我国体育场地建设发展趋势——基于两次全国体育场地普查数据的比较》，《河南师范大学学报》（自然科学版）2016 年第 3 期。

魏倩、罗普磷：《我国大型公共体育场馆运营现状与趋势分析》，《体育文化导刊》2012 年第 11 期。

杨风华、刘洁、肖楠楠：《我国公共体育场馆政策法规演变研究——基于有效供给理论视角》，《成都体育学院学报》2014 年第 2 期。

张冰、鞠传进、周洁璐：《我国体育场馆运营业相关政策演变及建议》，《西安体育学院学报》2017 年第 1 期。

建设运营篇

Construction and Operation Report

B.2
冬奥会场馆资产赛后利用分析
及对北京冬奥会的启示

许寒冰　白蕴超　阮　飞*

摘　要：　伴随 2022 年北京冬奥会的筹备，中国冬季运动和冰
雪产业面临着良好的发展前景。本文以挪威利勒哈默
尔冬奥会、美国盐湖城冬奥会和加拿大温哥华冬奥会
为例，分析冬奥会场馆赛后利用的开发、运营和投资
模式。以上三地的冬奥会场馆赛后利用呈现出场馆经
营主体多元化、服务内容专业化和多样化并存、设立
奥运遗产管理信托基金来支持场馆运营等特点。中国

---

* 许寒冰，北京师范大学体育与运动学院师资博士后，研究方向为体育产业；白蕴超，北京体
育大学博士研究生，研究方向为体育产业；阮飞，北京体育大学博士研究生，研究方向为体
育产业。

2022 年北京冬奥会场馆的赛后利用应贯彻和实践《奥林匹克 2020 议程》，运营模式多样化；加强赛前规划，发挥赛事杠杆效应；推动综合体建设，促进场馆区域集团化发展；创新资金支持模式，满足场馆改造维护需求等；系统谋划、合理制定相关方案，保障奥运遗产的有效利用。

关键词： 冬奥会场馆　赛后利用　北京冬奥会

冬奥会在推广冬季运动项目、加快城市发展和弘扬奥林匹克精神方面发挥着举足轻重的作用。自 1924 年法国夏慕尼举办第一届冬奥会起，到 2018 年平昌冬奥会，冬奥会已经成功举办了 23 届，共新建和改造场馆 200 多座，为各举办国留下了宝贵的奥运遗产。2022 年，北京冬奥会将使用竞赛及非竞赛场馆 25 座，其中改造场馆 10 座、新建场馆 14 座、临时场馆 1 座。[①] 这批冬奥会场馆在赛后将成为中国开展冬季运动和冰雪产业高质量发展的重要基础。

本文以 1994 年利勒哈默尔冬奥会场馆、2002 年盐湖城冬奥会场馆、2010 年温哥华冬奥会场馆为案例，从场馆前期规划建设、投资主体、经营策略、管理模式等方面分析其赛后利用情况、总结其特征和经验，为中国冬奥会场馆赛后利用方案的设计与实施提供借鉴，实现冬奥场馆运营的可持续发展。

---

① 参见北京市赛区场馆介绍，北京 2022 年冬奥会和冬残奥会组织委员会网站，https：//www. beijing2022. cn/cn/competition_ zones/beijing. htm；延庆赛区场馆介绍，北京 2022 年冬奥会和冬残奥会组织委员会网站，https：//www.beijing2022. cn/cn/competition_ zones/yanqing. htm；张家口市赛区场馆介绍，北京 2022 年冬奥会和冬残奥会组织委员会网站，https：//www. beijing2022. cn/cn/competition_ zones/zhangjiakou. htm，最后访问日期：2020 年 5 月 28 日。

一 冬奥会场馆赛后利用的提出

冬奥会场馆赛后利用"是指在建造冬奥会场馆时对其完成比赛任务后的功能定位予以考虑、并在赛后对其功能与价值进行挖掘，以充分发挥其经济功能与社会价值的过程"[①]。相比于夏季奥运会，冬奥会对场馆和周边自然环境的依赖与影响更深，赛后利用难度更高。人们对冬奥会赛后利用的认识与冬奥会发展过程密不可分。

冬奥会兴起于1924年，前几届冬奥会由于规模有限，场馆设施的赛后利用受关注较少。自20世纪60年代开始，由于办赛规模不断扩大，冬奥会对举办地的基础设施有了更高的需求，比赛场馆的赛后利用问题逐渐受到重视。进入20世纪80年代后，冬奥会办赛规模迅速扩大，对冬奥会场馆遗产的开发也不断创新，冬奥会场馆赛后利用水平不断提高。例如，在雪上运动项目场地方面，1988年加拿大卡尔加里冬奥会后，雪车雪橇赛道改造为水泥速降滑行场地，跳台滑雪场地在赛后改造为高空索道速降体验场地，吸引了大量游客前来体验，创造了可观的收入；2002年盐湖城冬奥会场地在赛后改建为奥林匹克公园，开发了冬奥会体验观光路线、冬奥会博物馆等项目供游人参观[②]。冰上运动项目的场馆设计通常比较灵活。例如，1992年法国阿尔贝维尔冬奥会的冰上运动项目场馆在建设时，座椅的设计是可拆卸的，在赛后可以灵活地作为冰上项目训练场地以及举办各种规模的比赛；1994年挪威利勒哈默尔冬奥会将可持续发展理念融入场馆建设，在赛后，花样滑冰、短道速滑场馆以及冰球馆在保持其原有比赛用途的基础上承办展览会、音乐会或改造成低温仓库等；2014年索契

---

① 邹新娟：《法国冬奥会场馆的赛后利用模式研究》，《体育学研究》2019年第1期，第33页。

② 徐宇华、林显鹏：《冬季奥运会可持续发展管理研究：国际经验及对我国筹备2022年冬奥会的启示》，《北京体育大学学报》2016年第1期，第13页。

冬奥会的花样滑冰、短道速滑项目的比赛场馆"冰山滑冰中心"首次采用了可移动的设计，场馆在赛后可移动至其他地区继续使用。

2014年，国际奥委会发布《奥林匹克2020议程》，奥运会的"可持续发展"受到了举办国的高度重视，冬奥会场馆（地）可行、有效的赛后利用也受到普遍关注。2022年冬奥会将在北京、张家口两地举办，借鉴历史经验，促进冬奥会场馆赛后利用理论和实践的进一步深化已成为目前冬奥会研究的重点之一。

二　冬奥会场馆赛后利用案例分析

（一）1994年利勒哈默尔冬奥会场馆赛后利用情况分析

1. 利勒哈默尔冬奥会场馆建设情况

利勒哈默尔是挪威中部偏南的一个城镇。为举办冬奥会，1990～1993年，挪威共建设了10个竞赛场地和14个非竞赛场地，分别位于利勒哈默尔、哈马尔、约维克、奥尔、灵厄比等地区（见表1），场馆与相关设施由利勒哈默尔市负责融资和建设。利勒哈默尔冬奥会场馆的建设融入环境保护和可持续发展理念，冰球场地——约维克奥林匹克洞穴体育馆一半建造在山洞里，利用山洞的保温条件，降低能源成本。这届冬奥会也被前国际奥委会主席萨马兰奇称为"第一届绿色冰雪奥运"。

表1　利勒哈阿默尔冬奥会竞赛场馆情况

场馆名称	建设类型	竞赛项目
伯肯贝纳雷滑雪场(Birkebeineren Ski Stadium)	新建	冬季两项、越野滑雪、北欧两项(越野滑雪)
约维克奥林匹克洞穴体育馆(Gjøvik Olympic Cavern Hall)	新建	冰球
哈康体育馆(Håkon Hall)	新建	冰球

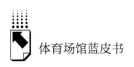

续表

场馆名称	建设方式	竞赛项目
哈马尔奥林匹克露天竞技场(Hamar Olympic Amphitheatre)	新建	花样滑冰、短道速滑
哈马尔奥林匹克体育馆(Hamar Olympic Hall)	新建	速度滑冰
坎斯奥根自由式竞技场(Kanthaugen Freestyle Arena)	新建	自由式滑雪空中技巧
利勒哈默尔奥林匹克高山滑雪中心哈菲尔(Lillehammer Olympic Alpine Centre Hafjell)	新建	高山滑雪(回转、大回转、组合)
利勒哈默尔奥林匹克高山中心 Kvitfjell(Lillehammer Olympic Alpine Centre Kvitfjell)	新建	高山滑雪(速降、超级大回转、组合)
利勒哈默尔奥林匹克雪车和雪橇滑道(Lillehammer Olympic Bobsleigh and Luge Track)	新建	有舵雪橇、无舵雪橇
吕斯郭尔跳雪台竞技场(Lysgårdsbakkene Ski Jumping Arena)	新建	北欧两项(跳台滑雪)、跳台滑雪、开幕式和闭幕式

资料来源："Official Report of the XVII Olympic Winter Games Lillehammer 1994", Olympic World Library, https：//library. olympic. org/Default/doc/SYRACUSE/64685/official – report – of – the – xvii – olympic – winter – games – lillehammer – 1994 – helge – mjelde – et – al？_ lg = en – GB # _ ga = 2. 89655579. 1664903252. 1584867254 – 2090024085. 1573033326, accessed October 28, 2019。

2. 利勒哈默尔冬奥会场馆赛后利用情况

（1）场馆赛后使用情况

利勒哈默尔冬奥会场馆在赛后得到了很好的利用和维护。从 1994 年冬奥会结束后至 2018 年夏季，10 个竞赛场馆共举办了 32 次世界和欧洲锦标赛或国际锦标赛、129 次世界杯赛事和 161 次全国性比赛[1]。2011 年，利勒哈默尔获得了第 2 届冬季青年奥运会的举办权。这次冬季青年奥运会的主要竞赛场地沿用了 1994 年冬奥会场地，使这些场馆得到了充分利用，极大地节省了办赛成本（见表 2）。

---

[1] "Lillehammer's Enduring Olympic Legacy," Olympic, February 15, 2019, https：//www. olympic. org/news/lillehammer – s – enduring – olympic – legacy.

除了竞赛场馆,在非竞赛场馆中,国际广播中心成为利勒哈默尔大学学院校园的一部分,主新闻中心转变为商业公园;部分运动员宿舍在奥运会后作为普通住房进行出售,其余的临时建筑则在赛后以其他用途进行售卖;媒体住宿区分为永久建筑和临时建筑,后者在赛后作为度假小屋出售。

表2 利勒哈默尔冬奥会竞赛场馆赛后利用

场馆名称	赛后用途
伯肯贝纳雷滑雪场	1997年举办了冬季两项世界杯赛事,2002年3月举办越野滑雪世界杯赛事,2010年12月举办北欧两项世界杯,2004~2006年、2008~2009年先后举办北欧滑雪锦标赛,2016年作为冬季青年奥运会场馆
约维克奥林匹克洞穴体育馆	1999年举办世界女子手球锦标赛,2016年作为冬季青年奥运会场馆
哈康体育馆	1999年举办世界女子手球锦标赛、男子冰球世界锦标赛,2016年作为冬季青年奥运会场馆
哈马尔奥林匹克露天竞技场	1999年举办男子冰球世界锦标赛,2016年作为冬季青年奥运会场馆
哈马尔奥林匹克体育馆	1996年举办了钢架雪车世界锦标赛,1997年、2002年和2007年先后举办了速度滑冰世界锦标赛,1999年、2004年和2009年先后举办了速度滑冰全能世界锦标赛
坎斯奥根自由式竞技场	2016年作为冬季青年奥运会场馆
利勒哈默尔奥林匹克高山滑雪中心哈菲尔	2016年作为冬季青年奥运会场馆
利勒哈默尔奥林匹克高山中心 Kvitfjell	—
利勒哈默尔奥林匹克雪车和雪橇滑道	1995年举办雪车世界锦标赛和雪橇世界锦标赛,2016年作为冬季青年奥运会场馆
吕斯郭尔跳雪台竞技场	2016年作为冬季青年奥运会场馆

资料来源: "The Official Report of the 2nd Winter Youth Olympic Games," Olympic, https: //stillmed. olympic. org/media/Document% 20Library/OlympicOrg/Games/YOG/Winter - YOG/YOG - Lillehammer - 2016 - Winter - Youth - Olympic - Games/Lillehammer - 2016 - Official - Report. pdf#_ ga = 2. 113657479. 1664903252. 1584867254 - 2090024085. 1573033326, accessed October 28, 2019; "About the Olympic Park," Olympiaparken, https: //olympiaparken. no/en/on - the - Olympic - Park/, accessed October 29, 2019。

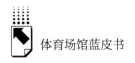

（2）场馆赛后投资运营情况

1989 年申奥成功后，利勒哈默尔市成立了奥林匹克场馆管理部（Lillehammer Olympiske Anlegg）和奥运会赛后利用委员会（Post-Olympics Use Committee），以确保后奥运时期场馆可以得到有效利用。面对每年高达 1500 万挪威克朗的场馆运营费用，1993 年，举办城市地区政府、冬奥组委和国家相关部门协商后决定，将奥林匹克场馆管理部和奥运会赛后利用委员会作为冬奥组委的附属机构，并成立专项基金——利勒哈默尔再发展基金（Stiftelsen Lillehammer Etterbruksfond）保障场馆的赛后运营管理，奥运会赛后利用委员会更名为"Lillehammer Olympiavekst"，冬奥组委主席格哈德·海伯格（Gerhard Heiberg）则被任命为奥林匹克场馆管理部和 Lillehammer Olympiavekst 的负责人。

1994 年利勒哈默尔冬奥会结束后，由利勒哈默尔市政府所有的奥林匹亚公园（Olympiaparken）与 Olympiapark AS 公司交易，奥林匹亚公园获得伯肯贝纳雷滑雪场、利勒哈默尔奥林匹克雪车和雪橇滑道、哈康体育馆、吕斯郭尔跳雪台竞技场和坎斯奥根自由式竞技场 5 个冬奥场馆的运营权。依托冬奥场馆，奥林匹亚公园除了承接和主办各类体育赛事，还为团体活动及大型活动提供组织及旅游服务。自 2014 年起国家接管利勒哈默尔奥林匹克雪车和雪橇滑道，利勒哈默尔市的其他冬奥会场地继续由 Olympiapark AS 公司运营，由利勒哈默尔市政府和奥普兰郡政府共同资助。

（二）2002 年盐湖城冬奥会场馆赛后利用情况分析

1. 盐湖城冬奥会场馆建设情况

盐湖城是美国犹他州的首府。2002 年盐湖城冬奥会共建设使用各类场馆 19 座，分布在包括盐湖城市区在内的 6 个犹他州北部地区。其中竞赛场馆 10 座、非竞赛场馆 6 座、训练场馆 3 座。竞赛场馆中，新建场馆 6 座，使用原有场馆 4 座，投资规模约为 23 亿美元（见表

3）。盐湖城冬奥会场馆建设开始于 1989 年 11 月，犹他州的居民通过了冬奥会提案，利用公共基金建设冬奥会场馆，而场馆办赛的利润则用于偿还贷款。1995 年盐湖城冬奥会场馆基本建设完工，同年 6 月 16 日，国际奥委会将 2002 年冬奥会的举办权授予盐湖城，而这些新建场馆则成为其申奥成功的重要因素之一。为更好地建设冬奥场馆，犹他州政府成立了犹他州体育管理局，与盐湖城奥申委及其他奥运会组织者密切协作，确保场馆符合奥运标准。根据犹他州奥运会和残奥会探索委员会（Olympic and Paralympic Exploratory Committee）2018 年的报告，盐湖城将准备申请 2030 年冬奥会。根据计划，盐湖城将改建 2002 年盐湖城冬奥会的竞赛场馆并用于举办 2030 年冬奥会。

表3　盐湖城冬奥会竞赛场馆情况

场馆名称	建设类型	竞赛项目
鹿谷度假村（Deer Valley Resort）	原有	自由式滑雪、空中技巧和高山滑雪（障碍）
Maverik 中心	新建	冰球
帕克城山地度假村（Park City Mountain Resort）	原有	高山滑雪大回转项目、单板滑雪平行大回转项目以及 U 形场地项目
皮克斯冰场（Peaks Ice Arena）	新建	冰球
盐湖城冰上中心（Energy Solutions Arena）	原有	花样滑冰、短道速滑
斯诺本森雪场（Snowbasin Resort）	原有	高山滑雪（速降、全能、超级大回转）
士兵谷滑雪场（Soldier Hollow Nordic Center）	新建	冬季两项、越野滑雪、北欧两项（越野滑雪）
奥格登冰场（Ogden's Ice Sheet）	新建	冰壶
犹他州奥林匹克椭圆速滑馆（Utah Olympic Oval）	新建	速度滑冰
犹他州奥林匹克公园（Utah Olympic Park）	新建	雪车、钢架雪车、雪橇、跳台滑雪、北欧两项

　　资料来源："Official Report of the XIX Olympic Winter Games Salt Lake 2002，" Olympic World Library，https：//library. olympic. org/Default/doc/SYRACUSE/38435/official－res2002－publ－by－the－salt－l？_ lg＝en－GB#_ ga＝2. 185499945. 1664903252. 1584867254－2090024085. 1573033326，accessed October 28，2019。

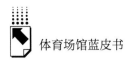
2. 盐湖城冬奥会场馆赛后利用

（1）场馆赛后使用情况

盐湖城冬奥会场馆在赛后由不同的经营主体负责运营，赛后用途包括作为滑雪度假区或专业队训练场地、承办比赛和大型活动等（见表4）。其中比较典型的是 Maverik 中心（原名"E 中心"）、帕克城山地度假。

E 中心于 1997 年 9 月 22 日建成开放，是盐湖城冬奥会两座冰球主场馆之一。E 中心采用独特的剧院结构，可以容纳近 12000 名观众。冬奥会后，E 中心成为美国东海岸冰球联盟（ECHL）犹他灰熊队的主场。2010 年，场馆运营方世纪管理集团（Centennial Management Group，Inc.）与场馆所有方西瓦利城共同宣布，便利店品牌 Maverik 股份有限公司成为 E 中心新的合作伙伴。根据合约，E 中心更名为"Maverik 中心"，Maverik 公司获得包括独家赞助和广告、特许商品开发等多项商业权益。除了举办体育赛事，Maverik 中心也是一个国际领先的娱乐场所，举办了许多明星演唱会和娱乐活动。

帕克城山地度假村位于犹他州帕克城，1963 年 12 月 21 日建成开业，建设资金来源于美国联邦政府复苏经济萧条城镇的资助项目。冬奥会期间，帕克城山地度假村举办了滑雪 U 形槽、高山滑雪大回转、单板滑雪平行大回转比赛，售出 99.8% 的门票，共计 95991 名观众到场观看比赛。[①] 在冬奥会期间，帕克城山地度假村 96% 的区域仍然正常营业，也是当时唯一允许观众反复进出的场馆。

2014 年，范尔度假村集团以 1.83 亿美元收购了帕克城山地度假村，并在 2015～2016 年雪季将其与邻近的峡谷滑雪度假村（Canyons）合并。两座度假村通过高速缆车连接，成为美国最大的滑雪场，占地

---

① 转引自冷腾《盐湖城冬奥会场馆赛后利用研究》，硕士学位论文，北京体育大学，2016，第 16 页。

达 7300 英亩。目前，帕克城山地度假村是北美地区四季运营的滑雪度假地代表之一，夏季主要有高山滑行、攀岩、蹦极、山地自行车、徒步、过山车、迷你高尔夫等项目，冬季有滑雪、越野滑雪、冬季两项等项目。

表 4　盐湖城冬奥会竞赛场馆赛后利用情况

场馆名称	赛后用途
鹿谷度假村	四季运营的度假村；举办国际顶级滑雪赛事，其中包括 17 次 FIS 世界杯和 3 次 FIS 自由式世界锦标赛
Maverik 中心	举办体育比赛和演艺活动
帕克城山地度假村	四季运营的度假村，圣丹斯国际电影节举办地之一
皮克斯冰场	面向当地居民、学校和俱乐部开放
盐湖城冰上中心	作为犹他爵士队（NBA）等多个职业体育球队主场，举办大型演出
斯诺本森雪场	四季运营的滑雪度假区
士兵谷滑雪场	四季运营的滑雪场，开展越野滑雪、全年冬季两项活动、山地自行车和骑马项目；举办美国国内的锦标赛、NCAA 大学滑雪锦标赛以及国际滑雪赛事等
奥格登冰场	面向大众开放的冬季运动场所，举办大型会议和私人聚会
犹他州奥林匹克椭圆速滑馆	多用途体育场馆，拥有健身房、举重设施、游泳馆、市内蹦极和会议中心等多种设施，此外还作为美国冬季项目各年龄段高水平运动员的训练地，多次举办北欧两项、跳台滑雪和速度滑冰比赛
犹他州奥林匹克公园	冬季项目训练中心，Alf Engen 滑雪博物馆、2002 冬奥会博物馆等文化娱乐场所

资料来源：各场馆官网。参见 "Official Report of the XIX Olympic Winter Games Salt Lake 2002," Olympic World Library，https：//library. olympic. org/Default/doc/SYRACUSE/38435/official – report – of – the – xix – olympic – winter – games – salt – lake – 2002 – 8 – 24 – february – 2002 – publ – by – the – salt – l?_ lg = en – GB#_ ga = 2. 185499945. 1664903252. 1584867254 – 2090024085. 1573033326；Utah Olympic Park，https：//utaholympiclegacy. org/about/；"Peaks Ice Arena，" Peaks Ice Arena ，https：//www. provo. org/community/peaks – ice – arena；"Mining History，" Park City Mountain Resort，https：//www. parkcitymountain. com/explore – the – resort/about – the – resort/about – park – city. aspx；"About Us，" Maverik Center，http：//www. maverikcenter. com/venue – information/about – us/，accessed October 28，2019。

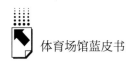

（2）场馆赛后投资运营情况

盐湖城冬奥会场馆的赛后运营模式相较于利勒哈默尔冬奥会更加多元化，分为自主运营模式和委托管理模式两种类型，其中采用自主运营模式的冬奥场馆有7座、采用委托运营模式的场馆有3座。按运营主体性质划分，自主运营模式又可以分成企业自主运营和基金会自主运营（见表5）。

表5　盐湖城冬奥会竞赛场馆运营情况

场馆名称	运营模式	所有方	运营方
鹿谷度假村	自主运营	鹿谷度假村公司	鹿谷度假村公司
Maverik 中心	委托运营	西瓦利城	世纪管理集团
帕克城山地度假村	自主运营	范尔度假集团	范尔度假村集团
皮克斯冰场	委托运营	普罗沃市、犹他县冰场管理局	普罗沃市公园与娱乐局
盐湖城冰上中心	自主运营	拉里米勒体育与娱乐公司	拉里米勒体育与娱乐公司
斯诺本森雪场	自主运营	厄尔霍尔丁家族	厄尔霍尔丁家族
士兵谷滑雪场	自主运营	犹他州奥林匹克遗产基金会	犹他州奥林匹克遗产基金会
奥格登冰场	委托运营	韦伯县	韦伯州立大学
犹他州奥林匹克椭圆速滑馆	自主运营	犹他州奥林匹克遗产基金会	犹他州奥林匹克遗产基金会
犹他州奥林匹克公园	自主运营	犹他州奥运遗产基金会	犹他州奥运遗产基金会

资料来源：各场馆官网。参见 "Official Report of the XIX Olympic Winter Games Salt Lake 2002," Olympic World Library, https：//library. olympic. org/Default/doc/SYRACUSE/ 38435/official - report - of - the - xix - olympic - winter - games - salt - lake - 2002 - 8 - 24 - february - 2002 - publ - by - the - salt - l?＿ lg = en - GB#＿ ga = 2. 185499945. 1664903252. 1584867254 - 2090024085. 1573033326; Utah Olympic Park, https：//utaholympiclegacy. org/ about/; "Peaks Ice Arena," Peaks Ice Arena, https：//www. provo. org/community/peaks - ice - arena; "Mining History," Park City Mountain Resort, https：//www. parkcitymountain. com/explore - the - resort/about - the - resort/about - park - city. aspx；" About Us," Maverik Center, http：//www. maverikcenter. com/venue - information/about - us/, accessed October 28, 2019。

基金会自主运营是盐湖城冬奥会场馆赛后利用的特色。2002 年盐湖城冬奥会结束后，盐湖城冬奥组委成立了非营利性组织——犹他州奥林匹克遗产基金会（Utah Olympic Legacy Foundation，以下简称"基金会"），负责犹他州奥林匹克公园、犹他州奥林匹克椭圆速滑馆的赛后运营工作。2016 年，犹他州奥林匹克遗产基金会从士兵谷遗产基金会手中接管士兵谷滑雪场。[1] 2007～2012 年，基金会制订并实施了"体育发展计划"，聘请优秀教练，吸引青少年和公众参观奥运遗产并切实参与奥运遗产的保护及推广，目前冬奥场馆的使用率比计划实施前上升了 4 倍。2018～2019 财年，基金会总价值为 5371.1 万美元，投资收益率达到 8.38%，总收入为 1907457 美元，其中赛事及活动收入达到 1486384 美元，占比 77.92%（见表 6）。[2]

表 6　犹他州奥林匹克遗产基金会 2018～2019 财年收入情况

类型	收入（美元）	占比（%）
奖金	10000	0.52
捐助	135461	7.10
赞助（现金或实物）	275612	14.45
赛事及活动收入	1486384	77.92

资料来源："Utah Olympic Legacy Foundation Board Packet Q4 Final Report," Utah Olympic Legacy Foundation, May 2019, https://utaholympiclegacy.org/wp – content/uploads/2019/05/Utah – Olympic – Legacy – Foundation – Board – Packet – Q4 – FINAL. pdf。

（三）2010 年温哥华冬奥会场馆赛后利用情况分析

1. 温哥华冬奥会场馆建设情况

2010 年温哥华冬奥会共使用了 17 座体育场馆，分布于温哥华、

---

[1]　冷腾：《盐湖城冬奥会场馆赛后利用研究》，硕士学位论文，北京体育大学，2016，第 20 页。

[2]　"Utah Olympic Legacy Foundation Board Packet Q4 Final Report," Utah Olympic Legacy Foundation, May 2019, https://utaholympiclegacy.org/wp – content/uploads/2019/05/Utah – Olympic – Legacy – Foundation – Board – Packet – Q4 – FINAL. pdf.

惠斯勒以及里士满等地，包括9座竞赛场馆、6座非竞赛场馆和2座训练场馆（见表7）。2010年温哥华冬奥会新建场馆从2005年开始建设，2009年2月全部完工。场馆的建设区域涉及590公顷的自然保护区和生物多样性价值高的地区，这给场馆可持续开发和生态保护提出了较高的要求。面对复杂的场馆建设条件和赛后利用要求，加拿大政府和大不列颠哥伦比亚省政府在场馆建设规划时，就明确提出新建场馆均由政府出资建设，赛后运营主要由大学、基金会和公司负责。

2000年，温哥华成立了专门的奥运遗产推广组织——2010 Legacies Now①。2010 Legacies Now作为非营利性组织，是全球第一个从奥运申办期就成立的遗产推广组织。在2010年奥运会举办期间，该组织致力于加强各奥运遗产间的联系和管理；冬奥会结束后，该组织致力于采取独特的方式加强体育与休闲、健康、设施、志愿服务等领域的联系。在2010 Legacies Now的推动下，温哥华冬奥会的场馆建设和赛后利用方法更为成熟且有效。

表7　温哥华冬奥会竞赛场馆情况

场馆名称	建设类型	竞赛项目
加拿大冰球馆(Canada Hockey Place)	改建	冰球(决赛)
塞普莱斯山滑雪场(Cypress Mountain)	新建	自由式滑雪、单板滑雪
太平洋体育馆(Pacific Coliseum)	改建	花样滑冰、短道速滑
里士满奥林匹克椭圆速滑馆(Richmond Olympic Oval)	新建	速度滑冰
哥伦比亚大学雷鸟竞技场(UBC Doug Mitchell Thunderbird Sports Centre)	新建	冰球
温哥华奥林匹克中心(Vancouver Olympic/Paralympic Centre)	新建	冰壶

---

① 孙葆丽、宋晨翔、杜颖、张畅：《温哥华冬奥会遗产工作研究及启示》，《北京体育大学学报》2017年第10期，第1页。

场馆名称	建设类型	竞赛项目
惠斯勒河畔滑雪场(Whistler Creekside)	改建	高山滑雪
惠斯勒奥林匹克公园(Whistler Olympic Park)	新建	北欧两项、越野滑雪、北欧两项、跳台滑雪
惠斯勒滑雪中心(Whistler Sliding Centre)	新建	雪橇和雪车

资料来源："The Official Report of the Vancouver 2010 Olympic and Paralympic Winter Games," Olympic World Library, https：//library. olympic. org/Default/doc/SYRACUSE/76494/vanoc – official – games – report – rapport – officiel – des – jeux – covan – comite – d – organisation – des – jeux – olympique? _ lg = en – GB #_ ga = 2.84176537.1664903252. 1584867254 – 2090024085. 1573033326，accessed October 22，2019。

2. 温哥华冬奥会场馆赛后利用情况

（1）场馆赛后使用情况

温哥华冬奥会场馆在设计之初就考虑了场馆的社区服务功能，所以在冬奥会后，温哥华奥林匹克中心、太平洋体育馆和里士满奥林匹克椭圆速滑馆都交由当地的非营利机构管理，主要服务于附近居民（见表8）。

例如，温哥华奥林匹克中心（原名"希尔克雷斯特中心"，The Hillcrest Centre）位于温哥华市伊丽莎白女王公园旁，是一个拥有图书馆、游泳池、溜冰场、冰壶场、体育馆和田径场的社区活动中心。该中心由温哥华公园管理局和莱利公园希尔克雷斯特社区协会（Riley Park Hillcrest Community Association）联合运营，莱利公园希尔克雷斯特社区协会主要负责制定运营方向、发展计划和政策，反映社区居民的愿望和需求。该中心在建设时就充分贯彻可持续发展理念，获得"领先能源与环境设计"（LEED）黄金认证，平衡了当地和更广泛区域的社区需求。

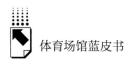

表8 温哥华冬奥会竞赛场馆赛后利用情况

场馆名称	赛后利用情况
加拿大冰球馆	温哥华加人队主场,综合性体育娱乐场馆
塞普莱斯山滑雪场	四季运营的滑雪度假区
太平洋体育馆	会展及活动中心
里士满奥林匹克椭圆速滑馆	社区体育中心(滑冰、室内田径、篮球、排球、羽毛球、攀岩、冰球和健身康复)、奥运博物馆
哥伦比亚大学雷鸟竞技场	高校和社区体育中心
温哥华奥林匹克中心	社区综合体,包含体育中心(冰球、冰壶、游泳、健身和室内自行车)、图书馆
惠斯勒河畔滑雪场	四季运营的滑雪度假区
惠斯勒奥林匹克公园	四季运营的滑雪度假区
惠斯勒滑雪中心	加拿大雪橇、雪车、钢架雪车协会训练用地,举办国际有舵雪橇联合会锦标赛、国际无舵雪橇联合会锦标赛、雪橇洲际杯

资料来源:姚小林:《2002—2022年:冬奥会举办城市体育场馆规划发展趋势》,《武汉体育学院学报》2016年第3期,第35~41页。

（2）场馆赛后投资运营情况

温哥华冬奥会场馆的赛后运营主要采取了自主运营模式,由非营利性组织和公司负责场馆的运营管理（见表9）。加拿大政府和大不列颠哥伦比亚省政府则通过设立遗产捐赠基金（Legacy Endowment Fund）来为这些场馆提供资金援助。

非营利性组织运营方面,2007年3月14日,惠斯勒度假区（Resort Municipality of Whistler）成立了惠斯勒2010体育遗产协会（Whistler 2010 Sport Legacies Society）,负责在赛后运营惠斯勒运动员中心、惠斯勒奥林匹克公园和惠斯勒滑雪中心3个冬奥会场馆。具体过程为:2010年温哥华冬奥组委和残奥组委负责3个冬奥会场馆的所有运营费用至2010年5月31日;自2010年5月31日起,惠斯勒奥林匹克公园和惠斯勒滑雪中心的设施和场地由温哥华冬奥组委和残奥组委根据资产转让协议按 1 美元的价格出售给惠斯勒 2010 体育遗产协会；自 2011 年 4 月 1 日起，惠斯勒度假区将惠斯勒运动员中心租给惠斯勒 2010 体育遗产协会，为期 99 年。惠斯勒 2010 体育遗产协会依托 3 个冬奥会场馆开展了形式多样的运动项目，包括与加拿大滑雪、雪橇等协会合作，为国家队训练提供场地与服务，向惠斯勒当地的体育俱乐部提供教练培训和场地服务。

公司运营方面，运营温哥华冬奥会场馆的公司均呈现区域集团化发展趋势：惠斯勒黑梳山滑雪度假区是 2010 年温哥华冬奥会结束后，依托惠斯勒河畔滑雪场改建而成，由惠斯勒黑梳山滑雪场控股公司负责运营，是北美地区第三大滑雪场。该滑雪场于 2016 年由美国范尔度假村集团以 14 亿美元的价格收购。塞普莱斯山滑雪场在 2001 年由美国博因度假村集团（Boyne Resorts）收购。

表 9　温哥华冬奥会竞赛场馆赛后投资运营情况

场馆名称	运营模式	所有方	运营方
加拿大冰球馆	自主运营	Francesco Aquilini	罗渣士体育馆
塞普莱斯山滑雪场	自主运营	博因度假村集团	博因度假村集团
太平洋体育馆	委托运营	温哥华市	太平洋国家展览中心
里士满奥林匹克椭圆速滑馆	委托运营	里士满市	里士满奥林匹克椭圆速滑馆公司
哥伦比亚大学雷鸟竞技场	自主运营	哥伦比亚大学	哥伦比亚大学
温哥华奥林匹克中心	委托运营	温哥华市	温哥华公园管理局和莱利公园希尔克雷斯特社区协会联合运营
惠斯勒河畔滑雪场	委托运营	惠斯勒度假区	美国范尔度假村集团
惠斯勒奥林匹克公园	自主运营	惠斯勒 2010 体育遗产协会	惠斯勒 2010 体育遗产协会
惠斯勒滑雪中心	自主运营	惠斯勒 2010 体育遗产协会	惠斯勒 2010 体育遗产协会

资料来源：姚小林：《2002—2022 年：冬奥会举办城市体育场馆规划发展趋势》，《武汉体育学院学报》2016 年第 3 期，第 35～41 页。

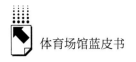

三 冬奥会场馆赛后利用特征分析

（一）场馆经营主体多元化

冬奥会场馆相较于夏奥会场馆等其他综合性场馆，具有专业性强、地域条件限制多等特点，需要更为灵活和具有针对性的运营管理机制。其中，运营主体是影响场馆经营水平的重要因素。

在上述利勒哈默尔、盐湖城和温哥华冬奥会场馆赛后利用案例中，各地基于本地的实际情况，针对不同类型的场馆选择了不同的运营主体（见图1），主要分为非营利性组织和企业。

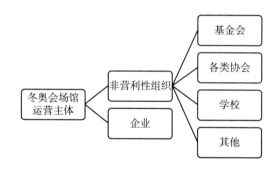

图1 冬奥会场馆赛后投资运营主体

1.以非营利性组织为主体

非营利性组织不以市场营利为目的，致力于传播文化、促进公益事业发展。利勒哈默尔冬奥会的10座竞赛场馆全部由合资公司运营，而盐湖城冬奥会和温哥华冬奥会的竞赛场馆中，主要由非营利性组织负责运营。这些由非营利性组织运营的场馆主要呈现出两大特征。

一是综合性社区或城市体育综合体，例如奥登格冰场、犹他州奥林匹克椭圆速滑馆、皮克斯冰场、太平洋体育馆和温哥华奥林匹克中心。这些场馆一般位于城市或者社区和核心区，其赛后利用主要是满足附近居民的日常休闲健身需要和推广健康生活理念，属于政府公共服务职能的履行。

二是小众滑雪运动项目场地，例如犹他州奥林匹克公园、惠斯勒奥林匹克公园、惠斯勒滑雪中心和士兵谷滑雪场。这些场馆在冬奥会期间主要承载造价较高且群众参与度较低的雪橇、雪车、北欧两项等项目。赛后由于高昂的造价和维护成本，很少有企业愿意参与其社会化运营，所以这些场馆多作为专业队训练用地和推广冬季运动项目的相关设施，如博物馆或者体验馆等。

2. 以企业为主体

企业作为冬奥会场馆赛后运营主体的主要构成，拥有灵活和有竞争力的运营机制，可以适应冬奥会场馆的运营需求。犹他州奥林匹克遗产基金会主席科林·希尔顿指出，基金会的资金主要来源于举办赛事和捐赠，受制于市场的波动，面对庞大的场馆运营和修护压力，基金会很难做到营收平衡。[①] 企业化运营的冬奥场馆可以利用冬奥会影响，最大限度地开发场馆资源，进行多样化运营，通过充分开发冠名、赞助等无形资产，融合体育、娱乐和休闲，让要素在区域间进行有效配置。

（二）服务内容专业化和多样化并存

冬奥会场馆的设计和建设初衷在于为冬奥会服务，即优先保证场馆的建设符合承办国际级比赛的要求。受比赛项目特征的影响，不同冬奥会场馆面临着差异极大的办赛要求，特别是雪上项目对坡度、垂

---

① "Utah Olympic Legacy Foundation Board Packet Q4 Final Report," Utah Olympic Legacy Foundation, May 2019, https：//utaholympiclegacy. org/wp－content/uploads/2019/05/Utah－Olympic－Legacy－Foundation－Board－Packet－Q4－FINAL. pdf.

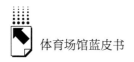

直高度、降水、风力等地理和气候条件都有极高的要求，所以历届冬奥会举办城市都增强了场馆建设的专业性。但专业化的体育场馆限制了其赛后开发利用效率，国际级别的比赛资源相对稀缺，而数量较多的中小级和大众赛事无法负担专业体育场馆昂贵的成本，出现资源供给与需求的错配。对此，利勒哈默尔、盐湖城和温哥华都采取了专业化和多样化结合的解决方法，即专业性较强的场馆主要用于专业队训练或开发奥运观光；而市场消费需求较大的大众性场馆则尽可能提供多样化服务，满足消费者更多的需求。

例如，雪车雪橇赛道是所有冬奥会场馆中，设计难度最大、施工难度最大和复杂的设施，是最能体现举办国建筑水平和经济水平的冬奥场馆。北京冬奥会的国家雪车雪橇中心的建设为 638 个日历天，其造价预计达到 7 亿元人民币。[①] 截至 2019 年 10 月，包含正在建设的北京冬奥会雪车雪橇赛道，全球共有雪车雪橇赛道 17 条，亚洲仅有 3 条，主要集中于冬奥会举办城市。较少有地区愿意在非冬奥会举办期兴建雪车雪橇赛道。在平昌冬奥会上，参加 4 人雪车比赛的国家已达到 18 个，巴西和牙买加等热带国家也加入雪车雪橇项目。未来，将有越来越多的国家和地区开展雪车雪橇项目。但由于自然和经济条件限制，一些国家和地区没有充足的场地进行训练，这 17 条高度专业化的雪车雪橇赛道可以满足其运动队的训练需求。为冰球、速度滑冰和花样滑冰等项目建设的场地主要为室内场地，对自然条件的要求较低，在奥运会后，除了提供冰雪运动服务外，还向公众开放，提供田径、游泳等其他体育服务和演唱会、会展、购物等文娱服务内容。多样化的服务内容可以满足各类人群的消费需求，为场馆运营带来稳定的收入。

---

① 《北京今年投 135 亿元推动京津冀协同发展》，人民网，2018 年 2 月 2 日，http：//bj. people. com. cn/n2/2018/0202/c82837－31210943. html，最后访问日期：2020 年 5 月 28 日。

（三）设立奥运遗产管理信托基金

信托基金是一种"利益共享、风险共担"的集合投资方式，在欧美国家发展比较成熟。在上述案例中，利勒哈默尔、盐湖城和温哥华3座城市均为冬奥会的举办和场馆赛后管理设立了专门的信托基金（见表10）。在信托基金的支持下，3座城市的冬奥会场馆特别是专业竞赛和社区场馆得以实现持续经营。

表10　利勒哈默尔、盐湖城和温哥华奥运遗产管理信托基金

冬奥会	基金名称	资金来源	初始金额
利勒哈默尔冬奥会	利勒哈默尔再发展基金	当地政府、奥组委盈余	4.031 亿挪威克朗
盐湖城冬奥会	犹他州奥林匹克遗产基金	当地政府、奥组委盈余	7600 万美元
温哥华冬奥会	2010 奥运会运营信托	加拿大政府、大不列颠哥伦比亚省政府	1.1 亿加元

资料来源："Lillehammer's Endurign Olympic Legacy," Olympic, February 15, 2019, https：//www. olympic. org/news/lillehammer－s－enduring－olympic－legacy；"Utah Olympic Legacy Foundation," Utah Olympic Legacy Foundation, 2019, http：//utaholympiclegacy. org；"Whistler Sport Legacies," Whistler Sport Legacies, 2019, https：//www. whistlersportlegacies. com。

值得关注的是，虽然3座城市均设立了信托基金来保障冬奥会场馆的赛后利用，但由于运营模式不同，3个基金的运营成果存在较大差异。利勒哈默尔再发展基金已于2014年用完，政府正在制定下一步方案。盐湖城犹他州奥林匹克遗产基金主要通过赛事举办、赞助和捐助等方式维持基金会的运营，但受市场环境影响，基金会的运营较为艰难。截至2019年3月31日，盐湖城犹他州奥林匹克遗产基金的总体市值达到5371.1万美元，同比下降4.6%。[①]

[①] "Utah Olympic Legacy Foundation：FY19 Q4 Board Meeting Materials," Utah Olympic Legacy Foundation, April 24, 2019, http：//utaholympiclegacy. org/wp－content/uploads/2019/05/Utah－Olympic－Legacy－Foundation－Board－Packet－Q4－FINAL. pdf, accessed May 28, 2020.

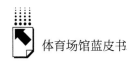

温哥华2010奥运会运营信托则通过设立遗产管理基金来维护和支持冬奥会场馆运营，遗产管理基金又分为惠斯勒滑雪中心和北欧两项中心基金、速度滑冰馆基金和可持续发展基金，各基金占比分别为40%、40%和20%。

四　北京冬奥会场馆赛后利用建议

2015年，中国成功申办冬奥会，北京将成为第一座同时举办夏奥会和冬奥会的城市。根据计划，北京冬奥会将使用25个场馆，分布在3个赛区，分别是北京赛区、延庆赛区和张家口赛区（见表11）。中国群众冬季运动开展时间晚，消费动力正逐渐加强，北京冬奥会场馆赛后利用面临着机遇与挑战。北京冬奥会场馆赛后利用应关注以下几个方面。

表11　北京冬奥会竞赛场馆概况

大项	分项	场馆	赛区	建设类型
雪车	雪车	国家雪车雪橇中心	延庆	新建
	钢架雪车			
雪橇	雪橇			
冰壶	冰壶	国家游泳中心	北京	改建
冰球	冰球	五棵松体育中心	北京	改建
		国家体育馆	北京	改建
滑冰	速度滑冰	国家速滑馆	北京	新建
	短道速滑	首都体育馆	北京	改建
	花样滑冰			
冬季两项	冬季两项	冬季两项中心	张家口	新建

大项	分项	场馆	赛区	建设类型
滑雪	越野滑雪	北欧中心越野滑雪场	张家口	新建
	跳台滑雪	北欧中心跳台滑雪场	张家口	新建
	北欧两项	北欧中心越野滑雪场及跳台滑雪场	张家口	新建
	高山滑雪	国家高山滑雪中心	延庆	新建
	自由式滑雪	云顶滑雪公园场地 A	张家口	改建
	单板滑雪	云顶滑雪公园场地 B	张家口	改建
	单板滑雪大跳台	首钢单板滑雪大跳台	北京	新建

资料来源：北京市赛区场馆介绍，北京 2022 年冬奥会和冬残奥会组织委员会网站，https：//www.beijing2022.cn/cn/competition_ zones/beijing.htm；延庆赛区场馆介绍，北京 2022 年冬奥会和冬残奥会组织委员会网站，https：//www.beijing2022.cn/cn/competition_ zones/yanqing.htm；张家口市赛区场馆介绍，北京 2022 年冬奥会和冬残奥会组织委员会网站，https：//www.beijing2022.cn/cn/competition_ zones/zhangjiakou.htm，最后访问日期：2020 年 5 月 28 日。

第一，贯彻《奥林匹克 2020 议程》，实现运营模式多样化。《奥林匹克 2020 议程》（以下简称"2020 议程"）是奥运会实现可持续发展的纲领性文件，特别是在场馆赛后利用方面为举办国提供了重要的引导。认真贯彻和落实"2020 议程"不仅是北京冬奥会的办赛承诺和场馆赛后利用要求，而且是中国绿色发展理念的重要实践。要实现北京冬奥会场馆的有效利用，首要的是力求运营模式的多元化。北京冬奥会的场馆分布于北京市和张家口两地，随着京津冀协同发展的逐步深化，北京和河北的区域发展分工将更为明确，不同的发展定位决定了两地发展战略和环境的区别，多样化的运营模式和多元化的运营主体将更能适应不同发展环境下冬奥会场馆的赛后利用需求，满足人们日益增长的冰雪消费需求。

第二，加强赛前规划，发挥赛事杠杆效应。高质量的冬奥会场馆赛后利用有赖于科学、优秀的赛前规划，这不仅能够帮助场馆实现赛

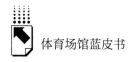
前目标，而且能提高场馆的赛后利用效率。温哥华奥林匹克中心在设计时充分考虑了可持续发展理念。例如，收集周围的地下水供场馆的厕所使用；新的冰壶综合体建在一个砾石停车场上，完成了老旧社区的功能改造；在建造场地时受影响的树木会移植至其他地方；等等。这些可持续发展的赛前规划，不仅帮助温哥华奥林匹克中心的建设实现了绿色环保，而且出色的设计理念也使其成为温哥华地区著名的环保案例，吸引了大量游客参观，进而带动了中心内各种设施的使用效率提高和收益增加。

第三，推动综合体建设，促进场馆区域集团化发展。随着对场馆资源挖掘的不断深入和消费者对生活品质要求的不断提高，提供单一服务内容的体育场馆已经无法适应市场需求。冬奥会场馆特别是雪上运动项目场馆，在场馆赛后利用方面有一定的困难，这就需要其提供更多的服务内容，供消费者进行选择。综合体模式是最适合体育场馆实现多内容输出的模式，可以向消费者提供体育、旅游、娱乐和酒店等多领域的多样化服务内容，形成发展合力，提高场馆的使用效率。同时，应有效结合冬奥会场馆资源与当地或跨区域的资本、人力及其他生产要素资源，降低资源跨区域流动的交易门槛。

第四，创新资金支持模式，满足场馆改造维护需求。改造维护成本高昂是包括冬奥场馆在内的大型体育场馆都面临的难题。欧美国家通过设立信托基金、税收减免和政府购买公共服务等模式来扶持冬奥会场馆。中国自2014年起，对大型体育场馆下发免费或低收费开放补助资金，缓解大型体育场馆的运营压力。现阶段，中国的大型体育场馆免费或低收费开放补助资金主要针对体育系统内的大型体育场馆，但从2022年北京冬奥会申办报告内容看，新建的冬奥会场馆多采取PPP模式建设，赛后将由场馆运营公司运营。同时，政府应采取多样化的资金支持模式，帮助冬奥会场馆实现可持续的赛后利用。

参考文献

林显鹏:《现代奥运会体育场馆建设及赛后利用研究》,《北京体育大学学报》2005 年第 11 期。

孙葆丽、宋晨翔、杜颖、张畅:《温哥华冬奥会遗产工作研究及启示》,《北京体育大学学报》2017 年第 10 期。

朱文一、孙昊德:《奥运主体育场与"白象综合症"——奥运场馆赛后利用问谈》,《世界建筑》2013 年第 8 期。

邹新娴:《法国冬奥会场馆的赛后利用模式研究》,《体育学研究》2019 年第 1 期。

Hecke C. Alberts, "The Reuse of Sports Facilities after the Winter Olympic Games," *American Geographical Society*, Vol. 54, No. 1, 2011.

Olav R. Spilling, "Mega Event as Strategy for Regional Development the Case of the 1994 Lillehammer Winter Olympics," *Entrepreneurship & Regional Development*, Vol. 8, No. 4, 1996.

B.3
大型体育场馆运营能力评价体系
构建与应用

孙二娟[*]

摘　要： 通过文献研究、实地调研、访谈及问卷调查法，本文研究构建了综合服务产出、基本设施资源、综合管理、综合效益、特色加分5个维度，16个一级指标、59个二级指标及三级分值指标的大型体育场馆运营能力评价体系。以深圳市体育中心为案例，运用构建的评价体系进行评分，总结其运营成果和经验，以期为公共体育场馆经营权改革、调整场馆业态结构、培育专业场馆运营机构、促进体育消费高质量发展提供些许理论参考。

关键词： 体育场馆　运营能力　评价体系　深圳市体育中心

体育场馆是体育事业、体育产业发展的载体和重要平台，其运营质量是公共体育服务、体育产业各要素发展水平的重要体现。在两权分离改革背景下，本文构建完善了大型体育场馆运营能力评价体系，以期为调整场馆业态结构、建立科学高效的运营范式、培育专业场馆运营机构、提高场馆服务能力和增加场馆服务产出量、推动公共体育场馆经营权改革、促进体育消费高质量发展提供些许理论参考。

---

* 孙二娟，北京体育大学讲师，研究方向为体育场（馆）运营管理。

一 调查对象与研究方法

（一）调查对象

本文的"体育场馆"主要指公共体育场馆（以下简称"场馆"），大型体育场馆运营能力评价体系适用于向公众开放、达到《体育建筑设计规范》（JGJ31－2003）规定的大型体育场馆以及由这些体育场馆组成的综合性场馆单位。

本文采用典型调查的方式，选择北京、南京、苏州、深圳作为典型城市，选择东单体育中心、五台山体育馆、龙江体育馆、苏州市体育中心体育馆、独墅湖体育馆、深圳游泳跳水馆、深圳体育馆、深圳体育场8个体育场馆进行调查，这些场馆在服务产品、服务能力及服务管理方面具有一定的代表性。

（二）研究方法

第一，文献研究法，系统地梳理场馆运营、服务测评、绩效管理评价体系三个方面的研究成果。第二，访谈法。采用面对面访谈、电话访谈方式，开展实地调研；在问卷数据统计的基础上，征询专家的意见、评分，对象多为场馆研究领域专家、调研单位的高中层管理者。第三，问卷调查法。问卷主体包括综合服务产出、基本设施资源、综合管理、综合效益、特色加分5个维度的定性、量化数据调查。共发放100份调查问卷，回收92份，有效问卷73份，有效回收率为73%。第四，个案研究法。根据构建的评价体系，通过年度审计意见书、审计报告、内控报告中的详细数据及访谈，对深圳体育中心进行运营能力测评、分析。

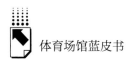

二 大型体育场馆运营能力评价体系构建

（一）评价体系指标设置

本文以《中华人民共和国体育法》《公共文化体育设施条例》《全民健身条例》《大型体育场馆基本公共服务规范》《大型体育场馆运营管理综合评价体系》等法律法规和规范性文件为依据，结合研究文献、调研数据，构建了大型体育场馆运营能力评价体系（见表1）。筛选可获取、可量化、时限性的指标，注重服务产出约束性指标和综合管理导向性指标相结合；加大核心指标的分值比重，根据客观数据及操作的可行性，确定指标分值。大型体育场馆运营能力评价体系力求全方位、多角度地分析、测量场馆运营管理过程、服务产出及运营绩效，进行场馆运营能力的科学评估，促进运营手段、方法的发展创新。

表1　大型体育场馆运营能力评价指标体系

维度	一级指标	二级指标	来源
综合服务产出	场馆开放	开放面积	国家文件、王进等、张大超等、毛小燕
		主体占比	王进等
		开放时间	国家文件、梁菲、陈翔、吴立川、张大超等
	活动承载	体育赛事	国家文件
		群体活动	
		其他文体及相关活动	
	体育培训	培训规模	国家文件、王进等
		项目设置	王进等、冯兴刚等、毛小燕
		体质测试和运动指导	国家文件
	运动训练	专业训练	国家文件
		业余训练	王进等、冯兴刚等
		个体运动健身	专家推荐

维度	一级指标	二级指标	来源
基础设施资源	运动设施	设施数量	王进等、梁菲
		设施配套	王进等
	安全设施	消防、安保设施	王进等、毛小燕
	交通设施	公共交通	王进等、毛小燕
		车位数量	王进等、毛小燕
	环境设施	卫生设施	王进等、毛小燕、魏倩
		其他辅助设施	魏倩、毛小燕
综合管理	领导作用与治理	高层领导作用	专家推荐、魏倩、毛小燕
		组织治理与社会责任	专家推荐
	组织机制	组织机构	王进等、梁菲
		管理制度	
		监督机制	王进等
		考核机制	
	管理实施	战略制定	专家推荐
		战略实施	
		顾客关系	
		规范化	国家文件
		信息化	
		体育文化建设管理	专家推荐、王进等
	人才队伍	学历	国家文件
		专业技能	国家文件、毛小燕
		从业人员数	专家推荐、吴立川
		员工专业受训率	专家推荐、陈翔、梁菲
		薪酬激励	专家推荐
		员工满意度	
	财务管理	经费自给率	陈翔、专家推荐
		资金渠道	专家推荐、王进等
		财务预算	专家推荐
		财务控制	
	资源开发管理	关联产业开发	毛小燕、张婉婷、杜朝辉
		冠名权开发	
		广告开发	

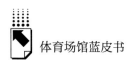

续表

维度	一级指标	二级指标	来源
综合效益	运营效益	接待总量	国家文件
		接待人次增长	
		收支比例	
		收入增长	
		投入增长	专家推荐
		净资产收益率	
		资产负债率	
	社会影响	公益活动	国家文件
		获得荣誉	王进等
		媒体报道和知名度	陈翔、梁菲
		社会公众满意度	国家文件
		运动员满意度	叶晓甦等
		教练员满意度	
		政府合作满意度	
		企业合作满意度	
特色加分			专家推荐

资料来源：王进、颜争鸣、潘世华、徐光辉、顾珊佶：《大型体育场（馆）运营综合评价指标体系的研究及运用》，《体育科学》2013年第10期，第35页；张大超、李敏：《我国公共体育设施发展水平评价指标体系研究》，《体育科学》2013年第4期，第3页；毛小燕：《对构建我国大型公共体育场馆评价指标体系的研究》，硕士学位论文，北京体育大学，2014，第27～36页；梁菲：《论平衡计分卡在公共体育场馆绩效评估中的应用》，硕士学位论文，中央民族大学，2016，第34～39页；陈翔：《平衡计分卡在大型体育场馆绩效管理中的运用研究》，硕士学位论文，华中师范大学，2014，第26～29页；吴立川、李安娜：《我国体育场馆公共服务绩效评估指标体系的构建与实证研究》，《吉林体育学院学报》2017年第1期，第34页；冯兴刚、李媛：《四川省公共体育场馆运营绩效评价体系构建》，《绵阳师范学院学报》2014年第11期，第138页；魏倩：《我国省会城市大型体育场馆公共服务能力评价指标体系研究》，硕士学位论文，西安体育学院，2014，第15～30页；张琬婷：《大型体育场馆运营评价体系构建研究》，硕士学位论文，大连理工大学，2018，第24～31页；杜朝辉：《大型体育场馆运营绩效评价体系研究》，《成都体育学院学报》2015年第5期，第39页；叶晓甦、安妮、陈娟：《体育场馆PPP项目运营绩效评价指标体系研究》，《项目管理技术》2019年第5期，第14页。

（二）评价体系指标释义及分值[①]

1. 综合服务产出

此维度分值300分，评价场馆在开放、活动承载、体育培训、运动训练四个方面主体服务产品的产出情况。

其一，场馆开放。评价场馆在承办赛事、运动训练、体育健身和其他活动方面的开放程度及利用效率，包括开放面积、主体占比、开放时间三个指标。指标释义见表2，评分标准见表3。

表2　场馆开放评价指标释义

二级指标	指标释义
开放面积	指场馆的场地及设施设备用于提供体育及相关服务的面积比例，面积指建筑面积
主体占比	指用于体育功能主体的面积占总开放面积的比例
开放时间	指单体场馆或体育中心中较大的2～3个单体场馆每周平均开放时间

表3　场馆开放评分标准

一级指标		分值	二级指标		分值	三级指标	
序号	项目		序号	项目		区间	评分标准
1	场馆开放	100	01	开放面积	40	40	80%及以上
						35～39	75%～79%
						30～34	70%～74%
						25～29	65%～69%
						15～24	61%～64%
						14	60%

---

① 若无特别说明，本文评价体系分值分配及评价标准数据来源于访谈、问卷调查数据的统计分析。

一级指标		分值	二级指标		分值	三级指标	
序号	项目		序号	项目		区间	评分标准
1	场馆开放	100	02	主体占比	20	19~20	60%及以上
						17~18	50%~59%
						15~16	40%~49%
						10~14	30%~39%
						5~9	20%~29%
			03	开放时间	40	40	80小时及以上
						35~39	70~79小时
						30~34	60~69小时
						25~29	50~59小时
						15~24	40~49小时
						5~14	35~39小时
						0	不足35小时

其二，活动承载。评价承办体育赛事、群体活动、其他文体及相关活动的情况。指标释义见表4，评分标准见表5。

表4　活动承载评价指标释义

二级指标	指标释义
体育赛事	评价场馆承办不同规模体育比赛的能力。计算标准：①国际级赛事计4次、国家级计3次、省级计2次、市级计1次；②当年赛事观众人数超座位数30%，计1次，低于30%，计0.5次（只按其中1个标准计算）
群体活动	每年举办或承办群体性体育赛事、活动的数量，特指500人以上参与的活动
其他文体及相关活动	每年举办或承办文化活动、演出、文体讲座、展览、其他会展等活动的数量。计算标准：①特指500人以上参与的活动；②观众人数超座位数30%，计1次，低于30%，计0.5次（只按其中1个标准计算）

表5 活动承载评价标准

一级指标		分值	二级指标		分值	三级指标	
序号	项目		序号	项目		区间	评分标准
2	活动承载	50	01	体育赛事	10	10	10次以上
						9	9~10次
						8	7~8次
						7	5~6次
						6	4次
			02	群体活动	30	30	10次以上
						26~29	9~10次
						22~25	7~8次
						18~21	5~6次
						17	4次
			03	其他文体及相关活动	10	10	10次以上
						9	9~10次
						8	7~8次
						7	5~6次
						6	4次及以下

其三，体育培训。包括培训规模、项目设置、体质测试和运动指导三个评价指标，反映健身培训方面的设施和资源利用、产出情况。指标释义见表6，评分标准见表7。

表6 体育培训评价指标释义

二级指标	指标释义
培训规模	以场馆全年培训人次为评价标准
项目设置	以运动技能培训项目数量为评价标准
体质测试和运动指导	每年进行体质测试、运动能力评估、健身科学诊断指导的人次

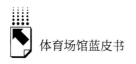

表7 体育培训评分标准

一级指标		分值	二级指标		分值	三级指标	
序号	项目		序号	项目		区间	评分标准
3	体育培训	100	01	培训规模	50	50	10000 人次及以上
						45~49	8000~9999 人次
						35~44	6000~7999 人次
						15~34	3000~5999 人次
						10~14	2000~2999 人次
						9	2000 人次以下
			02	项目设置	30	30	10 项及以上
						24~29	7~9 项
						20~23	5~6 项
						10~19	3~4 项
						5~9	1~2 项
			03	体质测试和运动指导	20	20	5000 人次及以上
						18~19	4500~4999 人次
						16~17	4000~4499 人次
						11~15	3500~3999 人次
						6~10	3000~3499 人次
						5	2000~2999 人次

其四，运动训练。以承接各种形式的运动训练次数为评价指标，包括专业训练、业余训练、个体运动健身三个指标。指标释义见表8，评分标准见表9。

表8 运动训练评价指标释义

二级指标	指标释义
专业训练	每年承接的专业运动队训练累计天数。①省级及以上专业运动队训练天数直接累计；②其他专业运动队训练天数除以2后再累计（只按其中1个标准计算）
业余训练	每年承接的各种形式的业余运动训练次数
个体运动健身	自行预订场地健身人次

表9 运动训练评分标准

一级指标		分值	二级指标		分值	三级指标	
序号	项目		序号	项目		区间	评分标准
4	运动训练	50	01	专业训练	20	20	270 天以上
						18～19	181～270 天
						16～17	91～180 天
						11～15	61～90 天
						6～10	31～60 天
						5	30 天及以下
			02	业余训练	10	10	10 次及以上
						8	8～9 次
						6	6～7 次
						4	3～5 次
			03	个体运动健身	20	20	20000 人次及以上
						18～19	17000～19999 人次
						16～17	14000～16999 人次
						11～15	9000～13999 人次
						6～10	4000～8999 人次

2. 基础设施资源

此维度分值100分，指场馆在指定区域提供安全服务、场地建设规范和体育设施设备质量标准、满足活动要求的场地、设施及其配套设施等情况，包括运动设施、安全设施、交通设施、环境设施四个指标，指标释义见表10，评分标准见表11。

表10 基础设施资源评价指标释义

一级指标	二级指标	指标释义
运动设施	设施数量	符合场地建设规范、体育设施设备质量标准,满足活动需求的体育设施数量
	设施配套	配套体育器材、设备、用品的数量及质量

续表

一级指标	二级指标	指标释义
安全设施	消防、安保设施	消防、照明、安保、标识、标线等设施状况
交通设施	公共交通	交通网络、无障碍等设施的状况
	车位数量	以停车位数量符合建筑物规模配比程度为评价标准
环境设施	卫生设施	以卫生设施完备、通风等整体状况为评价标准
	其他辅助设施	以场馆周边餐饮、购物、娱乐等商务配套设施整体水平为评价标准

表 11　基础设施资源评分标准

一级指标 序号	一级指标 项目	分值	二级指标 序号	二级指标 项目	分值	三级指标 区间	三级指标 评分标准
5	运动设施	50	01	设施数量	30	30	完全满足多样化体育活动的需求
						25~29	满足多样化体育活动的需求
						15~24	基本满足多样化体育活动的需求
						10~14	较满足多样化体育活动的需求
						9	能够满足基本体育活动的需求
			02	设施配套	20	20	完全满足多样化体育活动的要求
						15~19	满足多样化体育活动要求
						5~14	基本满足多样化体育活动要求
						4	满足基本体育活动要求
6	安全设施	10	01	消防、安保设施	10	10	消防设施完备,维护完好
						3~5	消防设施较完备,维护不够完好

一级指标		分值	二级指标		分值	三级指标	
序号	项目		序号	项目		区间	评分标准
7	交通设施	10	01	公共交通	5	5	公共交通网络非常发达
						4	公共交通网络发达
						3	公共交通网络比较发达
						2	公共交通网络一般
						1	公共交通网络单一
			02	车位数量	5	5	完全符合停车位配比要求
						4	低于配比1%~10%
						3	低于配比11%~20%
						2	低于配比21%~30%
						1	低于配比30%以上
8	环境设施	30	01	卫生设施	15	15	卫生设施非常完备,清洁明亮,通风良好,卫生保洁专业
						10~14	卫生设施完备,清洁明亮,通风良好
						5~9	卫生设施较完备,较清洁明亮
						1~4	卫生设施一般,卫生保洁一般
			02	其他辅助设施	15	15	商务配套设施完全满足需求
						10~14	商务配套设施满足需求
						5~9	商务配套设施基本满足需求
						1~4	商务配套设施满足基本需求

3. 综合管理

此维度分值300分,包括领导作用与治理、组织机制、管理实施、人才队伍、财务管理、资源开发管理6个指标。

其一,领导作用与治理。领导作用位居卓越绩效管理体系首位,尤为重要。这一指标下有高层领导作用、组织治理与社会责任两个指标,指标释义见表12,评分标准见表13。

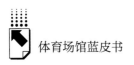

表 12　领导作用与治理评价指标释义

二级指标	指标释义
高层领导作用	以高层领导参与,保证组织管理体系的开发、实施和不断改进,积极宣传组织任务、愿景和价值观为评价标准
组织治理与社会责任	以高层领导定期评审组织绩效和目标进展,组织履行公共责任力度为评价标准

表 13　领导作用与治理评分标准

一级指标		分值	二级指标		分值	三级指标	
序号	项目		序号	项目		区间	评分标准
9	领导作用与治理	50	01	高层领导作用	30	30	高层领导完全参与组织管理体系的开发、实施,积极宣传组织任务、愿景和价值观
						20~29	参与组织管理体系的开发、实施,积极宣传组织任务、愿景和价值观
						10~19	基本参与组织管理体系的开发、实施,宣传组织任务、愿景和价值观
						5~9	能够参与组织管理体系的开发、实施
			02	组织治理与社会责任	20	20	完全确保定期评审组织绩效和目标进展,履行公共责任,运用资源积极支持社会活动
						15~19	确保定期评审组织绩效和目标进展,履行公共责任,运用资源积极支持社会活动
						10~14	基本定期评审组织绩效和目标进展,履行公共责任
						5~9	不定期评审组织绩效和目标进展,履行公共责任

其二，组织机制。场馆运行机制由组织机构、管理制度、监督机制、考核机制组成。组织机构的评分标准为完整和架构清晰情况，管理制度、监督机制、考核机制的评分标准是健全合理程度。评分标准见表14。

表14　组织机制评分标准

一级指标		分值	二级指标		分值	三级指标	
序号	项目		序号	项目		区间	评分标准
10	组织机制	50	01	组织机构	10	10	机构非常完整,管理架构非常清晰
						8	机构完整,架构清晰
						5	机构较完整,架构较清晰
						3	机构欠完整,架构欠清晰
			02	管理制度	20	18~20	健全、合理
						15~17	较健全、较合理
						12~14	欠健全、欠合理
						9~11	不健全、不合理
			03	监督机制	10	10	健全、合理
						8	较健全、较合理
						5	欠健全、欠合理
						3	不健全、不合理
			04	考核机制	10	10	健全、合理
						8	较健全、较合理
						5	欠健全、欠合理
						3	不健全、不合理

其三，管理实施。特指战略制定、战略实施、顾客关系、规范化、信息化、体育文化建设的管理实施情况。指标释义见表15，评分标准见表16。

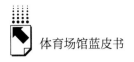

表 15　管理实施评价指标释义

二级指标	指标释义
战略制定	以战略的明确程度、依据的科学性为评价标准
战略实施	以投入资源、应变和行动修正为评价标准
顾客关系	以主动沟通、测评满意度改进服务、落实要求、实现承诺为评价标准
规范化	以服务质量设计、认证管理、标准化、文件化执行情况为评价标准
信息化	以信息技术应用为评价依据
体育文化建设	以体育文化建设内容、氛围为评价依据

表 16　管理实施评分标准

一级指标 序号	一级指标 项目	分值	二级指标 序号	二级指标 项目	分值	三级指标 区间	三级指标 评分标准
11	管理实施	60	01	战略制定	10	10	有完全明确的战略目标,战略完全以信息、绩效测量、市场研究为根据
						8	有明确的战略目标,战略以信息、绩效测量、市场研究为根据
						5	有基本明确的战略目标,战略基本以信息、绩效测量、市场研究为根据
						3	缺乏明确的战略目标,战略缺乏信息、绩效测量、市场研究根据
			02	战略实施	10	10	为战略实施投入完全足够的资源,具有完全的应变和修正能力
						8	为战略实施投入足够资源,具有应变和修正的能力
						5	为战略实施投入基本资源,具有基本的应变和修正的能力
						3	为战略实施投入的资源不足,应变和修正的能力不强

一级指标		分值	二级指标		分值	三级指标	
序号	项目		序号	项目		区间	评分标准
11	管理实施	60	03	顾客关系	10	10	完全积极主动与顾客进行有效沟通，测评满意度改进服务，实现承诺
						8	主动与顾客有效进行沟通，测评满意度改进服务，实现承诺
						5	基本主动与顾客进行有效沟通，测评满意度改进服务，实现承诺
						3	不主动与顾客进行有效沟通，测评满意度改进服务，实现承诺
			04	规范化	10	10	组织的质量控制始于服务设计，通过相关认证，全面实行标准化管理，在同行业中起标杆、引导作用
						8	服务程序完全标准化、文件化
						5	服务程序比较标准化、文件化
						3	服务程序标准化、文件化程度一般
			05	信息化	10	10	完全实现信息化管理，具备联网健身消费的条件，建立场馆运营动态管理系统和统计分析数据库
						8	基本实现信息化管理，提供线上预订，初步实现动态管理
						0	未进行信息化管理设计与实施
			06	体育文化建设	10	10	体育文化建设内容丰富、氛围浓厚
						8	体育文化建设内容较丰富、氛围较浓厚
						5	体育文化建设内容一般、氛围一般

其四，人才队伍。场馆服务属于人员密集型服务行业，从业人员的密度是服务产出数量和质量的根本保障，人力资源利用率可以反映出场馆的管理水平，因而将从业人员数纳入评价体系。其中学历、专业技能、员工专业受训率、薪酬激励4个指标的人员数量均不包含一线保洁、绿化、安保人员数。指标释义见表17，评分标准见表18。

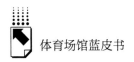

表 17 人才队伍评价指标释义

二级指标	指标释义
学历	大专及以上学历员工人数占总员工人数的比例
专业技能	拥有三级及以上职业资格或中级及以上专业技术职称人数占总员工人数的比例
从业人员数	从业人员(不包含健身指导员及培训师资)的密度,以万平方米为度量单位
员工专业受训率	参加业务培训的员工数占总人数的比例
薪酬激励	年度实际人均薪酬增长率
员工满意度	指员工对组织薪酬、晋升途径、工作环境等的总体满意度

表 18 人才队伍评分标准

一级指标 序号	一级指标 项目	分值	二级指标 序号	二级指标 项目	分值	三级指标 区间	三级指标 评分标准
12	人才队伍	60	01	学历	10	10	70% 及以上
						5 ~ 9	50% ~ 69%
						3 ~ 4	30% ~ 49%
						1 ~ 2	20% ~ 29%
			02	专业技能	10	10	50% 及以上
						5 ~ 9	30% ~ 49%
						3 ~ 4	15% ~ 29%
						1 ~ 2	10% ~ 14%
			03	从业人员数	10	10	16 人/万平方米
						8	13 ~ 15 人/万平方米
						5	10 ~ 12 人/万平方米
						3	9 人及以下/万平方米
			04	员工专业受训率	10	10	50% 及以上
						6 ~ 9	30% ~ 49%
						2 ~ 5	10% ~ 29%
						1	1% ~ 9%

一级指标		分值	二级指标		分值	三级指标	
序号	项目		序号	项目		区间	评价标准
12	人才队伍	60	05	薪酬激励	10	10	10%及以上
						5~9	5%~9%
						3~4	3%~4%
						1~2	1%~2%
			06	员工满意度	10	10	90%及以上
						8	80%~89%
						5	70%~79%
						3	60%~69%

其五，财务管理。包括经费自给率、资金渠道、财务预算、财务控制4个指标。指标释义见表19，评分标准见表20。

表19　财务管理评价指标释义

二级指标	指标释义
经费自给率	自行解决运营支出的比例，反映运营能力水平的高低
资金渠道	以筹集金额占保障资金比重为评价标准，反映组织筹款能力
财务预算	以执行比例为评价标准，测评制定科学的财务规划能力
财务控制	以每年投入场馆的维修改造、维修保养等费用充足程度为标准，反映财务资金充裕程度

表20　财务管理评分标准

一级指标		分值	二级指标		分值	三级指标	
序号	项目		序号	项目		区间	评分标准
13	财务管理	40	01	经费自给率	10	10	70%及以上
						8	50%~69%
						5	30%~49%
						3	小于30%

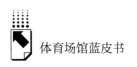

续表

一级指标		分值	二级指标		分值	三级指标	
序号	项目		序号	项目		区间	评价标准
13	财务管理	40	02	资金渠道	10	10	100%
						8~9	80%~99%
						6~7	60%~79%
						4~5	40%~59%
						3	小于40%
			03	财务预算	10	10	100%
						8~9	80%~99%
						6~7	60%~79%
						4~5	40%~59%
						3	小于40%
			04	财务控制	10	10	维修经费充足
						8	维修经费较充足
						5	维修经费一般充足
						3	维修经费不充足

其六，资源开发管理。包括关联产业开发、冠名权开发、广告开发3个指标。指标释义见表21，评分标准见表22。

表21　资源开发管理评价指标释义

二级指标	指标释义
关联产业开发	主体业务外的体育装备销售、体育酒店、体育文化等产业开发
冠名权开发	场馆整体、设施设备冠名开发
广告开发	建筑体内外、设施设备进行广告开发

表 22　资源开发管理评分标准

一级指标		分值	二级指标		分值	三级指标	
序号	项目		序号	项目		区间	评分标准
14	资源整合管理	40	01	关联产业开发	20	20	体育装备销售、体育酒店、体育文化等综合体育产业开发完全充分
						15	体育装备销售、酒店、体育文化等产业开发充分
						10	体育装备销售、体育文化等产业开发基本具备
						0	体育装备销售、体育文化等产业未开发
			02	冠名权开发	10	10	有冠名
						0	无冠名
			03	广告开发	10	10	建筑体内外、设施设备均有广告开发
						8	仅建筑体内外或设施设备有广告开发

4. 综合效益

此维度分值 300 分，以社会影响和运营效益反映场馆服务效益。

其一，社会影响。指场馆的产品和服务在开展公益活动、获得荣誉、媒体报道和知名度、服务对象满意度等方面的综合效益。各服务对象的满意度指总体满意度，不做回头率与投诉率的具体细化。指标释义见表 23，评分标准见表 24。

表 23　社会影响评价指标释义

二级指标	指标释义
公益活动	每年免费举办或承办与体育相关的集会、科普宣传、教育、展览等活动的参与人次

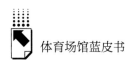

二级指标	指标释义
获得荣誉	获得各级政府表彰的情况
媒体报道和知名度	以一年各级媒体单位进行正面报道的次数为标准
社会公众满意度	
运动员满意度	
教练员满意度	指对开放时间、服务产品、收费价格、设施环境卫生、安全保护、服务态度、服务水平、服务效率的总体满意度
政府合作满意度	
企业合作满意度	

表24 社会影响评分标准

一级指标 序号	一级指标 项目	分值	二级指标 序号	二级指标 项目	分值	三级指标 区间	三级指标 评分标准
15	社会影响	130	01	公益活动	40	40	50000人次及以上
						35~39	40000~49999人次
						30~34	30000~39999人次
						20~29	20000~29999人次
						10~19	10000~19999人次
						5~9	5000~9999人次
			02	获得荣誉	10	10	当年获得国家表彰
						8	当年获得国家有关部门或省级政府表彰
						6	当年获得省级部门或市级政府表彰
						4	当年获得市级以下部门表彰
			03	媒体报道和知名度	10	10	超过5次的媒体正面报道,有较高知名度
						8	有3~4次的媒体正面报道和一些知名度
						5	有1~2次的媒体正面报道和一些知名度
						0	没有媒体的正面报道和知名度

一级指标		分值	二级指标		分值	三级指标	
序号	项目		序号	项目		区间	评分标准
15	社会影响	130	04	社会公众满意度	30	30	90%及以上
						25~29	80%~89%
						15~24	70%~79%
						5~14	60%~69%
						1~4	50%~59%
				运动员满意度	5	5	90%及以上
						4	80%~89%
						3	70%~79%
				教练员满意度	5	5	90%及以上
						4	80%~89%
						3	70%~79%
				政府合作满意度	15	15	90%及以上
						10~14	80%~89%
						5~9	70%~79%
						1~4	60%~69%
				企业合作满意度	15	15	90%及以上
						10~14	80%~89%
						5~9	70%~79%
						1~4	60%~69%

其二，运营效益。以服务产出和收支为核心考察运营效益，包括接待总量、接待人次增长、收支比例、收入增长、投入增长、净资产收益率、资产负债率7个方面。指标释义见表25，评分标准见表26。

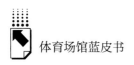
表 25 运营效益评价指标释义

二级指标	指标释义
接待总量	每万平方米面积(用地面积)全年接待人次,包括健身、培训、参与或观看赛事活动及文艺演出。若每万平方米年接待总量达到或超过 10 万人次的,该项满分
接待人次增长	接待人次年增长率
收支比例	经营收入与支出的比值,若达到或超过 1.2,该项满分
收入增长	经营收入年增长率
投入增长	经营投入年增长率
净资产收益率	税后利润除以净资产得到的百分率,衡量场馆运用自有资本获得净收益的能力、效率
资产负债率	负债总额与资产总额的比值,衡量场馆利用债权人提供资金开展经营活动的能力

表 26 运营效益评分标准

一级指标 序号	一级指标 项目	分值	二级指标 序号	二级指标 项目	分值	三级指标 区间	三级指标 评分标准
16	运营效益	170	01	接待总量	50	50	10 万及以上
						45~49	80000~99999
						35~44	60000~79999
						15~34	40000~59999
						10~14	20000~39999
						9	20000 以下(不含 20000)
			02	接待人次增长	20	20	20% 及以上
						15~19	10%~19%
						10~14	5%~9%
						5~9	0~4%(不含 0)
			03	收支比例	20	20	1.2 及以上
						18~19	1~1.1
						16~17	0.9~1(不含 1)
						13~15	0.7~0.9(不含 0.9)
						9~12	0.5~0.7(不含 0.7)
						8	0.5 以下

一级指标		分值	二级指标		分值	三级指标	
序号	项目		序号	项目		区间	评分标准
16	运营效益	170	04	收入增长	10	10	30%及以上
						8~9	20%~29%
						6~7	10%~19%
						4~5	5%~9%
						2~3	实现增长
			05	投入增长	10	10	8%以上
						8~9	6%~7.9%
						6~7	4%~5.9%
						4~5	0~3.9%(不含0)
						0	资金投入无增加
			06	净资产收益率	30	30	15%及以上
						20~29	10%~14%
						10~19	5%~9%
						5~9	0%~4%(不含0)
			07	资产负债率	30	21~30	31%~40%
						11~20	21%~30%
						6~10	11%~20%

5. 特色加分

特色加分指标100分值，指在积极响应和采取具体措施落实国家、省市级体育事业、产业改革，健身项目设置、持续驻场活动举办、管理品牌输出、人才培养、增加个性化服务等经济、社会效益方面具有突出表现的可加分。具体根据场馆实际执行情况进行综合评价。

在研究文献和征求专家意见的基础上，本文划分了场馆运营的绩效等级：总分达到850分及以上为优秀，750~849分为良好，600~749分为合格，600分以下为考核不合格。

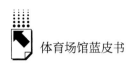

三 案例分析：深圳市体育中心

（一）基本情况

1. 管理运营情况

深圳市体育中心（以下简称"中心"）前身在 20 世纪 90 年代为事业单位，由市体育局主管，2006 年国有产权划转给深圳市投资控股有限公司，转为企业，2010 年设立运营公司，2012 年公司更名为"深圳市体育中心运营管理有限公司"，注册资本 2000 万元。2018 年末总人数 287 人，属下各级全资及控股公司 6 家，其中包括本文案例深圳体育馆运营管理有限公司、深圳游泳跳水馆运营管理有限公司。中心的主要业务包括场地管理、物业租赁、体育活动的策划和培训、广告业务、健身咨询、体育用品的销售、物业服务、机电设备的上门维护、园林绿化、票务代理、机动车辆停放服务等。中心秉承"为人民群众提供优质的体育运动环境和服务，促进人民身体素质的提高和健康水平的改善"的国企使命，立志在"十三五"期间，成长为"中国大型公共体育场馆运营管理的行业标杆"，将中心打造成公益为先、业务专业、管理高效、服务优良，具有较强行业知名度和品牌价值的公共体育场馆运营商和体育服务提供商。①

深圳体育馆于 1987 年建成，占地面积为 10000 平方米，建筑面积 21200 平方米，共有 6000 个座位，地处市中心，位置优越、交通方便，是一个多用途的现代化场馆，可承办多种体育比赛、文艺演出、大型集会活动等。建馆至今，体育馆承办了众多的国内外不同规

---

① 《深圳市体育中心介绍》，深圳市体育中心网站，http://www.sztyzx.com.cn/survey - 39. html。

格的体育比赛、文艺演出和综合性活动，曾作为深圳经济特区十周年和二十周年庆祝大会、特区建立二十五周年文艺晚会主会场；蔡琴、宋祖英、郎朗、李云迪等国内明星及理查德·克莱德曼等国外明星曾在场馆举办演出活动；亚洲乒乓球锦标赛、国际标准舞比赛、中日排球对抗赛、中国男子篮球职业联赛（CBA）曾在场馆内举行。体育馆历经改革，逐步转变营业方向，除举办赛事、演唱会外，还协助承办企事业单位的会议、年会、晚会、趣味运动会等，提供宣传、组织、编排、执裁等一系列服务，并开办体育项目培训班，多层次、全方位地提供优质服务。①

深圳游泳跳水馆于2003年建成，总占地面积54300平方米，总建筑面积41167平方米，拥有观众席4000座，由室内主馆游泳跳水馆、副馆戏水馆、室外水上娱乐区及其他配套设施和新建成的训练馆四部分构成。该馆曾获"全国群众游泳健身活动模范池馆"、"全国先进游泳池馆"、中国优秀体育场馆评选"综合优秀奖"等荣誉，也是广东省游泳协会后备人才培训基地、中国游泳运动协会指定游泳场馆，可承办游泳、跳水、花样游泳、水球等大型国际、国内比赛，是深圳市集游泳跳水、游泳培训、戏水娱乐、球类运动（保龄球、壁球）等为一体的大型综合性场馆。②

2. 财务情况

中心创收能力较强，2016～2018年度营业收入破亿。2018年度，因场馆升级改造，5月起体育馆、网羽中心和体育场暂停对外营业，体育馆年利润减少621.67万元，比2017年度减少72%。但中心积极对外输送服务、拓展游泳跳水馆培训业务，游泳馆2018年度利润增长494.98万元，比2017年度增长186%，2018年度中心整体营业收

---

① 《深圳体育馆简介》，深圳市体育中心网站，http：//www.sztyzx.com.cn/survey-40.html。
② 《深圳游泳跳水馆简介》，深圳市体育中心网站，http：//www.sztyzx.com.cn/survey-43.html。

入仍破亿。

本案例的财务情况仅采用中心年度报告的总数据进行背景说明，中心总部及各场馆子公司的收入、成本等财务数据不做细化。背景数据包括中心 2016～2018 年度经营业绩考核指标执行情况、前十大金额合同执行情况、前十大采购招标项目情况，通过总数据可以直观看出场馆运营成本及收入的主要来源（见表 27、表 28、表 29）。

表 27　深圳市体育中心 2016～2018 年度经营业绩

单位：万元，%

指标	2018 年度	2017 年度	2016 年度
利润总额	1283	1788	2011
成本费用总额	8735	9095	8791
营业收入	10028	10748	10791
成本费用占收入比重	87.11	84.34	81.47

资料来源：深圳市体育中心 2016～2018 年度审计意见书、审计报告、内控报告内部资料。

表 28　深圳市体育中心 2016～2018 年度十大金额合同执行情况

单位：万元

序号	2018 年度		2017 年度		2016 年度	
	项目名称	金额	项目名称	金额	项目名称	金额
1	政府购买服务场地租赁 1	420	政府购买服务场地租赁 1	420	政府购买服务场地租赁 1	420
2	场地租赁 2	240	安保服务	388.08	场地租赁 2	400
3	服务采购	150	物业租赁 1	349.58	场地租赁 3	272.04
4	清洁绿化服务费	115.81	场地租赁 2	300	场地租赁 4	249.11
5	场地租赁 3	110	物业租赁 2	297.23	停车年卡	220
6	房屋租赁	97.74	场地租赁 3	273.40	政府购买服务场地租赁 5	150
7	场地租赁 4	94.8	场地租赁 4	250.35	广告位租赁	120

续表

序号	2018 年度		2017 年度		2016 年度	
	项目名称	金额	项目名称	金额	项目名称	金额
8	共建网球队	80	清洁卫生绿化服务	232.63	车位租赁	100
9	场地服务采购	40	物业租赁3	157.49	场地租赁6	80
10	联赛分区赛合作	39.76	政府购买服务场地租赁5	150.56	共建网球队	80

资料来源：深圳市体育中心 2016～2018 年度审计意见书、审计报告、内控报告内部资料。

表29 深圳市体育中心 2016～2018 年度十大采购招标项目情况

单位：万元

序号	2018 年度		2017 年度		2016 年度	
	项目名称	金额	项目名称	金额	项目名称	
1	清洁绿化服务费	228	安保服务1	388.08	安保服务	388.08
2	消防系统设施维修保养	14.6	戏水滑梯基础工程款	23.91	清洁卫生绿化服务	225
3	安保服务费1	9.52	安保服务费	23.79	场地租赁	78
4	保洁承包	7.5	保安服务合同2	19.68	装修工程	47.7
5	安保服务费2	7.14	围网及灯光设施采购	18.30	装修工程	47.6
6	消防值班服务	5.67	清洁承包合同	18	装修工程	41.9
7	自动加热传感器费用	5.47	设备购销及安装合同	17.73	喷泉改造工程	35.8
8	诉讼委托代理	5	体彩喷绘	17.17	球队出场费	30
9	职工活动场所修缮	4.99	装修工程款	15.09	空调设备销售	23
10	保安服务	4.92	装修工程款	12	安保服务费	19.82

资料来源：深圳市体育中心 2016～2018 年度审计意见书、审计报告、内控报告内部资料。

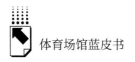

（二）深圳市体育中心体育馆、游泳跳水馆运营能力测评

运用上文构建的评价体系对体育馆与游泳跳水馆进行测评，因为2018年场馆进行升级改造，分别依据中心及下属场馆运营单位2017年度、2018年度审计意见书、审计报告、内控报告及访谈进行运营能力测评，测评得分见表30。

表30　体育馆、游泳跳水馆运营能力测评情况

指标	分值	得分	
		体育馆（2017年度）	游泳跳水馆（2018年度）
综合服务产出	300	264	251
场馆开放	100	100	100
活动承载	50	43	35
体育培训	100	75	70
运动训练	50	46	46
基础设施资源	100	95	97
运动设施	50	48	50
安全设施	10	10	10
交通设施	10	8	8
环境设施	30	29	29
综合管理	300	279	283
领导作用与治理	50	49	49
组织机制	50	50	50
管理实施	60	55	55
人才队伍	60	57	60
财务管理	40	38	39
资源开发管理	40	30	30
综合效益	300	269	289
运营效益	170	144	163
社会影响	130	125	126

指标	分值	得分	
		体育馆（2017年度）	游泳跳水馆（2018年度）
4个一级维度总分	1000	907	920
特色加分总分	100	40	50
5个一级维度总分	1100	947	970
备注	体育馆特色加分:积极响应国家、省市改革,经济社会效益良好,管理品牌输出,增加个性化服务四大方面具有突出表现。游泳馆特色加分:积极响应国家、省市改革,经济社会效益良好,健身项目设置,管理品牌输出,增加个性化服务五大方面具有突出表现。		

如表30所示,在绩效等级方面,体育馆2017年度5个一级维度总分947、游泳跳水馆2018年度5个一级维度总分970分,均达到优秀运营水平。

1. 功能明确促进体育服务高效产出

中心为公共服务类企业,战略定位为依托场馆硬件、社会影响力及"深圳文体中心"品牌价值,从体育健身、体育培训、赛事竞演、体育传媒和城市文体服务综合体出发,构建协同发展的"五位"产业体系,聚焦体育产业生态链的拓展,形成"增量带存量、存量促增量"的良性循环,逐步实现产业布局生态化及产业运营平台化的目标,着力做优、做强、做大体育产业。

"综合服务产出"维度总分300分,体育馆、游泳跳水馆测评分别为264分、251分。多年来中心持续优化产业结构,已形成完善的主营业务模式。2015年承办演出、赛事活动30次,2016年举办"第23届全国冬泳锦标赛"等,2017年举办"国际摩联花式极限摩托世界锦标赛""中国足球协会甲级联赛"等国际级、国家级体育赛事,2018年举办"美周杯"首届中国记者节帆船赛等。中心成功打造了游泳、网球、篮球、足球、攀岩等多个具有核心竞争力的培训项目,

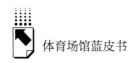

2017 年度、2018 年度培训收入分别为 2089 万元、2670 万元。自
2015 年开始，中心将足球培训作为创新业务拓展；2016 年引入水球、
跳水等新的培训项目；2017 年拓展体育培训，优势项目走出场馆，
走进校园，助力中小学生"阳光体育"运动的开展。

中心常年为深圳市体工大队游泳队、跳水队、田径队、网球队，
市业余体校等提供训练场地服务，年均接待量达 15 万人次。

2. 专业化运营提高综合效益

"综合效益"维度总分 300 分，深圳体育馆、游泳跳水馆测评分
别为 269 分、289 分。中心积极履行社会责任，提供公共体育服务，
实施"大公益"、"大培训"和"创品牌"三大核心战略。2015 年
起，中心开展体育培训进校园系列活动，每年惠及学生超过 10 万人
次。自 2017 年起，中心启动"万课时体育公益培训"活动，其中篮
球、足球和羽毛球项目共完成了 14500 课时的培训任务，是深圳市专
业度、实用度最高的体育公益活动，深受社会好评。同时，中心举办
一系列公益讲座，年均为 1 万名学生普及运动与健康知识。自 2017
年起，中心创立"深圳体育健康大讲堂"公益讲座品牌，3000 名观
众参加现场活动，50000 余人次收看电视录播。

中心各场馆在指定时段免费开放，每年惠民近 200 万人次。2017
年，免费开放田径场地 353 天、足球场 7 天、广场 260 天、篮球场
334 天、室外网球场 264 天、游泳跳水馆 15 天、保龄球馆 11 天等，
合计支出自有资金 254 万元。游泳跳水馆全年为近 30 万人次老年人
提供公益早场服务。

中心连续多年保持高满意率。2015 ~ 2017 年无有效投诉，满意
率达 100%；2018 年投诉建议共 24 个，无有效投诉，其中涉及场馆
改造投诉建议 4 项，回复回访率为 100%，满意率达 95.83%。

2016 年中心获评"最具社会责任感企业"（二星），是唯一获此
殊荣的体育场馆类企业，2018 年获得了"最具社会责任感企业"最

高级别三星；2018 年度获"深圳市年度最受欢迎体育场所""最佳体育产业基地示范单位"等荣誉称号，成为深圳大型体育场馆公益体育"排头兵"；被中国体育场馆协会授予"中国体育场馆协会场馆运营与管理研究中心公共体育服务研究基地"。

3. 持续深化综合改革、创新发展模式

体育馆、游泳跳水馆运营能力的薄弱之处在于冠名权开发、运动健身测试及体育培训项目设置方面。体育馆目前以篮球培训为主，游泳跳水馆属于单一项目场馆，因而以开展体育项目数量为评分标准的科学性与合理性有待进一步考证。对于已经完全企业化运营的场馆而言，中心的人次增长和收入增长在增幅得分上没有优势，但得益于中心市场化、企业化的成熟运营，进行管理、培训服务输出，两馆的运营增长相当可观。此外，大量新兴的体育、文化娱乐场馆如华润深圳湾体育中心、海上世界文化艺术中心、深圳音乐厅、深圳保利剧院、深圳大剧院等能够满足现代大型赛事、文艺演出及群体活动的新需求，有后发优势，抢占只能在体育场馆举办的各类活动，导致两馆"活动承载"评分欠佳。

中心拥有持续的改革精神和执行力，积极响应公共体育场馆改革号召和体育事业、体育产业、"健康中国"发展需要，深化改革。2016 年起，制定实施"走出去"战略，在赛事、培训、公益活动多个领域进行管理、服务输出。例如，2018 年度创办"体育＋主题"的赛事平台，与深圳市帆船海汇俱乐部投资发展有限公司签订合作协议，成功举办首届中国记者节帆船赛；与深圳湾科技发展有限公司签订框架合作协议，以专业的体育人才、场地优势，为产业园区提供体育服务。

2018 年，中心编制了《深化改革实施方案》，拟从公司体制机制、产业内容等方面全面深化改革，发布修订《管理层级重大事项审批权限表》等 6 项管理制度；积极与国内外顶尖产业团队、行业

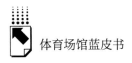
部门对接，开展赛事 IP 创建、活动引进、体育项目基地筹备等工作，对场馆改造、项目功能定位、运营方案进行系统、深入研究，开展全方位规划，力求建设国际一流的"文体中心"。

参考文献

陈元欣、刘倩：《我国大型体育场馆运营管理现状与发展研究》，《体育成人教育学刊》2015 年第 6 期。

陈元欣、王健：《大型体育场（馆）运营管理企业化改革研究》，《体育科学》2015 年第 10 期。

杜朝辉：《大型体育场馆运营绩效评价体系研究》，《成都体育学院学报》2015 年第 5 期。

冯兴刚、李媛：《四川省公共体育场馆运营绩效评价体系构建》，《绵阳师范学院学报》2014 年第 11 期。

冯振旗：《基于平衡记分卡的体育场（馆）运营绩效评价研究》，《中国体育科技》2011 年第 3 期。

胡继东、何桢、施亮星：《体育场馆运营服务质量评价指标体系研究》，《标准科学》2015 年第 3 期。

黄伟：《大型公共体育场馆顾客满意度评价体系研究》，《当代体育科技》2017 年第 8 期。

季晓艳：《广州市公共体育场馆运营现状研究》，《当代体育科技》2014 年第 31 期。

李海杰：《基于 WSR 的公共体育场馆运营管理绩效评价研究》，《体育研究与教育》2018 年第 3 期。

李凯、袁红、李微、殷晓丽、曲连珠：《大型体育场馆运营风险识别及评价指标体系的理论构建》，《哈尔滨体育学院学报》2015 年第 5 期。

牛峥、孙得朋、战鹏、何胜、刘建锋：《公共体育服务满意度研究综述》，《体育世界》（学术版）2017 年第 9 期。

陶倩、王子朴：《公共体育场（馆）行为运营管理系统的建模与仿真方法研究》，《体育科学》2013 年第 10 期。

王进、颜争鸣、潘世华、徐光辉、顾瑐佶：《大型体育场（馆）运营综合评价指标体系的研究及运用》，《体育科学》2013 年第 10 期。

王梦阳：《政府公共体育服务满意度绩效评估指标的构建——以上海市为例》，《体育科学》2013 年第 10 期。

吴立川、李安娜：《我国体育场馆公共服务绩效评估指标体系的构建与实证研究》，《吉林体育学院学报》2017 年第 1 期。

许荟蓉：《政府公共体育服务满意度绩效评价指标的构建》，《经济研究导刊》2017 年第 35 期。

杨芳芳：《河南省大型体育场馆公共服务满意度现状调查与对策研究》，《当代体育科技》2017 年第 24 期。

叶晓甦、安妮、陈娟：《体育场馆 PPP 项目运营绩效评价指标体系研究》，《项目管理技术》2019 年第 5 期。

詹姆斯·埃文斯、威廉·林赛、岳盼想：《质量管理与卓越绩效（第 9 版）（十）》，《中国质量》2018 年第 3 期。

张大超、李敏：《我国公共体育设施发展水平评价指标体系研究》，《体育科学》2013 年第 4 期。

张凤彪、王松：《我国公共体育服务绩效评价研究述评》，《体育科学》2017 年第 4 期。

张文亮、陈元欣：《大型体育场馆在公共体育服务体系中的职能分析》，《西安体育学院学报》2015 年第 6 期。

郑美艳、王正伦、孙海燕：《公共体育场馆服务外包综合质量评价体系的构建》，《体育学刊》2016 年第 1 期。

郑文林、朱菊芳：《两权分离改革下江苏省体育场馆绩效评价的困境及对策》，《体育文化导刊》2018 年第 10 期。

B.4
体育场馆服务综合体主要商业模式分析与建议

王　进[*]

摘　要： 本文较为系统地梳理了体育场馆服务综合体有关内容，认为体育场馆服务综合体的主要特征是空间规模大、以体育项目为主、业态丰富多元、业态融合高效，并指出体育场馆服务综合体的项目布局主要包括体育健身、体育培训、体育赛事、体育用品销售和其他配套项目。在此基础上，介绍了体育场馆服务综合体的三种主要商业模式——商业中心内嵌型体育服务综合体、体育中心型体育服务综合体、全民健身复合型体育服务综合体，为体育场馆经营能力的提高与可持续发展提供理论借鉴和实践指导。

关键词： 体育场馆　服务综合体　商业模式

一　体育场馆服务综合体的概念与功能

（一）体育场馆服务综合体的概念

目前国内对体育场馆服务综合体尚无十分明确的概念界定。徐

---

* 王进，南京体育学院体育产业与休闲学院副教授，研究方向为体育赛事经济、体育服务综合体。

磊、张兵、夏成前在《新时代我国体育场馆综合体发展困境与路径探寻》中提出，体育场馆服务综合体可以有效地配置场馆资源，减少场馆运营成本，提高场馆运营的市场化程度，促进体育场馆的可持续发展。[1] 丁宏、金世斌的《江苏发展城市体育服务综合体的路径选择》一文借鉴城市服务综合体的概念，指出体育服务综合体是"以大型体育建筑设施为基础，促进功能聚合、实现土地集约，融合体育健身、体育会展、体育商贸、体育演艺、健康餐饮等功能于一身的公共体育服务与体育经济发展聚集体"[2]，目前这一定义得到了国内学者的普遍认可。

综合国内外研究，本文将"体育场馆服务综合体"界定为以体育场馆为载体，将体育场馆与医疗、商业、教育等业态结合起来，融入多种城市体育服务综合体的服务功能，促进功能聚合，以优化场馆资源配置、提高场馆运营效率、降低场馆运营成本、提高体育场馆的经营能力与可持续发展能力为目的的功能性综合体。

（二）体育场馆服务综合体的主要功能

体育场馆服务综合体是具有多种功能的集合体，不仅包括体育场馆原有的基本功能，而且融入了文化综合体、商业综合体、城市体育服务综合体等的多种功能（见图1）。

1. 商业购物

商业购物功能是指体育场馆服务综合体在提供健身、娱乐和休闲服务的同时，综合会展、竞赛、表演、旅游等多元业态。这种商业化的运营模式使大型场馆在赛事举办后仍然能保持活力，经济效益与社

---

[1] 徐磊、张兵、夏成前：《新时代我国体育场馆综合体发展困境与路径探寻》，《吉林体育学院学报》2019 年第 1 期，第 12 ~ 15 页。

[2] 丁宏、金世斌：《江苏发展城市体育服务综合体的路径选择》，《体育与科学》2015 年第 2 期，第 34 ~ 37 页。

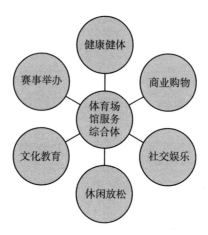

图1 体育场馆服务综合体功能

会效益齐头并进，吸引更多的消费者，汇聚消费流、商贸流和资金流，以体育产业发展协同周边餐饮、住宿、物流等多个行业复合经营能力的发展。

2. 赛事举办

举办赛事是体育场馆体现活力的主要方式。作为体育中最具有观赏性的部分，高水平的赛事可以吸引更多的消费者到体育场馆进行消费，进而提高体育场馆服务综合体的影响力。

3. 健康健体

《关于加快发展体育产业促进体育消费的若干意见》《体育发展"十三五"规划》《关于促进全民健身和体育消费推动体育产业高质量发展的意见》等一系列文件的发布都在不同程度上推进了全民健身与健康的发展。在现代体育场馆服务综合体中，不仅有主要活动场馆，如游泳馆、篮球馆、室内运动馆等，而且有一些具备医疗保健功能的场馆，如疗养馆、瑜伽馆、汗蒸馆、温泉中心等，同时配备具有较高专业素养的康复医师等，为大众提供赛后休憩、运动受损康复、身心放松等服务，使广大消费者能够实现健身目的，达到养生的效果。

4. 社交娱乐

体育场馆作为城市的标志性建筑，具备展示城市形象与宣传城市文化的功能。通过举办艺术展、音乐会、动漫展等大型文娱活动，体育场馆服务综合体可以为消费者提供时尚、舒适、愉悦的消费体验，满足不同类型消费者的社交和娱乐需求。

5. 休闲放松

体育场馆服务综合体是在特定地域空间内，以体育资源为核心，将体育元素引入商业总体规划与开发过程，构建具备"体育、训练、娱乐、餐饮、购物、教育"功能的一站式休闲娱乐空间，消费者可以根据自身需求、生活作息等选择与自己相符的休闲放松方式。

6. 文化教育

体育场馆服务综合体可以依据所在区域独特的文化内涵，面向青少年群体提供一些公共文化服务，通过赛事举办、运动培训、展示宣传等方式，传承地域文化，传播体育文化。

二　体育场馆服务综合体的发展现状与特征

（一）体育场馆服务综合体的发展现状

1. 地理分布

目前，中国的体育场馆服务综合体分布呈现出东南多、西北少，一线多、二线和三线少的格局，运营效果和发展的差异相对较大。首批体育场馆服务综合体大多分布在消费水平较高、健身休闲市场较为活跃的地域，以北京、上海、长三角、珠三角地区为代表，例如北京道境运动中心、上海梅赛德斯-奔驰文化中心、南京奥体中心等。江苏省积极推动体育场馆业转型升级，最先提出"体育服务综合体"

概念，并公布"体育服务综合体"认证名单。截至2019年3月，在江苏省公布的首批和第二批27家"体育服务综合体"中，经济相对发达的南京、无锡、苏州有14家，占比51.85%，而盐城、宿迁、淮安仅有4家，占比14.81%。[①] 可以看出，体育场馆服务综合体的发展与区域经济发展水平、民众健身休闲理念和体育消费水平等因素有直接关联。

2. 场馆供给

体育场馆服务综合体的本质其实是城市文体综合体，是指在城市中，以休闲娱乐和体育运动为核心，提供文化教育、社交娱乐、竞赛表演、休闲放松、健康健体、商业购物等城市服务的综合空间。体育场馆服务综合体作为城市活动的主要载体，着重发挥提供文体服务的作用以及不同业态集聚所带来的复合效应。在本体产业体育赛事的带动下，大型体育场馆融合培训、餐饮、文化、酒店、商贸等多种业态，提供多元服务，打造一站式体育场馆服务综合体。

例如，上海梅赛德斯-奔驰文化中心在修建初期就充分考虑了赛后运营需求，以发展体育综合体为理念，承办各类商业项目，如演出、会议、庆典、旅游等。在场馆集合体中，以梅赛德斯为核心，还有音乐俱乐部、溜冰场、美食小镇、NBA互动馆等周边衍生项目，形成了一个有机闭环的综合体。

3. 投资方式

体育场馆服务综合体因其结构、功能、规模的特殊性，具有初期投资金额大、收益回报时期长的特点。因此，目前中国的体育服务综合体投资来源仍然主要依赖政府投入。体育场馆投融资模式是体育场

---

① 《省体育局关于认定江苏省首批体育服务综合体的通知》，江苏省体育局网站，2018年3月7日，http://jsstyj.jiangsu.gov.cn/art/2018/3/7/art_40721_7507012.html；《省体育局关于命名江苏省第二批体育服务综合体的通知》，江苏省体育局网站，2019年3月28日，http://jsstyj.jiangsu.gov.cn/art/2019/3/28/art_40721_8288750.html。

馆运营管理的重要组成部分，良好的投融资模式能够提高体育场馆的运营管理水平，主要包括 PPP 模式和 BOT 模式。PPP 模式指政府与社会资本进行合作，共同参与体育场馆的建设、运营、维护等。例如，江苏省泰州体育公园采用 PPP 投资模式，秉持"建设与运营充分融合"和"以体为主，多元化经营"理念。

BOT 模式是私营企业参与体育场馆设施建设，向社会提供体育公共服务的一种方式。它可以利用私人企业投资，减少政府对体育场馆的直接投资，在一定程度和期限内可以缓解政府的财政负担。例如，江苏省金湖县体育中心就采用 BOT 模式运作，总投资约 9.13 亿元，项目合作期限 18 年，其中建设期 3 年；设立项目公司，政府方占股 20%，社会资本占股 80%。[①]

4. 经营模式

体育场馆服务综合体目前主要有以下几种常见的经营模式。

（1）承包经营。大型体育场馆与承包商订立承包经营合同，在一定期限内将体育场馆的"经营管理权"全部或部分交给承包商，由承包商对体育场馆进行经营管理。承包商根据体育场馆服务综合体的条件及体育市场的未来发展需求进行运营，承担经营风险及获取收益。

（2）租赁经营。租赁经营是所有者将生产资料出租给承租人使用并收取租金的经营方式。体育场馆服务综合体一般是将场地租给各项目的承租人，承租人交纳一定的租金来获取经营管理权，并依照合同内容开展体育项目、体育服务的自主性经营。

（3）授权经营。所谓授权经营，指授权方（体育场馆）将自己的场馆品牌、无形资产、专有技术等授权给经营者（被授权方），由

---

① 《PPP 试点项目推介：金湖县体育中心项目》，江苏省财政厅网站，2018 年 9 月 13 日，http：//czt. jiangsu. gov. cn/art/2018/9/13/art_ 7974_ 7814215. html。

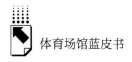
经营者按约定的条件开发、生产、销售获得授权的体育场馆资源及产品，经营者可按其擅长的方式灵活使用获得授权的资源，以快速实现利润增长。

（二）体育场馆服务综合体的特征

1. 空间规模较大

体育场馆服务综合体是城市综合体的子系统之一，它的设计和建造与城市规模、人口数量和城市交通规划等指标是相匹配的。在空闲土地资源允许的基础上，体育场馆服务综合体的占地面积通常很大。例如，江苏省五台山体育中心占地面积为146666平方米[①]、镇江市体育会展中心总占地面积约460000平方米[②]、南京奥体中心占地面积为89万平方米[③]、杭州奥体博览城核心区占地为1543700平方米[④]等。

2. 以体育项目为主

体育场馆服务综合体是以大型场馆为基础，以体育服务为主导功能，向外发散辐射，提供包括文化教育、社交娱乐、竞赛表演、休闲放松、健康健体、商业购物等城市服务的综合空间，具有以体为主的特征[⑤]。

3. 业态多元丰富

由于体育场馆服务综合体的建设方向、功能定位等要素存在一定的区别，其业态呈现多元化的特征。根据对已有研究的归纳整理，体育场馆服务综合体主要有以下六种类型（见表1）。其中，全民健身类综合体的常规体育项目及相关体育场地齐全，是大众健身休闲的

---

① 《中心简介》，江苏省五台山体育中心网站，http：//www. js‑wts. com/zhongxin/208。

② 《中心简介》，镇江市体育会展中心网站，http：//www. zjtycyfzyxgs. com/01/02/。

③ 《南京奥体中心简介》，南京奥体中心网站，http：//www. njaoti. com/into/aintro。

④ 《奥博概览：功能介绍》，杭州奥体博览城网站，https：//www. hzoiec. com/gnjs/index. htm。

⑤ 丁宏、金世斌：《江苏发展城市体育服务综合体的路径选择》，《体育与科学》2015年第2期，第34～37页。

重要场所，加入餐饮、娱乐、百货等元素后，解决了业态单一的问题，形成一站式服务体系，是目前体育场馆服务综合体中数量较多的类型之一。社区体育类综合体主要发展特色体育项目，例如，深圳观澜湖新城 MH MALL 是商业综合体，RFC 模拟赛车中心入驻其中，提供交互式体验的运动项目，以吸引消费者并刺激消费。

表 1　体育场馆服务综合体主要分类及业态

类型	主力业态
全民健身类综合体	体育 + 餐饮、娱乐 + 百货、超市 + 其他
社区体育类综合体	体育 + 街景式购物 + 大型影院 + 其他
体育商务类综合体	体育 + 写字楼 + 酒店式公寓 + 其他
体育休闲类综合体	体育赛事 + 商业演出 + 休闲娱乐 + 其他
体育会展类综合体	体育赛事 + 会展 + 酒店 + 其他
康体养生类综合体	康体保健 + 养生会所 + 度假别墅 + 其他

资料来源：张强、陈元欣、王华燕、杨金娥、姬庆：《我国城市体育服务综合体的发展路径研究》，《成都体育学院学报》2016 年第 4 期。

4. 业态融合高效

体育场馆服务综合体旨在实现多业态协同发展，形成完整产业链，经营内容以"体育 +"或" + 体育"为核心，有效融合多种业态，在横向和纵向上实现空间规划的集约和体育消费业态的协同，并进行有效融合。

三　体育场馆服务综合体的项目类型与产业布局

（一）项目类型

体育场馆在开放发展过程中形成的新型综合体——体育场馆服务综合体，具备城市文体综合体核心的各项条件，在体育场馆的特定区域，可以将不同体育场馆设施、不同活动的需求和功能进行组合，使体育场馆各部分的资源得到充分利用，实现场馆不同资源的有机衔接、参与活动群体的共享。目前，中国体育场馆服务综合体基本按照以体为主、融合多种经营项目的思路运作，经营项目可分为两大类：一类是体育项目，主要包括体育健身、体育培训、体育赛事及体育用品销售等；另一类是配套项目，主要包括文艺演出、商业会展、餐饮服务及无形资产开发等①。

1. 体育项目

（1）体育健身。体育健身是体育场馆服务综合体的主营项目，包括篮球、乒乓球、羽毛球、排球、网球、游泳等市民经常参与的体育项目，也包括综合体根据自身优势打造的全民健身新模式。例如，上海万国体育中心根据中国青少年生长发育的规律，结合现代五项（射击、击剑、游泳、马术、越野跑）和铁人三项（游泳、自行车、马拉松）的特点，推出"V3"（击剑、游泳、自行车）项目，满足消费者的多样化需求。

（2）体育培训。体育培训是体育场馆服务综合体在体育健身之外流量最大的业态。无论规模大小，体育综合体都是各类体育培训机构的首选培训基地。体育培训机构采用整体入驻或者租赁某个时段的方法，在综合体内进行体育培训、教学，实现培训机构、市民、体育中心三方共赢。

（3）体育赛事。体育场馆承接体育赛事，可以在短时间内吸引大量人流，带动综合体相关配套项目的发展。例如，北京五棵松文化体育中心就凭借其优质的设备和高水准的服务，成功举办了CBA系列赛、NBA中国赛等知名赛事。

---

① 曾俊山：《城市体育服务综合体开发定位与业态布局研究》，硕士学位论文，苏州大学，2018。

（4）体育用品销售。目前，体育用品销售只是体育健身和培训的附属项目，只在场馆内场地边或商铺内销售，占比较小，尚未形成较大规模。

2. 配套项目

（1）文艺演出。在不影响赛事活动举办、运动队训练等情况下，体育场馆服务综合体合理、灵活使用场馆空间，积极承办各种企业年会、明星演唱会、发布会以及艺术节等活动，提高综合体的经济效益、场馆的利用率。

（2）商业会展。商业会展已成为体育场馆经营的主要配套项目，常见的会展活动包括会议、博览会、展销会等。体育场馆服务综合体拥有良好的空间条件，但大多数体育综合体承接的商业会展活动次数与文艺演出相比还是比较少。例如，2018 年南京奥体中心举办了 19 次商业会展活动，占比为 20%，而文艺演出的占比为 30.5%（见表 2）。

表 2　2018 年南京奥体中心活动情况

类型	次数	占比（%）
体育赛事	38	40
文艺演出	29	30.5
商业会展	19	20
其他活动	9	9.5
合计	95	100

资料来源：笔者根据南京奥体中心官网（www. njaoti. com）"文体活动"一栏进行统计。

（3）餐饮服务。体育场馆服务综合体在提供运动休闲和文体活动举办场地的同时，还需要其他配套服务聚集人流，满足消费者的多重需求，增强客户黏性。餐饮服务作为商业服务的重要组成部分便成为体育场馆服务综合体中不可或缺的经营项目。提供餐饮服

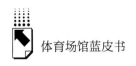

务的店铺占地面积较小，多位于通往主体育场的主要人行坡道下、场馆外围等区域。

（4）无形资产开发。目前，体育场馆服务综合体的无形资产主要包括体育场馆冠名权、广告发布权、广播电视转播权、标志使用权、特许经营权以及体育场馆的技术等。一方面，无形资产的开发能够持续为综合体的经营者吸引资金；另一方面，企业可以通过体育场馆的冠名权推广自身的品牌，提高企业的社会知名度。因此，体育场馆服务综合体无形资产的开发具有拓宽经营资金来源渠道以及实现综合体与赞助商共赢的现实意义。

（二）体育场馆服务综合体产业布局

1. 体育场馆服务综合体产业布局概况

根据各产业与体育本体产业之间的关系，体育场馆服务综合体的产业主要分为三种，即核心产业、支撑产业以及配套产业。

核心产业是指与体育场馆密切相关的体育本体产业，主要包括体育竞赛表演业、体育教育培训业、体育健身休闲业等；支撑产业是指与体育本体产业直接相关的产业，主要包括体育用品零售业、体育中介服务业等；配套产业是指与体育本体产业间接相关的产业，主要包括住宿餐饮业、娱乐休闲业、康复理疗业、会议会展业等①（见图2）。

核心产业中，体育竞赛表演业和体育健身休闲业的高效发展能够直接或间接地带动越来越多的居民观看体育比赛和积极参与体育活动；体育教育培训业则为居民提供多样化、多元化的体育服务，提高人民群众的获得感和幸福感。

支撑产业中，体育场馆服务综合体的发展，可以相应地推动体育

---

① 李燕领、王家宏：《基于产业链的我国体育产业整合模式及策略研究》，《武汉体育学院学报》2016年第9期，第27~33、39页。

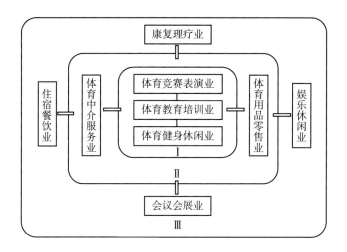

图2 体育场馆服务综合体产业结构

注：Ⅰ层表示核心产业、Ⅱ层表示支撑产业、Ⅲ层表
示配套产业

资料来源：笔者绘制。

服务和消费升级，以及体育装备销售、体育中介服务等与体育本体产业直接关联产业的发展，给大众带来多元化的消费体验，实现其身心的全面发展。

此外，体育本体产业的发展会吸引更多的居民前往体育场馆进行体育消费，可以带动综合体周边衍生产业的发展，由点到面不断扩展综合体的服务范围，最大限度地发挥其整体功能，为城市发展注入活力①。

2. 体育场馆服务综合体产业布局的特征

（1）体育产业集中度高。体育竞赛表演业、体育健身休闲业、体育教育培训业、体育用品零售业、体育中介服务业等不同体育产业在综合体内集聚，实现协调共生、共同发展。一方面，提高居民进行体育锻炼的便捷性，使场馆持续保持较高使用率，最大限度地发挥体

---

① 黄杉、武前波、崔万珍：《国内外城市综合体的发展特征与类型模式》，《经济地理》2013年第4期，第1~8页。

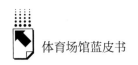

育场馆的各种作用；另一方面，为中国群众体育、竞技体育的发展和体育消费市场的形成营造良好的氛围。

（2）体育产业链延伸较宽。体育场馆服务综合体为满足人们不断多样化的体育消费需求，除了提供体育休闲服务外，还针对人流、商流、物流等各类动线，在物理上合理排列体育设施，有机结合体育文化、日常消费、休闲娱乐、商务活动等城市功能，各个功能之间形成"融合反应"，创造快乐工作、幸福生活、多样消费的"体育娱乐交往空间"。

一方面，商业需要体育的娱乐性与休闲性来聚集消费人流；另一方面，体育需要商业的衍生服务来提高场馆的人气和品牌价值，增强用户黏性。体育场馆服务综合体应明确自身的功能定位和业态布局，围绕体育本体产业积极向纵向和横向拉长、拉宽体育产业链，使体育场馆服务综合体中体育产业、娱乐休闲业和住宿餐饮业等相关产业相互依存、共同发展，充分盘活体育资源，丰富城市的文化建设，凸显体育产业的经济效益和社会效益。

体育场馆服务综合体彰显文化生活和健康运动的业态特征，具有差异化竞争特色，可以增加消费者体验层级，迎合当下消费者追求健康的热潮，为体育场馆服务综合体带来更多的消费者和市场组合特色。

体育场馆服务综合体借助消费者对健康生活方式的追求以及休闲型、体验型消费的体察和领悟，秉持"融合、开发、多赢"的发展理念，整合区域内各种资源和要素，创造人们运动、休闲娱乐的空间，以实现价值最大化、满足消费者体育休闲消费需要。

（三）体育场馆服务综合体主要商业模式

1. 商业中心内嵌型

商业中心内嵌型体育场馆服务综合体主要指大型商业综合体在原有购物中心的基础上，为了拓展业务和满足大众的健身需要，在购物中心某些区域或者板块融入体育元素，是一种"商业+体育"的模式。体育项目贴近市场需求、内容较为丰富多样，具有一定规模；能够根据消费者定位进行内部装修，具有一定专业性和特色。

商业中心内嵌型体育场馆服务综合体的主要盈利来源是购物、休闲娱乐项目，体育只是吸引客源的一个手段。体育培训、健身休闲能为购物中心提供优质的客源，促进购物中心盈利结构的多元化。商业内嵌型体育场馆服务综合体提供的体育服务内容多种多样，能满足购物人群的大部分休闲娱乐需求。

2. 体育中心型

体育中心型体育场馆服务综合体指大型体育场馆在提供健身、体育培训、赛事举办等服务的同时，拓展文化、休闲、商业、会展等其他配套功能。[1] 与商业中心内嵌型体育场馆服务综合体相比，体育中心型体育场馆服务综合体的空间较大、占地面积大，如南京奥体中心建筑面积达到40万平方米[2]。这样广阔的空间既具备承办大型赛事的条件，也能为大型演唱会或者大型会展提供场地。例如，北京奥体中心整合了水立方、鸟巢等场馆群，在满足大型社会文化活动需求的基础上，还成为市民感受体育文化、进行体育旅游的综合性多功能休闲娱乐场所。南京奥体中心的健身项目包括游泳、羽毛球、网球、篮球、乒乓球、滑冰六项，还有其他不同类型的文体培训，包括教育、益智、竞技、艺术等众多门类。未来，南京奥体中心将按照"点-线-面"分布推动发展，优化业态布局，打造游泳馆、体育馆、体育场、网球中心等综合体及环科技中心商业圈。

3. 全民健身复合型

全民健身复合型体育场馆服务综合体以全民健身中心为主体提供

---

[1] 蔡朋龙、王家宏、李燕领、陶玉流：《城市体育服务综合体的内涵、功能定位与长效机制》，《南京体育学院学报》（社会科学版）2016年第6期，第63~68、78页。

[2] 《南京奥体中心简介》，南京奥体中心网站，http://www.njaoti.com/into/aintro。

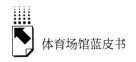
健身、休闲、体育培训等服务，销售体育用品，同时提供娱乐、餐饮等其他消费产品和商业配套服务。该类型体育场馆服务综合体的健身活动内容丰富、配套设施多样、特色鲜明，能够满足不同层次健身群体的需求；建筑空间高大、改造标准较高、运动环境宽敞舒适、专业化程度较高。由于地区之间发展水平存在差异，所以该类型综合体的规模存在差异。

全民健身复合型体育场馆服务综合体涵盖的体育培训和健身服务种类多样，相关体育场地众多，能够满足周边群众多元化的运动锻炼需要，符合城市文体综合体核心的各项条件。该类型综合体拥有较强的经济效应和集聚效应，再加上交通便利、社区集聚等，可以吸引更多不同类型的消费者，汇聚消费流和商贸流，带动周边餐饮和物流等产业的发展，使各体育资源和物理空间之间实现有机连接，形成人流共享、项目发展和服务水平提高，提高综合体的利用效率。

4. 其他

除以上几种类型的体育场馆服务综合体外，还有依托社会力量或者社会闲置资源改建的大型体育场馆，以及开展大型和综合性健身休闲、体育培训等活动的高配置体育营地、体育旅游基地等。这些综合体主要将社会闲置场地、运动项目营地等资源进行整合，提供运动、游乐、购物、住宿等服务；地理位置多处于城市远郊或者城乡接合部，依托当地丰富的自然环境资源以及人文环境，融入体育元素，建造体育旅游休闲集聚区。例如，南京大金山是"体育＋军事＋旅游"模式，盐城市大丰区梦幻迷宫则是"体育＋迷宫"模式。这类综合体大多建立在风景区内，前期投入大，需要有机结合景区情况和当地体育需求等进行科学定位；建设周期长，一般采用政府主导、开发商投资运营的市场化运作方式。同时，主要依靠源源不断的游客观光、消费来维持运营。

参考文献

蔡朋龙：《城市体育服务综合体的功能定位与价值实现》，《体育文化导刊》2017 年第 6 期。

蔡朋龙、王家宏、李燕领、陶玉流：《城市体育服务综合体的内涵、功能定位与长效机制》，《南京体育学院学报》（社会科学版）2016 年第 6 期。

丁宏、金世斌：《江苏发展城市体育服务综合体的路径选择》，《体育与科学》2015 年第 2 期。

黄杉、武前波、崔万珍：《国内外城市综合体的发展特征与类型模式》，《经济地理》2013 年第 4 期。

李燕领、王家宏：《基于产业链的我国体育产业整合模式及策略研究》，《武汉体育学院学报》2016 年第 9 期。

滕苗苗、陈元欣、蔡明明、何于苗：《我国城市体育服务综合体开发模式研究》，《体育科技文献通报》2017 年第 2 期。

滕苗苗、陈元欣、何于苗、蔡明明：《我国城市体育服务综合体的发展：进程·困境·对策》，《首都体育学院学报》2018 年第 2 期。

王家宏、蔡朋龙、陶玉流、李燕领、徐浩然、曾俊山、刘广飞：《我国城市体育服务综合体的发展模式与推进策略》，《武汉体育学院学报》2017 年第 7 期。

徐磊、张兵、夏成前：《新时代我国体育场馆综合体发展困境与路径探寻》，《吉林体育学院学报》2019 年第 1 期。

张强、陈元欣、王华燕、杨金娥、姬庆：《我国城市体育服务综合体的发展路径研究》，《成都体育学院学报》2016 年第 4 期。

专题篇

Special Report

B.5
中国体育场馆相关政策现状与展望

——以政策工具为视角

范松梅[*]

摘　要：　《国务院关于加快发展体育产业促进体育消费的若干
意见》颁布以来，国家和各省份出台了一系列有关
体育场馆规划、运营与管理及财务与税收方面的政
策。本文基于政策工具视角建立了体育场馆相关政
策的分析框架，分别从国家层面和省份层面，对
《国务院关于加快发展体育产业促进体育消费的若干
意见》发布以来至2019年10月期间体育场馆的相关
政策现状进行了梳理，并对其发展方向提出了建议。

　* 范松梅，经济学博士，北京体育大学体育商学院讲师，研究方向为资源环境经济学、体育经
济学。

研究发现，国家层面上，国务院及其所属部门主要发布了 20 项体育场馆的相关政策，其中体育场馆的建设规划类政策 5 项、体育场馆的运营与管理类政策 10 项及体育场馆的财务与税收类政策 5 项，主要采取供给型和环境型政策工具来促进体育场馆发展，对需求型政策工具的运用较少；省份层面主要采用供给型政策工具，对环境型政策工具的运用较少，几乎没有使用需求型政策工具。未来，在国家层面上，体育场馆政策的发展应着重完善保障政策落地的配套性细则，进一步细化体育场馆建设规划、运营管理、财务与税收等政策；在省份层面上，体育场馆政策的发展应着重制定因地制宜的可操作性政策。同时，两个层面都应注重完善政策工具的类型结构。

关键词： 体育场馆　政策工具　可操作性政策

自 2014 年 10 月 20 日《国务院关于加快发展体育产业促进体育消费的若干意见》（以下简称"46 号文件"）明确提出创新体育场馆运营机制、大力培育场馆服务等体育服务业、打造示范场馆、重点建设一批便民利民的中小型体育场馆[①]以来，国家和各省份出台了一系列有关体育场馆规划、运营与管理及财务与税收方面的相关政策，本文对"46 号文件"发布以来至 2019 年 10 月的体育场馆相关政策现状进行了梳理，并对其发展趋势进行了展望。

———————————

① 《国务院关于加快发展体育产业促进体育消费的若干意见》，中国政府网，2014 年 10 月 20 日，http：//www. gov. cn/zhengce/content/2014 – 10/20/content_ 9152. htm。

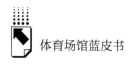
一 国家层面体育场馆相关政策现状与展望

自 "46 号文件" 发布至 2019 年 10 月，国务院及其所属部门发布的体育场馆相关政策主要有 20 项，其中体育场馆的建设规划类政策 5 项、体育场馆的运营与管理类政策 10 项及体育场馆的财务与税收类政策 5 项（见表 1）。为了更好地对当前国家层面体育场馆相关政策现状和未来政策发展方向进行分析，本文基于政策工具视角建立了体育场馆相关政策的分析框架。政策工具是政策体系的组成元素，是政府所掌握的、可以运用的达成政策目标的手段和措施[1]。本文参考前人研究，将政策工具分为供给型政策工具、需求型政策工具和环境型政策工具，只有供给面政策工具推动、需求面政策工具拉动、环境面政策工具影响三者形成合力，政策才能发挥最优作用，产生最佳效果[2]。

表 1 国家层面体育场馆相关政策梳理

序号	政策类别	政策名称	发布单位	发布时间
1	建设规划类政策	《全国足球场地设施建设规划(2016—2020 年)》	国家发展改革委、教育部、国家体育总局、国务院足球改革发展部际联席会议办公室(中国足球协会代章)	2016 年 5 月 9 日
2		《全国冰雪场地设施建设规划(2016—2022 年)》	国家发展改革委、国家体育总局等 7 部门	2016 年 11 月 25 日

---

[1] 顾建光：《公共政策工具研究的意义、基础与层面》，《公共管理学报》2006 年第 4 期，第 58 页。

[2] 余守文、肖乐乐：《政策工具视角下中国体育产业政策文本量化分析——以国务院 46 号文为例》，《体育学刊》2018 年第 4 期，第 23 页。

序号	政策类别	政策名称	发布单位	发布时间
3	建设规划类政策	《城市公共体育场馆用地控制指标》	国土资源部	2017 年 12 月 8 日
4		《关于秦皇岛基地技巧滑雪夏训场地改扩建项目可行性研究报告的批复》	国家发展改革委	2018 年 1 月 30 日
5		《关于首都体育馆等 5 个建设项目可行性研究报告的批复》	国家发展改革委	2018 年 1 月 30 日
6	运营与管理类政策	《体育场馆运营管理办法》	国家体育总局	2015 年 1 月 15 日
7		《关于强化学校体育促进学生身心健康全面发展的意见》	国务院办公厅	2016 年 5 月 6 日
8		《全民健身计划（2016—2020 年）》	国务院	2016 年 6 月 23 日
9		《关于加快发展健身休闲产业的指导意见》	国务院办公厅	2016 年 10 月 28 日
10		《关于进一步扩大旅游文化体育健康养老教育培训等领域消费的意见》	国务院办公厅	2016 年 11 月 28 日
11		《关于推进学校体育场馆向社会开放的实施意见》	教育部、国家体育总局	2017 年 3 月 7 日

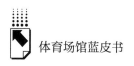

续表

序号	政策类别	政策名称	发布单位	发布时间
12	运营与管理类政策	《关于加快发展体育竞赛表演产业的指导意见》	国务院办公厅	2018 年 12 月 21 日
13		《体育强国建设纲要》	国务院办公厅	2019 年 9 月 2 日
14		《关于促进全民健身和体育消费推动体育产业高质量发展的意见》	国务院办公厅	2019 年 9 月 17 日
15		《关于进一步加强冰雪运动场所安全管理工作的若干意见》	国家体育总局、公安部、自然资源部、住房城乡建设部、卫生健康委、应急管理部、市场监管总局、国家林业和草原局	2019 年 10 月 25 日
16	财务与税收类政策	《关于印发中国足球改革发展总体方案的通知》	国务院办公厅	2015 年 3 月 16 日
17		《关于体育场馆房产税和城镇土地使用税政策的通知》	财政部、国家税务总局	2015 年 12 月 17 日
18		《关于加快发展健身休闲产业的指导意见》	国务院办公厅	2016 年 10 月 28 日
19		《关于做好 2018 年大型体育场馆免费或低收费开放工作有关事宜的通知》	国家体育总局办公厅	2018 年 4 月 3 日
20		《关于促进全民健身和体育消费推动体育产业高质量发展的意见》	国务院办公厅	2019 年 9 月 17 日

资料来源：根据公布的相关政策整理。

（一）"46号文件"发布以来关于体育场馆的国家政策现状

本文在对国家层面20项体育场馆相关政策的总结和分析的基础上，将体育场馆政策工具一级指标（供给型政策工具、环境型政策工具和需求型政策工具）细化为二级和三级指标。根据对政策文本内容的归类统计，从一级指标来看，供给型政策工具累计使用频次为41次，占整体政策工具的比重为50%；环境型政策工具累计使用频次为39次，比重为48%；需求型政策工具累计使用频次仅为2次，比重为2%。由此可以看出，政府主要运用供给型和环境型政策工具来促进体育场馆发展，对需求型政策工具的运用较少。从二级指标来看，体育场馆的供给型政策工具的二级指标包括体育场馆建设、体育场馆运营和体育场馆服务，环境型政策工具的二级指标包括目标规划、财政金融和税费优惠，需求型政策工具的二级指标包括消费端补贴和示范工程。其中目标规划政策工具累计使用频次为30次，占整体政策工具的比重为37%，说明政府主要使用设定目标或制定规划的政策工具来指导体育场馆发展（见表2）。

表2 中国体育场馆相关政策中政策工具分布情况
（自"46号文件"发布至2019年10月）

单位：次

一级指标	二级指标	三级指标	2015年	2016年	2017年	2018年	2019年	合计
供给型政策工具	体育场馆建设	场馆数量		3				3
		场馆面积		1		2		3
		场馆建设用地			1	1		2
		场馆建设模式	1			3		4
	体育场馆运营		1	2		4	3	10
	体育场馆服务	功能	1	5	2	1	3	12
		安全				2	5	7

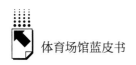

续表

一级指标	二级指标	三级指标	2015 年	2016 年	2017 年	2018 年	2019 年	合计
环境型政策工具	目标规划		1	7	3	8	11	30
	财政金融		1	2		2		5
	税费优惠		1	1			2	4
需求型政策工具	消费端补贴					1		1
	示范工程				1			1
合计			6	21	7	24	24	82

资料来源：根据相关政策整理。

1. 供给型政策工具

在供给型政策工具中，体育场馆服务供给政策占供给型政策工具的比重为46%，体育场馆建设政策和体育场馆运营政策的比重分别为29%和24%。

体育场馆服务供给政策包括功能服务供给政策和安全服务供给政策，两者占体育场馆服务供给政策的比重分别为63%和37%。从政策公布时间来看，在2018年和2019年，国家对体育场馆安全服务供给的关注度日益提高。具体来看，体育场馆功能服务供给的政策内容包括增加场馆开放时间、扩大场馆服务对象范围、运用新的信息技术促进体育场馆服务水平提高等；体育场馆安全服务供给的政策内容包括建立体育场馆安保等级评价制度、制定相关安保标准、完成安保等级评价、降低体育赛事活动安保成本等。

体育场馆建设政策包括场馆数量、场馆面积、场馆建设用地和场馆建设模式四方面，在体育场馆建设政策中所占比重依次为25%、25%、17%和33%。前两者基本是目标类政策，例如到2020年全国足球场地数量超过7万块、人均体育场地面积达到1.8平方米等；场馆建设用地政策多为土地使用税优惠等税费优惠政策；场馆建设模式政策包括加强新建体育场地设施的科学规划与布局，推行体育场馆设计、建设、运营、管理一体化模式等。

体育场馆运营政策的具体内容既有整体性指导政策，例如《体育运营管理办法》提出："体育场馆应当在坚持公益属性和体育服务功能……按照市场化和规范化运营原则，充分挖掘场馆资源，开展多种形式的经营和服务，发展体育及相关产业，提高综合利用水平，促进社会效益和经济效益相统一"[1]；也有涉及场馆运营某一方面的指导政策，例如"引导体育竞赛表演企业参与体育场馆运营""鼓励将赛事活动承办权、场馆运营权等通过产权交易平台公开交易"[2] 等。

2. 环境型政策工具

在环境型政策工具中，目标规划政策占环境型政策工具的比重为77%，财政金融政策和税费优惠政策的比重分别为13%和10%，说明当前国家对于体育场馆发展的关注主要集中在目标和规划层面，在财政金融和税费优惠政策方面对体育场馆发展的支持力度有限，并且从具体政策内容来看，税费优惠只限于体育场馆按规定享受有关房产税和城镇土地使用税优惠，场馆服务等方面没有税费优惠政策。

3. 需求型政策工具

借助政府需求型政策工具可以有效缓解体育场馆发展过程中的不确定性，特别是场馆运营改革进程中的不确定性。然而，需求型政策工具在政策工具运用中基本处于缺失状态，仅分别使用了1次消费端补贴和1次示范工程政策。具体政策内容分别为："纳入中央财政资金补助范围的大型体育场馆要降低体育场馆运营成本，将补助资金主

---

[1] 《国家体育总局关于印发〈体育场馆运营管理办法〉的通知》，国家体育总局网站，2015年1月22日，http://www.sport.gov.cn/n16/n33193/n33208/n33448/n33793/6120554.html。

[2] 《国务院办公厅关于加快发展体育竞赛表演产业的指导意见》，中国政府网，2018年12月21日，http://www.gov.cn/zhengce/content/2018-12/21/content_5350734.htm；《国务院办公厅关于促进全民健身和体育消费推动体育产业高质量发展的意见》，中国政府网，2019年9月17日，http://www.gov.cn/zhengce/content/2019-09/17/content_5430555.htm。

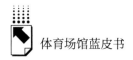

要用在支持群众日常健身和组织体育赛事活动上"①；"到 2020 年，建设一批具有示范作用的学校体育场馆开放典型，通过典型示范引领，带动具备条件的学校积极开放，使开放水平及使用效率得到普遍提升"②。上述消费端补贴政策和示范工程政策仅是指导层面，还未落到实施层面。

（二）中国体育场馆政策展望

1. 完善保障政策落地的配套性细则政策

自"46 号文件"发布至 2019 年 10 月，从体育场馆相关政策的现状来看，虽然国务院及其所属部门颁发了多项政策支持体育场馆的发展，但是总体上政策多停留在指导层面，缺乏可操作的落地性政策③。具体表现为当前政府主要运用的供给型和环境型政策工具集中于目标规划政策，或者停留在政策要求层面。例如，《国务院办公厅关于进一步扩大旅游文化体育健康养老教育培训等领域消费的意见》中提出："提高体育场馆使用效率，盘活存量资源"④，但如何提高体育场馆的使用效率，如何在现实情况中进行操作，尚未出台相关细则和具体实施办法。因此，未来体育场馆政策的发展应着重完善保障政策落地的配套性细则政策，进一步细化体育场馆建设规划、运营管理、财务与税收等政策。

① 《体育总局办公厅关于做好 2018 年大型体育场馆免费或低收费开放工作有关事宜的通知》，国家体育总局网站，2018 年 4 月 3 日，http://www.sport.gov.cn/n316/n336/c853173/content.html。
② 《教育部、国家体育总局关于推进学校体育场馆向社会开放的实施意见》，中华人民共和国教育部网站，2017 年 3 月 7 日，http://www.moe.gov.cn/srcsite/A17/moe_938/s3276/201703/t20170307_298483.html。
③ 谭建湘、霍建新、陈锡尧、王德炜：《体育场馆经营与管理导论》，高等教育出版社，2014，第 115～120 页。
④ 《国务院办公厅关于进一步扩大旅游文化体育健康养老教育培训等领域消费的意见》，中国政府网，2016 年 11 月 28 日，http://www.gov.cn/zhengce/content/2016-11/28/content_5138843.htm。

2.完善政策工具类型结构

当前政府未充分重视需求型政策工具对体育场馆发展的拉动作用，建议在未来多使用政府采购、消费端补贴、资格认定、示范工程等需求型政策拉动体育场馆的消费。环境类政策工具虽然对体育场馆发展有促进作用，但只能优化其发展环境，并不能直接增加体育场馆的供给和需求；目标规划类政策过多，也会造成政策实现的困难，建议未来可减少目标规划类政策，增加财政金融和税费优惠政策，缓解体育场馆的运营压力。供给型政策有利于扩大市场容量，但是目前此类政策多停留在目标层面，未来可以进一步放宽体育场馆建设和运营准入。

二 省份层面体育场馆相关政策现状与展望

（一）省份层面体育场馆相关政策现状

本文分别按照东部（北京、天津、河北、上海、江苏、浙江、福建、山东、广东和海南）、中部（山西、安徽、江西、河南、湖北和湖南）、西部（内蒙古、广西、重庆、四川、贵州、云南、西藏、陕西、甘肃、青海、宁夏和新疆）和东北地区（辽宁、吉林和黑龙江）来梳理各省份体育场馆相关政策，主要梳理了8个东部地区省份的政策，其余地区分别选取了1个省份的政策作为代表。

1.东部地区体育场馆相关政策现状

东部地区选择北京、天津、河北、上海、江苏、浙江、福建、山东8个省份作为代表进行政策分析，与上文国家层面的政策分析一致，将地方政府体育场馆政策工具一级指标划分为供给型政策工具、需求型政策工具和环境型政策工具。每个一级指标下细化的二级指标中，省份层面需求型政策工具的二级指标分类和国家层面的有差异，将国家层面需求型政策工具二级指标的"示范工程"换为"政府购

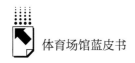
买"，原因是东部地区地方政府层面的体育场馆相关政策中没有关于"示范工程"的内容，而是出现了"政府购买"的政策条目。

因为其他地区分别只选取了1个省份的政策进行分析，为了比较东部、中部、西部和东北地区的政策差异，所以这部分对于东部地区的政策分析结果以8个代表省份的平均值来说明。按照政策文本内容的归类统计，从一级指标来看，东部地区8个省份供给型政策工具的平均使用频次为8.1次，占整体政策工具的比重为70%；环境型政策工具的平均使用频次为3.0次，比重为26%；需求型政策工具的平均使用频次仅为0.4次，比重为3%。由此可以看出，东部地区地方政府也很少运用需求型政策工具，但东部地区更倾向于运用供给型政策工具来促进体育场馆发展，对环境型政策工具的运用也不多。从二级指标来看，8个省份体育场馆服务供给政策工具的平均使用频次为3.9次，占整体政策工具的比重为34%，说明东部地区地方政府主要运用体育场馆服务供给政策来改善体育场馆供给，从而带动行业发展（见表3）。

从东部地区8个省份体育场馆政策工具使用情况的横向对比来看，上海运用政策工具的累计频次最高，为21次，是8个省份平均值的1.8倍，其次为山东、北京和福建，这3个省份运用政策工具的累计频次也高于平均值，但排名最后的天津的累计频次为平均值的0.5倍，说明东部地区体育场馆政策工具在使用频次上的地区差距较大。从具体的政策内容来看，省份层面体育场馆相关政策进行了细化和创新。例如，上海市提出："公共体育场馆应当全年向市民开放，每周累计开放时间不得少于56小时"[①]，在国家层面增加体育场馆开放时间的要求上，对开放时间做了明确规定，便于政策的操作和落

---

① 《上海市体育设施管理办法》，上海市人民政府网站，2018年3月21日，http://www.shanghai.gov.cn/nw2/nw2314/nw2319/nw2404/nw43388/nw43389/u26aw55615.html。

地；山东省提出："鼓励市、县级政府统筹使用一般公共预算资金和体育彩票公益金，推动体育场馆更好地向社会免费低收费开放"①，在国家层面鼓励体育场馆向社会免费、低收费开放的政策上，补充了资金支持的可能来源，有利于政策的执行；北京市提出："探索、推广政府购买服务方式为青少年免费开放体育场馆和提供服务"②，这是一种比较有效的公共服务模式，既可以让更多青少年享受到高质量的公共服务，又能带动体育场馆消费；福建省提出："县以上应建有老年人体育活动中心或在综合体育场馆中配建老年人健身设施"③，该政策既有利于满足当前老年人的健身需求，也会进一步带动体育场馆消费。更多地方政府体育场馆相关政策见表4。

表3　东部地区体育场馆政策中政策工具分布情况
（自"46号文件"发布至2019年10月）

单位：次

一级指标	供给型政策工具			环境型政策工具			需求型政策工具		合计
二级指标	体育场馆建设	体育场馆运营	体育场馆服务	目标规划	财政金融	税费优惠	消费端补贴	政府购买	
北京	3	4	2	1	1		1	1	13
天津		1	3	2					6
河北	2	2	2		1				7
上海	5	5	5	3	2			1	21
江苏	1	3	4	1					9

① 《山东省财政厅、山东省体育局关于印发山东省体育场馆免费低收费开放省级补助资金管理暂行办法的通知》，山东省人民政府网站，2018年1月15日，http://www.shandong.gov.cn/art/2018/1/15/art_2259_24169.html? rsv_upd=1。

② 《北京市体育局、北京市发展和改革委员会关于印发〈北京市"十三五"时期体育发展规划〉的通知》，北京市体育局网站，2017年2月27日，http://tyj.beijing.gov.cn/bjsports/zcfg15/ghjh/1430826/index.html。

③ 《福建省人民政府办公厅关于进一步加强新形势下老年人体育工作的实施意见》，福建省人民政府网站，2018年3月28日，http://www.fujian.gov.cn/zc/zxwj/szfbgtwj/201803/t20180328_2254267.htm。

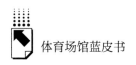

续表

一级指标	供给型政策工具			环境型政策工具			需求型政策工具		合计
二级指标	体育场馆建设	体育场馆运营	体育场馆服务	目标规划	财政金融	税费优惠	消费端补贴	政府购买	
浙江	1	1	2	4					8
福建	1	3	5	1	1	1			12
山东	1	1	8	1	4	1			16
合计	14	20	31	13	9	2	1	2	92

资料来源：根据公布的相关政策文件整理。

2. 中部地区体育场馆相关政策现状

以山西省为代表分析中部地区体育场馆相关政策的现状。从一级指标来看，中部地区只用了供给型政策工具和环境型政策工具，没有使用需求型政策工具，前两者的累计使用频次分别为 10 次和 1 次，说明中部地区地方政府和东部地区地方政府一样，主要运用供给型政策工具来促进体育场馆发展。从二级指标来看，体育场馆服务供给政策工具累计使用频次为 6 次，占整体政策工具的比重为 55%，说明中部地区地方政府主要运用体育场馆运营政策来增加体育场馆供给，从而带动行业发展。具体的政策内容方面，例如，"深化大型体育场馆运营管理改革试点，积极引入社会资本和现代公司化运营机制，努力探索所有权与经营权分离改革模式，盘活体育场馆设施资源。鼓励通过输出品牌、管理、资本、人才等方式开展市场化、专业化运营，打造一流的体育场馆运营管理企业。支持大型体育场馆闲置空间综合利用，完善大型体育场馆综合服务功能，拓展服务领域，提高综合效益"①。更多地方政府体育场馆相关政策见表 4。

---

① 《山西省人民政府办公厅关于加快发展健身休闲产业的实施意见》，山西省人民政府网站，2017 年 8 月 21 日，http://www.shanxi.gov.cn/sxszfxxgk/sxsrmzfzcbm/sxszfbgt/flfg_7203/bgtgfxwj_7206/201708/t20170818_329451.shtml。

3. 西部地区体育场馆相关政策现状

以内蒙古为代表来分析西部地区体育场馆相关政策的现状。从一级指标来看，西部地区和中部地区相同，只运用了供给型政策工具和环境型政策工具，没有使用需求型政策工具，前两者的累计使用频次分别为9次和2次，说明西部地区地方政府也主要运用供给型政策工具来促进体育场馆发展。从二级指标来看，在供给型政策工具方面，西部地区没有运用体育场馆建设政策，体育场馆运营政策和体育场馆服务供给政策工具累计使用频次分别为4次和5次，说明西部地区地方政府重点运用体育场馆运营和服务供给政策来增加体育场馆供给。具体的政策内容，例如，"创新体育场馆管理体制和运营机制。支持和引导社会力量参与体育场馆建设和运营管理。按照现代企业制度建立专业化运营公司，引入专业体育场馆运营、管理、维护人才，提高现有体育场馆运营效率"。"由政府投资兴建的体育场馆设施应当免费和低收费向社会开放。每周开放时间不少于35小时，全年开放时间不少于330天。"① 更多地方政府体育场馆相关政策见表4。

4. 东北地区体育场馆相关政策现状

以辽宁为代表来分析东北地区体育场馆相关政策的现状。从一级指标来看，与中部和西部地区相同，东北地区只运用了供给型政策工具和环境型政策工具，没有使用需求型政策工具，前两者的累计使用频次分别为5次和1次，说明东部地区地方政府也主要运用供给型政策工具来促进体育场馆发展，但和其他地区相比，东部地区地方政府在促进体育场馆发展方面运用政策工具的频率最低。从二级指标来看，东北地区和西部地区相同，在供给型政策工具方面，没有使用体育场馆建设政策，体育场馆运营和体育场馆服务供给政策工具累计使

---

① 《内蒙古自治区人民政府关于加快发展体育产业促进体育消费的实施意见》，内蒙古自治区人民政府网站，2015年9月30日，http://www.nmg.gov.cn/art/2015/9/30/art_1686_138688.html。

用频次分别为 3 次和 2 次。具体的政策内容，例如，"创新体育场馆运营体制。成立辽宁体育场馆联盟，探索推广 PPP 模式，推动体育场馆所有权与经营权分离，依托体育场馆建立赛事运行平台"①。更多地方政府体育场馆相关政策见表 4。

表 4　地方政府主要体育场馆相关政策

地区	代表省份	文件名称	发布单位	发布日期
东部地区	北京	《北京市人民政府关于加快发展体育产业促进体育消费的实施意见》	北京市人民政府	2015 年 7 月 9 日
		《北京市"十三五"时期体育发展规划》	北京市体育局、北京市发展和改革委员会	2017 年 2 月 4 日
		《北京市足球改革发展总体方案》	北京市人民政府办公厅	2017 年 10 月 12 日
		《北京市体育局关于进一步加强高危险性体育项目行政许可管理工作的通知》	北京市体育局	2018 年 12 月 24 日
	天津	《天津市人民政府关于加快发展体育产业促进体育消费的实施意见》	天津市人民政府	2015 年 7 月 29 日
		《天津市人民政府关于转发市体育局拟定的天津市"全运惠民工程"实施方案的通知》	天津市人民政府办公厅	2016 年 2 月 2 日
	河北	《河北省人民政府关于加快发展体育产业促进体育消费的实施意见》	河北省人民政府	2015 年 5 月 29 日
		《河北省人民政府关于进一步扩大旅游文化体育健康养老教育培训等领域消费的实施意见》	河北省人民政府办公厅	2017 年 7 月 17 日

① 《辽宁省人民政府办公厅关于印发辽宁省体育领域供给侧结构性改革实施方案的通知》，辽宁省人民政府网，2016 年 12 月 17 日，http://www.ln.gov.cn/zfxx/zfwj/szfbgtwj/zfwj2011_111255/201612/t20161221_2625637.html。

地区	代表省份	文件名称	发布单位	发布日期
东部地区	上海	《上海市人民政府办公厅关于印发〈上海市体育产业发展实施方案（2016—2020年）〉的通知》	上海市人民政府办公厅	2017年1月12日
		《上海市体育设施管理办法》	上海市人民政府	2018年3月21日
		《上海市人民政府印发〈关于加快本市体育产业创新发展的若干意见〉的通知》	上海市人民政府	2018年8月9日
		《上海市体育局关于印发〈建设国际体育赛事之都三年行动计划（2018—2020年）〉的通知》	上海市体育局	2018年12月7日
	江苏	《省政府关于推进公共体育服务体系示范区建设的实施意见》	江苏省人民政府办公厅	2014年11月16日
		《省政府关于创新重点领域投融资机制鼓励社会投资的实施意见》	江苏省人民政府	2015年7月19日
		《省政府关于加快发展健身休闲产业的实施意见》	江苏省人民政府办公厅	2017年5月17日
		《省政府办公厅关于推进社会公益事业建设领域政府信息公开的实施意见》	江苏省人民政府办公厅	2018年12月1日
	浙江	《浙江省人民政府办公厅关于推进公共体育设施和学校体育场地设施向社会开放工作的通知》	浙江省人民政府办公厅	2015年9月14日
		《关于印发〈关于推进体育场馆运营管理改革　提高公共服务水平的实施意见〉的通知》	浙江省体育局	2015年12月18日
		《浙江省发展改革委关于优化全省体育场馆建设布局和注重区域共享的实施意见》	浙江省发展和改革委员会等6部门	2016年11月21日

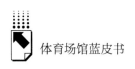

续表

地区	代表省份	文件名称	发布单位	发布日期
东部地区	福建	《福建省人民政府办公厅关于印发福建省"十三五"体育事业发展专项规划的通知》	福建省人民政府办公厅	2016年5月9日
		《福建省人民政府办公厅关于进一步扩大旅游文化体育健康养老教育培训等领域消费的实施意见》	福建省人民政府办公厅	2017年8月11日
		《福建省人民政府办公厅关于加快发展健身休闲产业的实施意见》	福建省人民政府办公厅	2017年10月17日
		《福建省人民政府办公厅关于进一步加强新形势下老年人体育工作的实施意见》	福建省人民政府办公厅	2018年3月28日
	山东	《山东省人民政府关于贯彻国发〔2014〕46号文件加快发展体育产业促进体育消费的实施意见》	山东省人民政府	2015年8月28日
		《山东省人民政府办公厅关于贯彻国办发〔2016〕27号文件强化学校体育促进学生身心健康全面发展的实施意见》	山东省人民政府办公厅	2016年12月15日
		《山东省人民政府办公厅关于贯彻国办发〔2016〕85号文件进一步扩大旅游文化体育健康养老教育培训等领域消费的实施意见》	山东省人民政府办公厅	2017年5月19日
		《山东省财政厅、山东省体育局关于印发山东省省级体育彩票公益金支持体育事业发展专项资金管理办法的通知》	山东省财政厅、山东省体育局	2018年1月15日
		《山东省财政厅、山东省体育局关于印发山东省体育场馆免费低收费开放省级补助资金管理暂行办法的通知》	山东省财政厅、山东省体育局	2018年1月15日

地区	代表省份	文件名称	发布单位	发布日期
中部地区	山西	《山西省人民政府办公厅关于印发山西省标准化体系建设发展规划（2016—2020 年）的通知》	山西省人民政府办公厅	2016 年 8 月 23 日
		《山西省人民政府关于印发山西省全民健身实施计划（2016—2020 年）的通知》	山西省人民政府	2016 年 9 月 14 日
		《山西省人民政府办公厅关于加快发展健身休闲产业的实施意见》	山西省人民政府办公厅	2017 年 8 月 21 日
		《山西省人民政府办公厅关于扶持职业体育发展的意见》	山西省人民政府办公厅	2017 年 10 月 12 日
西部地区	内蒙古	《内蒙古自治区人民政府关于加快发展体育产业促进体育消费的实施意见》	内蒙古自治区人民政府	2015 年 9 月 30 日
		《内蒙古自治区公共体育场馆设施向社会开放实施办法》	内蒙古自治区人民政府办公厅	2016 年 1 月 8 日
		《内蒙古自治区人民政府办公厅关于印发强化学校体育促进学生身心健康全面发展实施方案的通知》	内蒙古自治区人民政府办公厅	2016 年 10 月 29 日
		《内蒙古自治区人民政府办公厅关于印发〈内蒙古自治区"十三五"体育事业发展规划〉的通知》	内蒙古自治区人民政府办公厅	2016 年 12 月 31 日
		《内蒙古自治区人民政府办公厅关于印发自治区进一步扩大旅游文化体育健康养老教育培训等领域消费实施方案的通知》	内蒙古自治区人民政府办公厅	2017 年 7 月 14 日
东北地区	辽宁	《辽宁省人民办公厅关于印发辽宁省体育领域供给侧结构性改革实施方案的通知》	辽宁省人民政府办公厅	2016 年 12 月 17 日

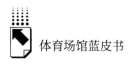
续表

地区	代表省份	文件名称	发布单位	发布日期
东北地区	辽宁	《辽宁省人民政府办公厅关于加快发展健身休闲产业的实施意见》	辽宁省人民政府办公厅	2016年12月21日
		《辽宁省人民政府办公厅关于印发辽宁省进一步扩大旅游文化体育健康养老教育培训等领域消费实施方案的通知》	辽宁省人民政府办公厅	2017年9月30日

资料来源：根据公布的相关政策整理。

（二）地方层面体育场馆政策展望

1. 制定因地制宜的可操作性政策

当前，各省份体育场馆相关政策以国家政策为指导，很多省份出台了操作性较强的落地政策。例如，2016年1月8日发布的《内蒙古自治区公共体育场馆设施向社会开放实施办法》提出："由政府投资兴建的公共体育场馆每周开放时间不少于35小时，全年开放时间不少于330天。体育场馆所属户外公共区域及户外健身器材应全年免费开放，每天开放时间不少于12小时。在全民健身日全部免费向社会开放。"[①] 2018年3月21日发布的《上海市体育设施管理办法》提出："公共体育场馆应当全年向市民开放，每周累计开放时间不得少于56小时。"[②] 但总体来说，省份层面关于体育场馆的政策多数仍然停留在指导层面，落地政策有待加强。未来，体育场馆政策的发展应着重制定因地制宜的可操作性政策。

---

① 《内蒙古自治区公共体育场馆设施向社会开放实施办法》，内蒙古自治区人民政府网站，2016年1月8日，http：//www. nmg. gov. cn/art/2016/1/8/art_ 1686_ 137407. html，最后访问日期：2020年3月26日。

② 《上海市体育设施管理办法》，上海市人民政府网站，2018年3月21日，http：//www. shanghai. gov. cn/nw2/nw2314/nw2319/nw2404/nw43388/nw43389/u26aw55615. html。

2. 完善政策工具类型结构

从运用政策工具的结构来看，省份层面对需求型政策工具的使用较少，本文选取的 11 个代表性省份中，只有北京和上海使用了需求型政策工具；对于环境型政策工具的使用，东部、中部、西部和东北地区政府累计使用频次占总体政策工具使用频次都在 30% 以下，低于国家层面 48% 的水平。省份层面较为集中地运用了供给型政策工具，累计使用频次占总体的比重高达 70%，说明省份层面对政策工具的运用在结构上存在失衡。未来，建议省份层面增加需求型政策工具的使用，进一步明确环境型政策工具中财政金融的来源和使用，加强政策落地；进一步细化和创新供给型政策工具，使社会资本参与体育场馆建设和运营的渠道更为畅通，改善场馆服务质量，从而增加体育场馆消费，实现体育场馆的良性发展。

参考文献

顾建光：《公共政策工具研究的意义、基础与层面》，《公共管理学报》2006 年第 4 期。

谭建湘、霍建新、陈锡尧、王德炜：《体育场馆经营与管理导论》，高等教育出版社，2014。

余守文、肖乐乐：《政策工具视角下中国体育产业政策文本量化分析——以国务院 46 号文为例》，《体育学刊》2018 年第 4 期。

B.6
中国体育场馆 PPP 模式的发展历程、问题及应对

李艳丽 *

摘　要： PPP 模式作为政府拓宽基础设施和民生领域融资渠道、盘活社会存量资本、以项目管理模式创新带动政府治理模式创新的重要手段与工具，得到倡导和推广。体育场馆是 PPP 模式在体育产业领域应用的重心。现阶段，体育场馆 PPP 模式的理论和实践仍存在盲区。首先，本文系统地总结了体育场馆 PPP 模式的内涵与形式；其次，阐述了中国体育场馆 PPP 模式应用的发展历程及问题；最后，提出了体育场馆 PPP 模式运作机制的优化关键在于运行机制设计，包括体育场馆 PPP 项目利益相关者合作机制设计和治理机制设计。

关键词： 体育场馆　PPP 模式　融资方式

一　中国体育场馆 PPP 模式应用的发展历程

自中华人民共和国成立至今，体育场馆运营管理的改革就从未间

---

* 李艳丽，北京体育大学体育商学院副教授、硕士生导师，研究方向为体育场馆管理。

断，而中国经济体制改革、场馆发展、国有资产管理体制改革与体育场馆运营管理的路径演变密不可分。基于此，研究中国体育场馆 PPP（Public-Private-Partnerships）模式制度设计的逻辑起点应为经济体制改革环境下体育场馆的管理。

（一）初步探索期

1. 发展背景与政策

在十一届三中全会召开之前，体育场馆的发展依赖政府部门，主要采取行政化运作方式，缺乏经营自主权；体育场馆的建设主要基于竞技体育和体育政治功能的需要。因此，社会资本在该阶段并未发挥作用。

1984 年，中共中央发布了《关于进一步发展体育运动的通知》（以下简称《通知》），标志着中国体育管理体制改革的开始。《通知》指出，体育场馆运营要讲究经济效益，应积极创造条件实行多种经营，逐步转变为企业、半企业性质的单位。1986 年，国家体委发布《关于体育体制改革的决定（草案）》，强调在优先保证发展体育事业的前提下，要实行体育场馆多种经营的实践改革，使体育场馆由行政管理型过渡到经营管理型。1990 年 10 月，在湖南常德，国家体委召开了全国体育计划财务工作座谈会，会议提出了"以体为主，多种经营"方针，并指出体育场馆要在该方针的指导下，进一步深化和完善承包经营责任制，使其加速从行政管理型过渡到经营管理型。综上所述，该阶段在制度层面上，中国体育场馆管理制度、经营方式发生质的变化，为民营资本进入体育场馆领域创造了前提条件。但是，民营资本并未真正进入场馆运营。

党的十四大明确提出建立和完善社会主义市场经济体制的改革目标，民营资本参与体育场馆运营成为可能。1993 年，《国家体委关于深化体育改革的意见》发布，提出了体育场馆要向经营型转

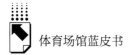

变，有条件的体育事业单位要逐步推向市场，实行企业化经营。1995年，国家体委下发的《体育产业发展纲要》提出："对体育场馆实行企业化管理，使之由事业型向经营型转变"，这一改革使体育场馆能够作为营利性主体进行市场化运营。2002年7月，《中共中央国务院关于进一步加强和改进新时期体育工作的意见》提出："要明确政府和社会的事权划分，实行管办分离，把不应该由政府行使的职能转移给事业单位、社会团体和中介组织。"体育场馆的经营管理逐步从体育行政系统中分离出去，为体育场馆所有权和经营权的分离奠定了良好的基础。

2007年10月至2014年上半年，中国加速推进体育场馆运营改革，民营资本参与体育场馆建设和运营的实践增多。2008年北京奥运会后，体育场馆运营呈现出多元化态势，体育场馆尝试了事业单位企业化运作等模式，为民营资本参与体育场馆的发展真正打开了局面。《中共中央、国务院关于分类推进事业单位改革的指导意见》于2011年3月出台，该文件提出"分类推进事业单位改革"，并将事业单位划分为三个类别——承担行政职能、从事生产经营活动及从事公益服务。2011年4月，国家体育总局发布了《体育事业发展"十二五"规划》，提出在不影响公共体育场馆的公益性质和主体功能的前提下，"鼓励社会力量参与体育场馆的经营管理活动，以实现多业并举，综合开发"。① 在国家事业单位分类改革的政策指导下，各地方政府尝试对体育场馆进行分类改革。2012年8月，湖北省成为全国大型体育场馆综合运营管理改革试点省，洪山体育中心、襄阳市体育运动场、荆门体育文化中心等湖北省较具代表性的场馆成为事业单位分类改革试点。

---

① 《体育事业发展"十二五"规划》，国家体育总局网站，2011年4月1日，http://www.sport. gov.cn/n16/n1077/n1467/n1843577/1843747.html。

2. 代表性项目

这一时期，国内一些体育场馆（佛山岭南明珠体育馆、五棵松体育馆、广州体育馆、国家体育场等）陆续尝试采取 PPP 模式。例如，广州体育馆由广州市政府与珠江实业集团共同出资建设。广州体育馆建成后，体育竞赛场所的资产归广州市政府所有，商业服务场所的产权归珠江实业集团所有，该集团同时享有体育馆及其附属设施的经营权，经营收益归经营单位所有①。国家体育场"鸟巢"项目由政府与民间资本共同投资，北京市政府投资 20.3 亿元，占总投资的58%，其余 42% 的投资由中信集团联合体筹措。北京市国有资产经营有限责任公司作为政府出资人代表，与中信集团联合体共同组建项目公司，负责项目的建设和运营，并成立了中外合作性质的国家体育场有限责任公司，该公司获得了国家体育场 30 年的运营权②。尽管后期实际运营期限未达到特许经营年限，但该合作案例为国内体育场馆实施 PPP 模式提供了借鉴。

（二）大力推广期

党的十八届三中全会将发展混合所有制经济提到了一个新的历史高度。《中共中央关于全面深化改革若干重大问题的决定》明确提出"允许更多国有经济和其他所有制经济发展成为混合所有制经济。国有资本投资项目允许非国有资本参股"③，为民营资本全面参与体育场馆发展提供了政策依据。

---

① 屈胜国、屈萍、谢琳、刘丹松、尹波：《公私合作伙伴关系模式在我国公共体育场馆市场化改革中的应用——以广州体育馆为例》，《武汉体育学院学报》2014 年第 8 期，第 37 ~ 43 页。

② 王子朴、梁蓓、陈元欣：《梳理与借鉴：奥运场馆投融资模式研究》，《西安体育学院学报》2012 年第 4 期，第 425 ~ 433 页。

③ 《中共中央关于全面深化改革若干重大问题的决定》，中华人民共和国国务院新闻办公室网站，2013 年 11 月 15 日，http://www.scio.gov.cn/zxbd/nd/2013/document/1374228/1374228_1.htm。

《国务院关于加快发展体育产业促进体育消费的若干意见》提出："推广和运用政府和社会资本合作等多种模式，吸引社会资本参与体育产业发展"①，吹响了体育产业混合所有制改革的号角，大量社会资本开始进入体育领域。2015年1月15日，国家体育总局发布《体育场馆运营管理办法》，提出"鼓励采取参股、合作、委托等方式，引入企业、社会组织等多种主体，以混合所有制等形式参与场馆运营"。② 体育场馆作为一项庞大的国有资产，混合所有制成为其运营管理改革的方向。

PPP模式强调政府与非政府部门一起合作，两者按照契约分担风险和获取收益③。中国PPP基金成立、新《预算法》等一系列利好政策与法律的出台和施行，为民营资本参与体育场馆建设和运营铺平了道路。2014年11月30日，财政部披露首批30个PPP示范项目清单，青岛体育中心项目是体育行业唯一入围项目。自2014年至今，由财政部立项的政府和社会资本合作示范项目体育场馆类为20项（不含2014年立项后撤销的青岛体育中心项目），包括盘锦市体育中心、周口市游泳馆、六安市体育中心、青岛市民健身中心、黄石奥林匹克体育中心、云南省腾冲市全域旅游国际户外运动文化中心、云南省丽江市云南高原训练基地丽江游泳馆建设项目和青海省西宁市瑞景河畔家园全民健身中心建设项目等。根据《第六次全国体育场地普查数据公报》，截至2013年12月底，中国企业类体育场馆的数量已经接近14万个④，体育场馆PPP模式的应用还有很大的空间。

① 《国务院关于加快发展体育产业促进体育消费的若干意见》，中国政府网，2014年10月20日，http://www.gov.cn/zhengce/content/2014-10/20/content_9152.htm。
② 《体育场馆运营管理办法》，国家体育总局网站，2018年11月15日，http://www.sport.org.cn/search/system/gfxwj/tyjj/2018/1115/193615.html。
③ 刘波、龚晖晖：《PPP模式与准公共品的供给——论PPP在大型体育场馆建设中的应用》，《首都体育学院学报》2009年第2期，第151~154页。
④ 《第六次全国体育场地普查数据公报》，国家体育总局网站，2014年12月26日，http://www.sport.gov.cn/n16/n1077/n1467/n3895927/n4119307/7153937.html。

表 1　2016 年以来出台的主要 PPP 政策

发布时间	发布单位	文件名称
2016 年 5 月 28 日	财政部、国家发展和改革委员会	《关于进一步共同做好政府和社会资本合作（PPP）有关工作的通知》
2016 年 6 月 8 日	财政部、教育部等二十部委	《关于组织开展第三批政府和社会资本合作示范项目申报筛选工作的通知》
2016 年 7 月 5 日	党中央、国务院	《中共中央、国务院关于深化投融资体制改革的意见》
2016 年 8 月 10 日	国家发展和改革委员会	《关于切实做好传统基础设施领域政府和社会资本合作有关工作的通知》
2016 年 9 月 2 日	国家发展和改革委员会	《关于请报送传统基础设施领域 PPP 项目典型案例的通知》
2016 年 9 月 24 日	财政部	《政府和社会资本合作项目财政管理暂行办法》
2016 年 9 月 28 日	国家发展和改革委员会、住房和城乡建设部	《关于开展重大市政工程领域政府和社会资本合作（PPP）创新工作的通知》
2016 年 10 月 11 日	财政部	《关于在公共服务领域深入推进政府和社会资本合作工作的通知》
2016 年 10 月 13 日	中国资产评估协会	《PPP 项目资产评估及相关咨询业务操作指引》
2016 年 10 月 24 日	国家发展和改革委员会	《传统基础设施领域实施政府和社会资本合作项目工作导则》
2016 年 12 月 21 日	国家发展和改革委员会、中国证监会	《关于推进传统基础设施领域政府和社会资本合作（PPP）项目资产证券化相关工作的通知》
2016 年 12 月 30 日	财政部	《财政部政府和社会资本合作（PPP）专家库管理办法》
2017 年 1 月 23 日	财政部	《政府和社会资本合作（PPP）综合信息平台信息公开管理暂行办法》
2017 年 2 月 20 日	国家发展和改革委员会、住房和城乡建设部	《关于进一步做好重大市政工程领域政府和社会资本合作（PPP）创新工作的通知》

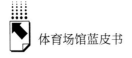

发布时间	发布单位	文件名称
2018 年 4 月 24 日	财政部	《关于进一步加强政府和社会资本合作（PPP）示范项目规范管理的通知》
2019 年 3 月 7 日	财政部	《关于推进政府和社会资本合作规范发展的实施意见》

资料来源：笔者根据相关政策整理。

二 体育场馆 PPP 模式应用中面临的问题及原因

长期以来，体育场馆 PPP 模式发展缓慢并且项目落地存在困难，主要体现在以下三个方面。

（一）合作关系方面

其一，体育场馆 PPP 模式的运作机制和相关政策有待完善。由于缺乏经验，体育场馆 PPP 模式走了不少弯路。例如，青岛体育中心 PPP 项目因无社会资本参与、无先进管理经验而被撤项[1]；福建省泉州市晋江市国际会展中心项目因为运作不规范、未开展财政承受能力论证而被撤销。一方面，目前无论是体育场馆 PPP 模式的前期融资还是后期运营，效率都较低，综合效益有待考量；另一方面，由于体育场馆本身的公益性，PPP 模式对社会资本有较高的要求，目前经验丰富、资金雄厚且符合政府部门要求的社会资本合作方较少，体育场馆 PPP 模式实施条件不够成熟。

其二，由于政府部门与民营资本所有者之间目标存在差异和关系

---

[1] 林江、张明、赵早早等：《关注 PPP 以奖代补》，《财政监督》2016 年第 2 期，第 27～37 页。

不对等，在民营资本与政府合作的过程中，政府部门处于主导地位、权威地位，民营资本在决策方面的参与度仍较低①。

（二）治理方面

第一，体育场馆PPP项目治理机制尚不完善。完善的公司治理机制有利于协调体育监管部门、场馆国有股东、非国有投资方、社会公众等多方利益相关者的权责关系②，保障投资者按时收回投资并获得合理回报③。但是，政府在这方面缺乏相应的专业知识，监督力度不足，体育场馆PPP项目出现寻租行为、不规范行为、资金转移行为等，导致项目失败。

第二，体育场馆PPP项目运作信息的透明度有待提高。大多数体育场馆PPP项目并未公开资金去向、场馆收益、运营情况等信息。在资产证券化的过程中，信用评级机构、信用增级机构、投资人等都会对PPP项目提出信息公开的要求。因此，体育场馆PPP项目信息的公开程度决定着资产证券化能否顺利进行。

（三）市场方面

其一，民营资本和国有资本实力悬殊，竞争力较弱。就体育场馆PPP项目而言，社会资本方通常是由国有企业组成的联合体。例如，2022年冬奥会国家速滑馆PPP项目社会资本方是由华体集团、首开集团、北京城建集团、北京住总集团组成的联合体。

其二，冰雪场馆PPP项目的市场潜力有待评估，运营管理收益

---

① 周正祥、张秀芳、张平：《新常态下PPP模式应用存在的问题及对策》，《中国软科学》2015年第9期，第82~95页。

② 李艳丽：《国外公共服务机构资产管理及其对我国公共体育场馆改革的启示》，《北京体育大学学报》2014年第8期，第6~11页。

③ A. Shleifer, R. W. Vishny, "A Survey of Corporate Governance," *Journal of Finance*, Vol. 52, 1997, pp. 737－783.

前景不明朗。2022年北京冬奥会申办成功，国家大力推动冰雪运动和冰雪产业的发展。在此背景下，冰雪运动场馆开始大量兴建，如北京石景山市民冰雪体育中心和新疆阿依海国际滑雪场等冰雪场馆（地）采用PPP模式进行建设与运营，资金的投入都比较大。但是，冰雪运动和冰雪产业的发展在中国还处于起步阶段，无法准确估计未来市场的潜力。

其三，场馆PPP项目存在融资风险。决定体育场馆PPP项目成功与否的关键因素之一就在于如何设计有效的体育场馆PPP项目交易结构，合理安排项目公司的股权结构、融资结构、资金结构和信用保证结构，合理设计各参与方之间的风险分配机制。近年来，由于融资成本的不断提高以及政府加强财政风险防控，体育场馆PPP项目融资能力成为实现项目落地的重要因素。对于场馆项目而言，资金的需求量较大，融资风险也较大。

三 体育场馆PPP模式应用的优化对策

体育场馆PPP项目持续增加，在项目落地方面，体育场馆PPP模式的运行机制设计是关键。在体育产业供给侧结构性改革的背景下，随着政府和社会资本合作的不断深入，必须做好机制设计，以便识别和防范风险，达到应用PPP模式的预期效果。

（一）体育场馆PPP项目利益相关者合作机制设计

在体育场馆PPP项目中，各利益相关者都会根据自己的利益目标和其他利益相关方的信息，通过采取不同的策略来实现自己的目标。对于企业来说，稳定的政府机构、公众支持、技术能力水平，以及多角度的利益评价是PPP项目成功的关键；而政府部门重视透明的采购流程、准确的成本效益评估、相应的权利和风险分摊机制。因此，合作机制的形成基于公共部门和企业在相互选择的过程中达成的一揽子协议。

1. 合作伙伴选择机制

体育场馆 PPP 项目具有复杂性和长期性，在选择合作伙伴时，要确保各方目标的一致性，并且需要深入了解对方，这样才能判断合作伙伴是否值得依靠。对于企业的考察，需要综合考量企业的资金、技术、合作关系、可持续发展等方面的实力，以及社会荣誉、经营经验。例如，2008 年北京奥运会的体育场馆 PPP 项目在建设阶段是成功的，但是企业实力不足，后期运营管理能力不佳，"重资产，轻管理"。

在选择体育场馆 PPP 项目的合作伙伴时，通常会采取招投标的方式，设计科学的招投标机制是十分必要的。PPP 项目招投标机制的设计要点包括明确 PPP 项目招投标管理机构、完善评标指标与评标方法、完善招投标程序、重视信息公开和公众参与①。

2. 收益分配机制

合作各方收益的分配合理也是保障体育场馆 PPP 项目顺利落地的关键点。

其一，社会资本方收益。在体育场馆 PPP 项目合作中，企业方除了获得直接的商业利润以外，还会获得体育项目建设经验、信誉、核心竞争力、政府关系、市场网络、顾客资本和团队资源等额外收益。

其二，政府方收益。政府方从体育场馆 PPP 项目中获得的最直接的收益是场馆这个公共产品以及体育公共服务的有效供给，还包括城市更新、产业结构优化、地区经济增长等间接收益。

其三，社会收益。社会收益体现了体育场馆 PPP 项目的外部性，包括区位租金上涨、居民福利、社会保障、资产增值等。

鉴于利益主体的多元化、项目合约的复杂性、项目的跨期性，体

---

① 戚海沫：《基于物有所值的 PPP 项目招投标机制研究》，硕士学位论文，重庆大学，2015。

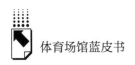
育场馆 PPP 项目合作结构不仅要考虑主体利益的平衡与分配，还要考虑利益相关者行动时间的匹配性。比如，债务期限结构与政府预算模式相适应，可以有效地规避风险、转嫁成本及实现时间错配，从而获得政府的稳定支持和保障收益的可持续。

3. 监督机制

其一，政府监督。一是完善体育场馆 PPP 项目的相关政策法规，实现监督工作的法制化、规范化。二是委派项目公司监事，代表政府履行监督职责。具体而言，一方面，除了国家层面的体育场馆 PPP 项目相关政策法规，地方也要有相应的配套实施意见及扶持政策；另一方面，政府部门需要监督项目建设期间的资产使用，避免国有资产出现流失，同时保证国有资产在项目中发挥最大的作用，以确保体育场馆建成后的服务供给。

其二，社会监督。社会监督是政府监督之外的重要补充手段。一是与第三方专业的绩效评估机构展开合作，由其负责体育场馆 PPP 项目资产运营效益的审计与评价工作；二是定期披露体育场馆 PPP 项目的执行情况、资产使用情况等信息，同时提高体育场馆信息的透明度，保障社会公众的知情权与质询权①。建立专门的公众交流平台，开通项目市民热线、市长信箱等机制，为社会公众监督提供便利。

其三，加强合同履约管理。完善实现体育场馆 PPP 项目交易各方以低成本执行契约并达成交易、保护交易各方权利的法律和司法体系。加大违约的惩罚力度和执行力度，约束国有股东的行为，通过法律加强合作方对合同的落实，消除民营资本参与体育场馆发展后在产权保护方面的后顾之忧，从而提高社会资本参与混合所有制改革的积

---

① 李艳丽：《国外公共服务机构资产管理及其对我国公共体育场馆改革的启示》，《北京体育大学学报》2014 年第 8 期，第 6～11 页。

极性。在降低交易成本方面，合作各方需要签订一系列具体的合同来约定彼此的权利义务关系，规避交易过程中出现的机会主义行为。体育场馆 PPP 项目合同包通常包括服务合同、管理合同、租赁合同、特许权经营合同和政府购买服务等①。

4. 沟通协调机制

体育场馆 PPP 项目涉及的信息量大、信息的来源和类型复杂，并且信息具有动态性，体育场馆 PPP 项目的各利益相关方之间会出现信息沟通不畅通或者沟通和协调不充分的情况，导致项目进程中出现不必要的损耗。因此，建立有效的沟通协调机制十分必要。同时，沟通协调机制的构建应该充分考虑体育场馆 PPP 项目在不同阶段的特点，梳理项目中的关键信息流通路径，建立信息共享机制。项目公司是政府和社会资本方合作的载体，由项目公司建立相应的信息共享平台以及制定相应的简报、月报和会议通报制度，保证信息的畅通。

（二）体育场馆 PPP 项目治理机制设计

体育场馆 PPP 项目治理是指从制度层面解决体育场馆 PPP 项目中利益相关者之间的代理问题。对于体育场馆 PPP 项目而言，主要是基于项目公司设立治理机制。此外，体育场馆 PPP 项目治理机制也需要考虑项目各方的合作、信任等关系契约所提供的自我履约机制②。

1. 基于项目公司设立的治理机制

总体上，公司外部治理机制包括法律对投资者权利的保护、市场竞争、公司控制权市场、媒体等，公司内部治理机制包括大股东、董

---

① 周雷：《政府与社会资本合作（PPP）模式融资体系探析》，《产权导刊》2017 年第 3 期，第 32～37 页。
② 严玲、邓娇娇：《国内外公共项目治理研究现状及趋势展望》，《软科学》2012 年第 12 期，第 22～31 页。

事会、监事会、经理人薪酬契约和机构投资者的角色等。治理机制是否完善，直接决定制度安排是否合理，进而影响体育场馆的运营效率和效益①。对于体育场馆 PPP 项目公司而言，董事会、监事会等内部治理机制的建立相对容易。但是，机构投资者等部分内部治理机制和外部治理机制的建设则需要破除管理者固有思维模式的束缚和有效利用资本市场的力量。因此，既应该进一步加强体育场馆 PPP 项目的公司内部治理机制建设，也应该重视引入外部治理机制。例如，机构投资者是一种特殊的金融机构，为了实现特定目标，它将小投资者的储蓄集中在一起管理，并在可接受的风险范围和规定时间内，追求投资收益最大化②。机构投资者积极主义被普遍认为是代替一般投资者参与公司治理的一种新的公司治理机制。机构投资者公司治理角色的实现主要有三个途径③。一是董事会。董事会作为一种制度设计，其作用在于解决公司治理中的代理问题。机构投资者积极主义的股东提案较多地涉及董事会规模、董事会独立性、董事薪酬、董事任期和董事会组成多元化等有关董事会的一系列改革问题④。二是管理层薪酬。由董事会决定的管理层薪酬政策对于协调股东和经理人之间的利益冲突具有重要的意义。机构投资者对管理层薪酬的影响主要体现在薪酬结构和薪酬绩效敏感性变化两个方面⑤。三是并购。并购对公司价值有持续的影响，它是企业实现快速扩张的途径，也是股东与经理人之间利益冲突的直接反映。公共养老基金、持股比例高的独立的长期机构投资

① 李艳丽：《我国体育场馆国有资产混合所有制改革研究》，《体育与科学》2016 年第 6 期，第 49～53、109 页。

② E. P. Davis, B. Steil, *Institutional Investors*, Cambridge：MIT Press, 2001.

③ 伊志宏、李艳丽：《机构投资者的公司治理角色：一个文献综述》，《管理评论》2013 年第 5 期，第 60～71 页。

④ S. L. Gillan, T. Starks, "The Evolution of Shareholder Activism in the United States," *Journal of Applied Corporate Finance*, Vol. 57, 2007, pp. 55－73.

⑤ R. Khan, R. Dharwadkar, P. Brandes, " Institutional Ownership and CEO Compensation：A Longitudinal Examination," *Journal of Business Research*, Vol. 58, 2005, pp. 1078－1088.

者能够对并购方管理层发起的并购行为进行监督，从而降低坏并购发生的概率，以获取好的并购业绩。

需要说明的是，对于体育场馆 ROT 或者 TOT 项目，社会资本参与国有场馆发展不仅涉及股权交易，而且会采用代理方式开展合作。在委托 – 代理关系下，社会资本方作为运营方，原体育场馆管理者作为所有者。例如，南通体育会展中心完全由民营企业——中南控股集团投资、建设和运营，借助集团公司的资源和资金优势，其运营管理水平不断提高。在该模式下，需要注重两点：一是双方契约明确，量化运营效益指标；二是加强国有资产保护，降低场馆国有资产损耗。为了避免作为运营方的民营资本方和作为所有者的国有资本方之间出现目标不一致的情况，采用经营绩效与双方利益挂钩的机制，从而实现了委托 – 代理关系下国有场馆和民营资本方之间的共赢。

2. 自我履约机制下的契约治理

（1）体育场馆 PPP 项目正式契约治理

由于体育场馆 PPP 项目存在公私合作下多层委托 – 代理关系，项目中的政府部门、社会出资人、设计方、承建方为了降低交易成本，通过正式契约来约定相应的利益和权责关系，避免项目合作过程中出现机会主义行为。高质量的正式契约对项目的良好治理起到关键作用。①规范正式契约设计。正式契约的设计需要考虑契约的精准性，在契约中说明融资结构设计，确认体育场馆 PPP 项目建设运营中的权利及责任、风险的分配，明确 PPP 项目的绩效考核标准。②增强正式契约的法律效力。建立专门的法务部门审查契约的合法性和合理性，防止签署不合理条款而损害合作方的利益。③制定正式契约管理制度。由于项目具有长期性、复杂性，以及多层委托 – 代理关系下正式契约内容和环节的复杂性，合作方需要完善合同管理制度，从正式契约谈判、起草、签订、履行、最终取消或终止等环节，再到

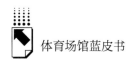

合同的分类识别和分类管理，保证正式契约管理系统的顺畅运行。

（2）体育场馆PPP项目非正式契约治理

体育场馆PPP项目非正式契约治理主要包括三个方面的内容。①关系契约治理。关系契约是一种由未来关系的价值维系的非正式协议，通常为不完全契约形式。主要表现为通过非正式协议和不成文的非正式规范来影响项目成员①。由于体育场馆建设周期长、经营阶段的收益回报期长，契约具有长期性。伴随长期契约及社会关系的形成，合作方之间会形成一些没有通过正式契约确定下来的规定，以防范非正式契约带来的道德风险和信用风险，弥补正式契约的不足。②监督契约的履行。政府部门基于减少投入的同时向社会大众提供优质的体育产品和服务参与体育场馆PPP项目，私人部门以获利为目的参与体育场馆PPP项目。在项目契约履行的过程中既要防止政府部门出于公众利益过度干预，也要防止私人部门出现过度逐利而损害公众利益。因此，应该建立有效的监督机制，保证合作方履行应尽的义务。③契约的争议调解。由于信息不对称、项目的复杂性，以及管理者水平和价格水平等因素导致的收益不确定，在契约签订时很难实现完全契约。各利益相关者基于自身利益会有不同的利益诉求，可能会出现关于契约不完全部分的冲突和争执。因此，在构建契约管理机制时要设计契约争议协调机制。

参考文献

仇晓光、杨硕：《政府和社会资本合作（PPP）中风险转移的法律实现

---

① 王晓彦、胡德宝：《PPP项目的"全景式"政府治理分析》，《宁夏社会科学》2017年第3期，第94~97页。

研究》，《西南民族大学学报》（人文社科版）2016 年第 8 期。

董传升、邵凯：《我国体育场馆 PPP 模式困境与中国化应对策略》，《沈阳体育学院学报》2017 年第 6 期。

李明：《从制度安排到实践运行：PPP 公共体育服务项目国家治理的供给侧改革与实施路径》，《天津体育学院学报》2016 年第 6 期。

李明：《制度安排下 PPP 公共体育服务项目国家治理的实施路径——基于投融资政策与风险视角》，《中国体育科技》2017 年第 4 期。

李明、刘世磊、徐凤琴：《基于 PPP 模式下大型体育场馆契约治理内外部机制的 CFA 模型构建与验证性研究》，《沈阳体育学院学报》2017 年第 1 期。

李婉斌、刘伊生：《PPP 模式在体育场馆建设运营中的应用研究》，《建筑经济》2015 年第 9 期。

屈胜国、屈萍、谢琳、刘丹松、尹波：《公私合作伙伴关系模式在我国公共体育场馆市场化改革中的应用——以广州体育馆为例》，《武汉体育学院学报》2014 年第 8 期。

肖淑红、付群、雷厉：《大型体育场馆融资模式分类及特征研究》，《北京体育大学学报》2012 年第 6 期。

叶晓甦、王志美、胡攀辉：《基于 PPP 模式的我国大型体育场馆运营产权配置研究》，《建筑经济》2014 年第 6 期。

叶晓甦、许婉熔、徐青：《基于多目标的大型体育场馆 PPP 项目的融资性研究》，《成都体育学院学报》2016 年第 4 期。

张森木：《我国体育场馆经营模式及发展战略研究——以陕西省体育场馆为例》，《西北工业大学学报》（社会科学版）2015 年第 2 期。

B.7
气膜馆应用价值与发展
实践分析

谭　宁[*]

摘　要： 随着全民健身事业的发展，修建体育场馆成为健全城市公共体育服务体系的重要内容，体育产业迎来井喷式发展，气膜场馆技术也在体育场馆、文化娱乐场所等项目中得到了大量的应用。首先，本文分析了气膜建筑在中国体育领域的应用情况，指出 2014 年是气膜场馆发展的转折期，目前整个行业发展正处于快速上升阶段。其次，国家和地方政策的支持、经济环境和社会需求的变化为气膜建筑在体育行业的发展提供了机遇。再次，认知问题和行业标准问题成为制约气膜建筑发展的重要因素。最后，从行业标准制定、政府监管、研发投入和推广力度四个方面，提出了未来气膜建筑发展的对策。

关键词： 气膜馆　全民健身　体育场馆　冰雪运动

---

* 谭宁，北京约顿气膜建筑技术股份有限公司联合创始人，中国钢结构协会空间结构分会专家组成员，全国体育标准化技术委员会设施设备分技术委员会委员。

一 气膜在中国体育领域的应用情况

（一）气膜建筑的发展与特点

1. 气膜的起源和发展

气膜又称"气承式膜结构"，属于充气膜结构的一类。气膜建筑采用高性能膜材作为建筑"外壳"，由一套智能化的机电设备向膜体内部送风并形成正压，通过膜内外的气压差将"外壳"支撑起来，形成建筑物主体，室内无须任何框架或梁柱支撑。

气膜的起源可追溯到 20 世纪。1917 年，英国人威廉·兰彻斯特（Willian Lanchester）提出一个设想，即用新发明的电力鼓风机将膜布吹胀，用于搭建野战医院，并申请了专利。但受限于当时的技术条件和生产能力等因素，这个构想并未实现。

1946 年，气膜建筑由设想变成了现实。美国的沃尔特·伯德（Walter Bird）为保护雷达不受气候侵扰，在加拿大都尔雷达站建造了世界首座充气膜结构——多普勒雷达穹顶，作为美国军方的雷达防护罩。这是首座以尼龙纤维布为材料、由空气支撑的薄膜式穹顶。而后，沃尔特·伯德创建 Birdair 公司，设计建造了其他不同用途的气承式充气膜结构，并进行推广，使这种充气膜结构体系逐渐被人们认知。1967 年，第一届国际充气结构会议在德国的斯图加特召开，极大地推动了充气膜结构的发展。到 20 世纪 60~70 年代，大量充气膜结构相继在美国、德国建造。

随后，气膜在民用领域得到逐步推广和应用。在北美地区，气膜建筑技术已较为成熟，部分气膜场馆已作为永久建筑使用。1996 年，美国土木工程师协会发布了空气支撑建筑规范（ASCE17-96），随后加拿大空气支撑结构规范（CANS187-12）等国家级标准规范也相

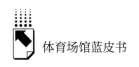

继出台，为气膜建筑的设计选型及安装提供指导。

2. 气膜的特点

（1）重量轻、跨度大，空间利用率高

由于气膜建筑完全靠空气支撑，室内无任何框架或梁柱，可创造出无遮挡的大跨度空间，工艺布置灵活，使用较为方便。气膜每平方米的重量为3千克，极大地降低了对地面基础建设的要求，可在楼顶等闲置空间建设运动馆或展览馆，在提高空间利用率的同时，还解决了楼顶保温和防水的问题。

（2）建设周期短

气膜建筑是一种新型装配式建筑，气膜的主体及配件均在工厂预制，货物到现场后，现场作业量极小，安装调试也仅需一周左右，相较于传统建筑，大大缩短了建设周期。从设计、采购、加工到安装完毕，整个项目周期仅需要两个月左右。

（3）经济性好，运营维护简单，回报周期短

气膜建筑技术是一种集成技术，将航空力学、建筑学、美学、材料学、环保节能及智能控制技术有机地融合在一起，运行控制系统集合多项功能模块，智能管理系统使整个场馆的运行状态一目了然，并且运营成本低、智能化程度高、操作维护方便简单。

与传统建筑相比，气膜建筑造价更为低廉，约为传统体育场馆造价的1/2，年运营成本为传统体育场馆的1/3。从结构原理看，气膜建筑在大跨度、地质条件差的条件下更具价格优势。气膜建筑不需要传统建筑的刚性支持，节省了支撑系统的费用，并且气膜建筑的上扬力对地面基础无任何要求，可节省处理地基的费用。因此，气膜建筑的占地面积和距离跨度越大，单位面积的费用就越低。

（4）安全性高，环保节能

气膜建筑是柔性建筑，对比刚性建筑，有着天然抗风、抗雪、阻燃、防水、防锈、防腐、防震、防虫、耐热、耐低温等各种优势，能

适应各种恶劣的自然环境。尤其是发生地震时，气膜建筑具有防震优势，可作为城市紧急避难场所、指挥部和临时医院。气膜的节能效果主要在于其气密性、保温性和透光性。通过智能控制系统将各个子模块集成到一个管理系统上，使整个场馆保持最优运行状态，节能效果良好。膜体本身也具有回收利用价值，现场无建筑垃圾产生，对周边环境也没有破坏，环保效果良好。

（5）空气质量可控

由于气膜建筑内的气压高于建筑外的气压，外部空气无法通过门窗和缝隙进入气膜建筑内部，空气进入气膜建筑的唯一渠道就是运行控制系统中的充气机械单元。空气进入时，在充气机械单元中进行净化处理，保证进入室内的空气的清洁。

同时，气膜还具有高气密性，空气进入和流出只能通过风道，因此膜内空气流失率非常低，进而冷热损耗也很低。气膜的保温性能非常好，膜内温度的维持率较高。根据场馆功能的需求，气膜内设置的每小时空气交换次数为 6 ~ 16 次，这样空气流通速率就会加快，当空气流失一部分时，风机迅速地补充一部分，使整体膜内温度几乎维持不变。

（6）可重复利用，适用性强

气膜建筑是一种装配式建筑，各子系统相互独立、便于拆装，而且拆卸过程简单、无损耗，可实现整体搬迁重复使用。气膜建筑整体搬迁后还可实现二次重复利用，不会发生损耗。因此，气膜建筑技术不仅可以用于临时性建筑，还可用于体育场馆、工业厂房、仓库等大跨度、永久性的结构建筑。

（二）中国气膜行业的项目情况

与国外相比，气膜在中国的发展起步较晚，直到 2006 年前后，国内才相继出现专业从事气膜制作与安装的厂商，把国外比较成熟的气膜建筑技术引入中国，翻开了气膜建筑在中国市场发展的新篇章。

中国第一座真正意义上的现代化气膜体育场馆是北京约顿气膜建筑技术股份有限公司自投自建的北京朝阳公园约顿气膜网球馆（见图1），该馆长107米、宽37米，至今运行良好。[①]

图1　北京朝阳公园约顿气膜网球馆

资料来源：笔者拍摄。

气膜进入中国市场的时间虽短，但发展速度较快。2006年之后，中国气膜行业就步入了发展的快行道，陆续出现北京约顿气膜建筑技术股份有限公司、北京法利膜结构技术有限公司、北京艾尔豪斯膜式技术有限公司等专业厂商，成功建造了一批用于体育运动的气膜场馆，大大推动了中国气膜建筑的发展。[②]

2008年北京奥运会的成功举办为中国膜结构的发展再一次提供了重要的契机。北京奥运会后，作为北京城市地标之一的北京奥林匹克森林公园陆续建成了5座现代气膜体育场馆，包括4座气膜网球场馆、1座气膜羽毛球场馆，均由北京约顿气膜建筑技术股份

---

① 薛素铎编著《充气膜结构设计与施工技术指南》，中国建筑工业出版社，2019。
② 中国体育用品业联合会：《中国体育气膜行业白皮书》，2016。

有限公司承建。这5座气膜体育场馆的兴建，进一步推动了国内充气膜结构在体育领域的快速发展。

因空气质量的恶化，防霾型气膜受到了各类院校的欢迎，极大地带动了气膜行业在国内的发展。例如，2012年，北京约顿气膜建筑技术股份有限公司在为北京德威英国国际学校建设的气膜运动馆内安装了公司自主研发的空气净化系统，该系统可有效过滤空气中的PM2.5。根据德威英国国际学校对气膜运动馆内PM2.5的监控数据，数值最高不超过10。

2014年后，全民健身的需求以及国家环保部门对建筑环保的要求进一步推动了气膜结构的应用与发展，气膜行业进入了高速发展阶段；2016年之后，气膜行业的市场规模更是以超过50%的年复合增长率递增。截至2019年6月30日，气膜行业各厂商的项目总数为510个，其中现存项目数量为466个，占项目总数的91%（见表1）。目前，气膜行业整体上正处于快速、稳定的上升发展期（见图2）。

表1　气膜建筑项目数量与建筑面积整体情况（截至2019年6月30日）

气膜项目	全部(包含现存/拆除)	现存	拆除
项目数量(个)	510	466	45
建筑面积(平方米)	2871315	2588737	282579

资料来源：根据行业公开数据整理。

气膜建筑由于内部环境可控，不受气候条件的制约，特别适用于季节性明显的地区，如中国北方地区。从国内的分布情况来看，北方地区的气膜项目数量占比达61%（见图3）。

随着气膜建筑在国内的社会认知度和行业认可度不断提高，可以预见的是，在未来，国内的气膜体育场馆还有着巨大的发展空间和市场潜力。

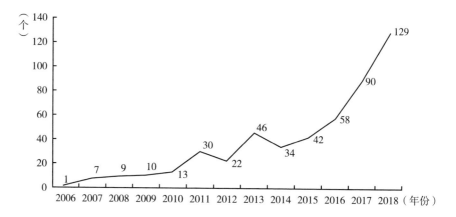

图2　2006～2018年中国气膜建筑市场新增项目数量

资料来源：根据行业公开数据整理。

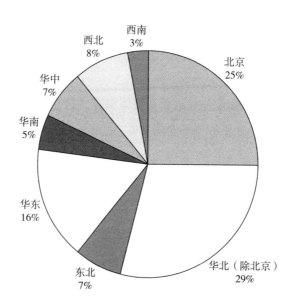

图3　中国气膜建筑项目数量的区域分布情况（截至2019年6月30日）

资料来源：根据行业公开数据整理。

（三）气膜建筑在中国的应用情况

1. 总体情况

气膜建筑在中国的发展是从体育场馆领域的应用开始落地生根的，从第一个气膜网球馆，慢慢发展到涵盖各类竞技体育、全民健身运动的综合型体育场馆营造，及至后来扩展到商业娱乐、工业环保、物流仓储、高原应用等众多领域，这种新的绿色环保型建筑逐步得到认识并被接纳。

目前，气膜建筑的主要应用领域为体育场馆、商业娱乐、工业环保、物流仓储。截至2019年6月30日，体育场馆领域的项目数量高达332个，占项目总数的65%；随着环保力度的加大，工业环保领域的气膜建筑项目数量近几年急剧增加，目前项目数为115个，占项目总数的23%；商业娱乐领域的项目数量为58个，占项目总数的11%；物流仓储领域的项目数共5个，占比为0.2%（见表2）。

表2　气膜建筑在主要应用领域的项目数量及面积（截至 2019 年 6 月 30 日）

应用领域	体育场馆	商业娱乐	工业环保	物流仓储
数量（个）	332	58	115	5
占比（%）	65	11	23	0.2
面积（平方米）	920689	264253	1626264	60110

资料来源：根据行业公开数据整理。

2. 气膜建筑在体育领域的应用情况

体育领域是气膜建筑应用最广的领域，也是最具代表性的应用行业，涵盖众多细分市场。截至2019年6月30日，体育气膜场馆的项目数量增长到332个，占气膜建筑项目总数的六成以上（见表3和图4）。体育气膜场馆利用气膜建筑的核心优势和性能，充分开发了老旧商业设施、空闲地等闲置资源，以及景区、郊野公园、城市公园、

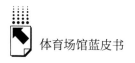
公共绿地、广场以及城市空置场所、屋顶，建设休闲健身场地设施综合体等。

表3 体育领域气膜建筑项目数量及建造面积区域分布情况（截至2019年6月30日）

区域	北京	东北	华北（除北京）	华东	华南	华中	西北	西南	总计
数量（个）	110	29	64	51	20	26	24	8	332
面积（平方米）	294560	103394	192694	143105	44068	89089	37356	16423	920689

资料来源：根据行业公开数据整理。

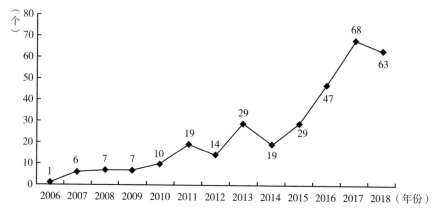

图4 2006～2018年体育领域的气膜建筑项目增长情况

资料来源：根据行业公开数据整理。

气膜建筑之所以在体育领域的应用最为广泛，与气膜技术从应用成熟的北美地区引进到中国的历程有关。2006年，北美地区的气膜网球馆遍地开花，气膜建筑在这方面的成功应用，给中国早期气膜建筑商带来很大的影响，使中国气膜行业的前期发展专注于网球、羽毛球等体育领域，国内网球、羽毛球类别的体育气膜场馆占气膜建筑总数的比重超过了50%[①]。

---

① 中国体育用品业联合会：《中国体育气膜行业白皮书》，2016。

随着各气膜建筑商的不断创新和尝试，目前，体育气膜场馆的用途范围逐步扩展到其他运动项目领域，如游泳、足球、冰雪运动等。不过，与网球、羽毛球气膜场馆相比，气膜建筑在上述运动项目领域的应用发展还比较薄弱，尚处于早期的试验开发阶段（见图5）。

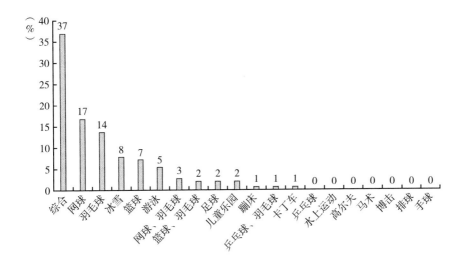

图5　2006～2018年体育领域各厂商气膜建筑用途分布

资料来源：根据行业公开数据整理。

近年来，随着国内体育场馆数量和规模的迅速扩大，作为创新型全民健身体育场馆形态之一的气膜场馆，凭借其成本低、建造快、环保绿色的优势，搭上了中国体育场馆发展的快车。根据中信证券研究部的预测，2016～2025年，气膜行业的新增市场规模将达到118亿元，其中，体育气膜场馆新增面积为334.84万平方米，新增市场规模为40.18亿元。之所以敢于这样大胆地预期未来体育气膜市场的发展前景，主要在于以下两大因素。其一，国家对未来国内体育场地的面积指标提出了明确的建设目标。2014年10月国务院印发的《关于加快发展体育产业促进体育消费的若干意见》提出，2025年我国人

均体育场地面积要达到 2 平方米。① 截至 2018 年底，全国人均体育场地面积为 1. 86 平方米/人②，未来 5 年体育场地面积仍有增长需求。其二，大型体育场馆建设用地的紧缺在一定程度上限制了传统体育场馆扩建的发力。与传统体育场馆相比，气膜场馆的建设面积区间较广，不仅能够满足大型体育场馆的建设需求，也能很好地适应小型场馆的建设。同时，气膜场馆的搭建简易便利，对建造环境的要求较低，能够更加广泛地开发较难进行商业化利用和改造的闲置土地。

3. 国内主要气膜厂商

目前，国内的知名气膜建筑厂商主要有北京约顿气膜建筑技术股份有限公司、北京法利膜结构技术有限公司、中成空间（深圳）智能技术有限公司、深圳市博德维环境技术股份有限公司、北京艾尔豪斯膜式技术有限公司等。截至 2019 年 6 月，这些厂商的现存气膜建筑项目数量占全国项目总数的 88%，行业集中度较高（见图 6）。从市场份额来看，作为气膜建筑技术的领头羊，北京约顿气膜建筑技术股份有限公司的项目数量最多，保持着领先优势，共有 166 个，占项目总数的 33%，竞争优势较为明显。

二　气膜场馆发展的机遇

气膜作为充气膜结构的重要类型之一，近年来在中国得到快速发展。据不完全统计，仅 2017 年、2018 年两年间，在中国就建造了 300 余座气膜建筑。气膜项目的工程实践和技术创新带动了中国气膜行业的发展。

---

① 《国务院关于加快发展体育产业促进体育消费的若干意见》，中国政府网，2014 年 10 月 20 日，http：//www. gov. cn/zhengce/content/2014 – 10/20/content_ 9152. htm。

② 《全国体育场地统计调查数据》，国家体育总局网站，2020 年 1 月 23 日，http：//www. sport. gov. cn/n315/n9041/n9042/n9143/n9162/c941782/content. html。

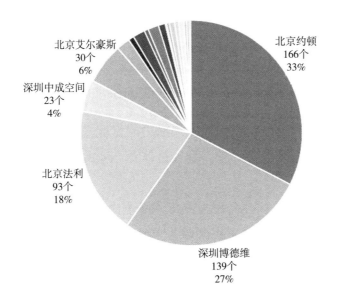

北京艾尔豪斯
30个
6%

深圳中成空间
23个
4%

北京约顿
166个
33%

北京法利
93个
18%

深圳博德维
139个
27%

图6 国内主要气膜厂商气膜建筑项目占比情况（截至2019年6月30日）

资料来源：根据行业公开数据整理。

近两年，随着全民健身运动的普及和民众对文化娱乐的需求增加，再加上环境保护的要求，气膜有了更多的"用武之地"，在体育场馆、料场封闭、文化娱乐场所等项目中得到了大量的应用。为满足功能需求，气膜的跨度、单体规模也愈来愈大，这对气膜结构技术提出了新要求。

近年来，中国全民健身事业蓬勃发展，体育场馆建设保持高速增长。但群众健身体育设施的服务半径和设施种类与群众需求之间仍然存在一定差距。例如，相对于一般的健身场馆，体育综合体占地面积大，涵盖业态多，不论是前期建设还是后期运营维护，都需要较大的资金投入且回报周期较长。

面对永久性建筑场馆建设周期长、成本高的现状，投资者越来越希望能够出现一种新型体育设施，同时满足造价经济、使用灵活方便和体育使用功能。而气膜建筑是一种综合了多领域学科的集成产品，

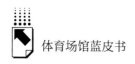

从市场的快速发展和蕴藏的无限潜力看，从业企业纷纷意识到研发创新的必要性，以适应市场需求的变化。

（一）国家相关政策对行业发展的推动

体育行业目前是中国最具发展潜力的行业之一。自 2010 年以来，国家出台了一系列政策，扶持和促进体育产业的发展，气膜行业发展也受益于政策面。

2010 年，国务院办公厅发布《关于加快发展体育产业的指导意见》[①]，确立体育产业在国民经济发展中的重要地位，从宏观角度为体育产业发展指明方向。

2014 年 10 月，国务院印发《关于加快发展体育产业促进体育消费的若干意见》（以下简称"46 号文件"），提出："营造重视体育、支持体育、参与体育的社会氛围，将全民健身上升为国家战略"，"各地要将体育设施用地纳入城乡规划、土地利用总体规划和年度用地计划，合理安排用地需求"，丰富市场供给；到 2025 年，体育产业总规模超过 5 万亿元，人均体育场地面积达到 2 平方米，经常参加体育锻炼的人数达到 5 亿，在城市社区建设 15 分钟健身圈。[②] 为实现这些目标，为全民健身提供更多、形式多样的创新型运动场馆成为重要任务之一。与传统体育场馆相比，由于气膜场馆拥有空间利用率高、搭建简易便利、适用性强等优势，体育气膜场馆在政策面迎来重大发展机遇。

2015 年 3 月，国家出台了《中国足球改革发展总体方案》[③]，这

---

① 《国务院办公厅关于加快发展体育产业的指导意见》，中国政府网，2010 年 3 月 24 日，http：//www. gov. cn/zwgk/2010－03/24/content_ 1563447. htm。

② 《国务院关于加快发展体育产业促进体育消费的若干意见》，中国政府网，2014 年 10 月 20 日，http：//www. gov. cn/zhengce/content/2014－10/20/content_ 9152. htm。

③ 《中国足球改革发展总体方案》，中国政府网，2015 年 3 月 16 日，http：//www. gov. cn/zhengce/content/2015－03/16/content_ 9537. htm。

不仅是中国足球改革与发展的纲领性文件，也是中国体育史上一个里程碑。各类型的足球场馆成为下一阶段足球改革和足球产业进一步发展的刚需，而气膜类的足球场地在未来也将成为实现足球人口增加的载体之一。

2015 年 11 月，国务院发布的《关于加快发展生活性服务业促进消费结构升级的指导意见》提出："重点培育健身休闲、竞赛表演、场馆服务、中介培训等体育服务业"，打造一批国际性、区域性品牌赛事。① 体育行业的利好政策出台，推动更多社会资本进入体育产业领域，建设体育设施、开发体育产品、提供体育服务，促进整体行业进一步健康发展。

2016 年 10 月，中共中央、国务院印发《"健康中国 2030"规划纲要》，提出"健康优先"，"把健康摆在优先发展的战略地位，立足国情，将促进健康的理念融入公共政策制定实施的全过程，加快形成有利于健康的生活方式、生态环境和经济社会发展模式，实现健康与经济社会良性协调发展"。② 2016 年 11 月《冰雪运动发展规划（2016—2025 年）》及《全国冰雪场地设施建设规划（2016—2022年）》先后发布。中国大部分地区不具备开展室外冰雪运动的条件，需要建设足够数量的室内滑雪场和溜冰场来满足冰雪运动的需求。为实现"3 亿人参与冰雪运动"的目标，计划到 2025 年，冰雪产业总规模达到 1 万亿元，全国中小学校冰雪运动特色学校达到 5000 所。③膜结构体育场馆建设周期短、建设方便，将成为中国冰雪体育场馆建设的重要组成部分。

---

① 《国务院办公厅关于加快发展生活性服务业促进消费结构升级的指导意见》，中国政府网，2015 年 11 月 22 日，http：//www. gov. cn/zhengce/content/2015 – 11/22/content_ 10336. htm。

② 《中共中央、国务院印发〈"健康中国 2030"规划纲要〉》，中国政府网，2016 年 10 月 25日，http：//www. gov. cn/xinwen/2016 – 10/25/content_ 5124174. htm。

③ 《关于印发〈全国冰雪场地设施建设规划（2016—2022 年）〉的通知》，中国政府网，2016年 11 月 25 日，http：//www. gov. cn/xinwen/2016 – 11/25/content_ 5137611. htm。

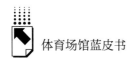
2016 年 12 月 19 日,《中共中央、国务院关于推进防灾减灾救灾体制机制改革的意见》提出:"充分利用公园、广场、学校等公共服务设施,因地制宜建设、改造和提升成应急避难场所,增加避难场所数量,为受灾群众提供就近就便的安置服务。"① 气膜建筑重量轻、抗震性能良好,建筑物的综合使用效益较高,适合作为应急避难场所。

以上政策的出台为体育产业发展提供了越来越多的政策助力,体育产业迎来井喷式发展,体育场馆建设规模也迅速扩大,但与中国人口总数相比,仍然存在场地数量较少、场馆开放率不高等问题。而气膜建筑这样的创新型建筑形式,可以解决城市用地紧张、地价贵、城市规划上的困难等问题,已逐渐成为建筑领域的新宠。

在这样的背景下,出台了更有力度的政策文件。2019 年 9 月,国务院办公厅发布了《关于促进全民健身和体育消费推动体育产业高质量发展的意见》(以下简称"43 号文件")。"43 号文件"立足全局规划体育产业,将体育产业的发展置于培育国民经济支柱性产业的战略高度、体育锻炼引领生活方式变革的时代深度、助力"一带一路"建设的全球广度。

"43 号文件"的出台,可以说是对"46 号文件"发展体育产业指导意见的具体落实。"43 号文件"突出供给侧结构性改革的主线,更多从供给潜能的释放、供给与需求的互动角度提出政策措施。其中重点指出,建设场地设施是为了增加硬件的供给,加强平台支持是为了壮大体育产业发展主体的供给,改善产业结构的着眼点是体育产品供给的丰富,强化示范引领的落脚点是打造更多提供体育产品供给的载体。②

---

① 《中共中央、国务院关于推进防灾减灾救灾体制机制改革的意见》,中国政府网,2017 年 1 月 10 日,http://www.gov.cn/zhengce/2017－01/10/content_ 5158595. htm。
② 《国务院办公厅关于促进全民健身和体育消费推动体育产业高质量发展的意见》,中国政府网,2019 年 9 月 17 日,http://www.gov.cn/zhengce/content/2019－09/17/content_ 5430555. htm。

从政策面、基本盘、市场需求和现实状况来看，体育场馆设施的建设已成为刚需，如何在建设、运营、资金等方面做好资源匹配，形成有效率的模式将成为重要的课题。

（二）地方相关政策法规对行业发展的助力

随着气膜建筑技术的推广，越来越多的人认识并接受了这一新型结构，各地政府也纷纷出台了支持气膜建筑发展的政策。

2017 年 5 月，江苏省发布《省政府办公厅关于加快发展健身休闲产业的实施意见》，提出："着力加强健身休闲设施建设"，"完善健身休闲场地设施……优化城市社区'10 分钟体育健身圈'服务功能，重点建设一批便民利民的健身休闲场地设施。支持各类球场、冰雪运动场地、健身步道、登山步道、沿河沿湖健身带、健身器械场地、健身房（馆）和全民健身中心建设，推广拆装式游泳池、笼式足球场、三人制篮球场、气膜体育馆等新型场地设施。支持对企业厂房、商业设施等可利用的社会资源和郊野公园、城市公园、公园绿地及城市内外环沿线、高速公路及国道省道服务区、建筑物屋顶、地下室等区域进行整合和改造，开展健身休闲服务"。[①]

2017 年 9 月《福建省人民政府办公厅关于加快发展健身休闲产业的实施意见》发布，明确提出："鼓励发展气膜式、可拆装式、组合式等新型健身休闲设施。鼓励社会资本建设小型多样的健身休闲设施，利用城市旧厂房、仓库、老旧商业设施、农村荒地等闲置资源改建健身休闲设施。"[②]

---

① 《省政府办公厅关于加快发展健身休闲产业的实施意见》，江苏省人民政府网站，2017 年 6 月 14 日，http://www.js.gov.cn/art/2017/6/14/art_ 46486_ 2557453.html。

② 《福建省人民政府办公厅关于加快发展健身休闲产业的实施意见》，福建省人民政府网站，2017 年 10 月 17 日，http://www.fujian.gov.cn/zc/zxwj/szfbgtwj/201710/t20171017_ 1183880.htm。

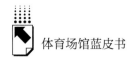

2017 年 7 月《河北省人民政府办公厅关于支持冰雪运动和冰雪产业发展的实施意见》发布，指出："加快建设冰雪场地设施……鼓励各地建设气膜结构和装配式冰雪场馆。各地要依托气候、地貌和生态等自然资源因地制宜建设滑雪场地。鼓励现有滑雪场完善场地配套服务设施，支持有条件的滑雪场进行改扩建增容，建设国际一流的滑雪场地，提升服务水平。"①

2018 年 1 月 15 日《广西壮族自治区人民政府办公厅关于加快发展健身休闲产业的实施意见》发布，提出："加强特色健身休闲设施建设。结合智慧城市、绿色出行，加强城市休闲公园、步道系统、自行车路网、环城市游憩带、特色健身休闲村镇建设，营造居民健身休闲空间。鼓励和引导体育运动训练基地、旅游景区、旅游度假区、乡村旅游区、森林公园、郊野公园等根据自身特点，以运动乐园、冰雪乐园、山地户外营地、汽车自驾车营地、徒步骑行服务站、航空飞行营地、船艇码头等设施为重点，建设特色健身休闲设施。加强体育场地建设新技术、新工艺、新材料研发应用，鼓励发展气膜体育馆、拆装式游泳池、组合式体育设施等新型体育设施。"②

2018 年 6 月发布的《石家庄市人民政府办公厅关于创新冰雪运动发展体制机制的实施意见》中提出："增加冰雪运动场地设施供给。加大冰雪运动场地设施建设，打造智慧型冰雪运动场地设施……充分利用国内外新技术，推广气膜冰雪场馆建设。"③

① 《河北省人民政府办公厅关于支持冰雪运动和冰雪产业发展的实施意见》，河北省人民政府网站，2017 年 7 月 23 日，http：//info. hebei. gov. cn//eportal/ui？pageId＝6809997&articleKey＝6814002&columnId＝6810239。

② 《广西壮族自治区人民政府办公厅关于加快发展健身休闲产业的实施意见》，广西壮族自治区人民政府门户网站，2018 年 1 月 15 日，http：//www. gxzf. gov. cn/zwgk/zfwj/20180208－679923. shtml。

③ 《石家庄市人民政府办公厅关于创新冰雪运动发展体制机制的实施意见》，石家庄市人民政府网站，2018 年 6 月 15 日，http：//www. sjz. gov. cn/col/1516346198323/2018/06/21/1529568042751. html。

（三）经济环境变化对行业发展的推动

体育产业的发展需要强大的经济支撑。在经济社会发展的强有力推动下，体育产业驶入了快车道，在国民经济中的地位不断提高。根据国家体育总局和国家统计局联合发布的体育产业相关数据，2018年，全国体育产业、总规模（总产出）为 26579 亿元，增加值为10078 亿元；体育产业增加值占国内生产总值的比重，从 2014 年的0.64% 上升到 2018 年的 1.1%。[①] 体育产业已经成为中国经济新的增长点。其中，体育用品制造业（体育气膜场馆及营造业属于体育用品制造业范畴）的总规模和增加值都呈现良好增势。体育用品制造业 2014 年的增加值为 2547 亿元，2018 年已达到 3399 亿元[②]。

2019 年，中国人均 GDP 已经超过 1 万美元[③]。中国城镇居民的人均消费水平提高，消费需求也逐渐升级，体育消费成为一种时尚，体育消费支出不断增加。居民消费水平的稳步提高将带动整个体育产业的快速发展。根据国家相关政策目标，到 2020 年，经常参加体育锻炼的人数要达到 4.35 亿人[④]；国内体育消费总规模达到 1.5 万亿元，人均体育消费支出占消费总支出的比重显著上升，体育消费结构更为合理[⑤]。届时，体育消费产品和服务供给将更加丰富，体育消费环境也更加优化。全民健身是体育消费的重点，一方面，人们参与健

---

① 《2018 年全国体育产业总规模和增加值数据公告》，国家统计局网站，2020 年 1 月 20 日，http：//www. stats. gov. cn/tjsj/zxfb/202001/t20200120_ 1724122. html。

② 《2018 年全国体育产业总规模和增加值数据公告》，国家统计局网站，2020 年 1 月 20 日，http：//www. stats. gov. cn/tjsj/zxfb/202001/t20200120_ 1724122. html。

③ 《2019 年我国 GDP 近百万亿元，增长 6.1%》，中国政府网，2020 年 1 月 18 日，http：//www. gov. cn/shuju/2020－01/18/content_ 5470531. htm。

④ 《体育发展"十三五"规划》，国家发展和改革委员会网站，2017 年 8 月 10 日，https：//www. ndrc. gov. cn/fggz/fzzlgh/gjjzxgh/201708/t20170810_ 1196892. html。

⑤ 《关于印发〈进一步促进体育消费的行动计划（2019—2020 年）〉的通知》，中国政府网，2019 年 1 月 16 日，http：//www. gov. cn/xinwen/2019－01/16/content_ 5358218. htm。

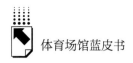

身休闲活动的热情高涨；另一方面，健身行业也在不断探索新的商业模式，满足消费者的多元需求。

综上分析，从大经济环境到细分市场，从产业发展趋势到消费者行为，体育气膜场馆将在促进全民健身运动的普及和全民健身文化的形成方面发挥越来越重要的作用。

（四）社会文化环境分析

其一，体育气膜场馆的防霾、净化空气的解决方案，契合了现代人健康、低碳、环保、绿色的运动和生活理念。随着社会的进步、经济的高速发展、闲暇时间的充裕、受教育程度的提高、电视网络等媒体的发展，人们的生活方式、消费结构和生活价值观发生了很大改变，低碳、健康的生活方式成为当今社会的主流。社会群体与社会环境影响人们参与体育活动的结构和热情，进而影响体育产业的发展。

其二，随着全民健身政策的出台和引导，民众的强身健体意识不断增强，客观上需要更多的气膜场馆等创新型体育场馆，以满足大众健身的场地需求。同时，大众健身的消费习惯和健身文化理念逐年成熟，进一步带动和促进了体育产业上、中、下游的繁荣。体育气膜场馆在推广科学健身、开发健身产品、提供运动指导服务、延长公共体育场馆开放时间等措施的落地方面发挥了先导和载体的作用。

其三，随着2022年北京冬奥会日益临近，中国群众性冰雪活动加快发展。围绕带动"3亿人参与冰雪运动"的目标①，以"南展西扩东进"和"冰雪运动向四季拓展"战略为支撑，冰雪文化大力普及、赛事活动广泛开展、科学指导经常实施、协会组织有效建立，形成了全国统筹联动、各界协同推进的蓬勃发展态势。同时，由于缺乏

---

① 《关于印发〈全国冰雪场地设施建设规划（2016—2022年）〉的通知》，中国政府网，2016年11月25日，http://www.gov.cn/xinwen/2016－11/25/content_5137611.htm。

冰雪场地设施，群众"去哪儿进行冰雪运动健身"的社会需求矛盾突出，已成为影响和制约冰雪运动普及推广的重要因素。加强冰雪公共体育服务设施建设，为更多群众就近、就便上冰上雪提供机会，提高冰雪运动普及水平。可喜的是，在多个大力发展大众冰雪运动的省份，气膜类冰雪场馆已经成为体育部门推广大众冰雪运动的第一批试点场馆。

其四，自2019年以来，"健康中国"战略掀起了全民健身热潮，未来将释放数以千亿元计的体育市场需求。体育气膜场馆一方面助力国家打造集多种形式为一体的综合性全民健身交流平台，另一方面在此背景下实现自身的快速发展。

（五）场地建设与城市发展相配套

体育场馆是为了满足运动训练、运动竞赛及大众体育消费需要而专门修建的各类运动场所的总称。体育场馆主要包括向社会公众开放并提供各类服务的体育场、体育馆、游泳馆，体育教学训练所需的田径棚、风雨操场、运动场及其他各类室内外场地。体育场馆作为准公共物品，具有社会公益性和市场经营性双重属性。一方面，体育场馆主要是国家利用公共土地资源、花费财政收入建设的，有义务让每位市民享受和使用公共体育设施；另一方面，体育场馆作为城市服务资源，在走向社会化的进程中，相应地要求市场在资源配置中发挥决定性作用。

随着全民健身事业的发展，人们体育消费观念的增强，健身运动逐渐成为人们的生活方式，修建体育场馆也成为健全城市公共体育服务体系的重要内容。但由于城市用地紧张、地价高、城市规划要求等原因，体育场馆往往修建在郊区，不便于群众健身。近年来，体育场地建设进入科技化、标准化与国际化发展时期，新技术、新材料、新工艺进入体育场馆建设领域。在考虑多功能性的同时，体

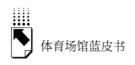

育场馆建设注重标准化、节能、环保及人文设计，积极与城市发展相配套，采取市场化运作模式，使现代体育建筑兼具公益性和经营性。在当前的环境下，气膜场馆为体育场馆的建设带来新的方向。

三 气膜馆发展面临的问题

（一）认知不足

根据第六次全国体育场地普查数据，截至 2013 年 12 月，全国体育场地总数量已达 169.46 万个。[①] 而根据《中国体育气膜行业白皮书》统计，截至 2015 年，全国体育气膜场馆数量仅为 133 个。同普通体育场馆相比，体育气膜场馆的数量占全国体育场馆总数的比重不足万分之一[②]。

事实上，这样不充分、不均衡的发展现状，气膜的认知度不高是重要的因素之一。气膜属于新兴行业、新兴事物，进入国内市场的时间也比较短，还需要一定的市场认知过程。目前气膜行业的推广力度及方式均比较受局限，在主流的电视媒体、体育媒体、财经媒体等平台的推广寥寥无几，宣传带动效果有限。

（二）行业标准亟待完善

气膜行业属于快速增长的新兴行业，涉及建筑学、结构力学、新材料学、机电一体化、自动控制等学科的知识整合。与一般膜结构相比，气膜在材料选用、建筑与结构设计、施工安装、使用维护等方面都有特殊性，需要专门的知识和技术。因此，对技术研发人员的素质

---

① 《第六次全国体育场地普查数据公报》，国家体育总局网站，2014 年 12 月 26 日，http：//www. sport. gov. cn/n16/n1077/n1467/n3895927/n4119307/7153937. html。

② 中国体育用品业联合会：《中国体育气膜行业白皮书》，2016。

要求较高，既要有专业知识，还要有实践经验。

目前，国内标准和规范还不完善，制约了气膜行业的健康发展。与此同时，该行业基本还处于无直接主管部门、监管政策不明朗阶段。不过，随着行业发展逐渐成熟，已经有行业组织和社会力量在推动制定行业标准和规范。

一方面，作为气膜行业的自律监管组织，中国钢结构协会空间结构分会一直履行着行业自律监管的责任。近几年，发起同行先后进行了《膜结构技术规程》的修订、《膜结构施工验收技术规程》和《气承式膜结构设计与施工指南》的编制工作。另一方面，北京约顿气膜建筑技术股份有限公司等气膜行业的领军企业积极呼吁行业主管部门进行气膜标准的编制，参与并推进了国家体育总局《空气支承膜结构体育场所技术要求》的编制。未来，随着相关行业标准的出台和不断完善，将有助于气膜乃至膜结构产业规范化，推动行业健康发展。

（三）行业发展参差不齐，存在一定的安全隐患

气膜建筑技术属于集成技术，行业壁垒比较低，产品安全性、舒适度和体验差异较大，一些企业不具备项目经验和核心技术力量，整个行业不可避免地会出现一些问题。例如，有些不具备气膜设计和施工能力的"小作坊"企业，将普通塑料结构进行黏合，然后使用大功率充气设备找到一个平衡点，很容易就立起来一个气膜馆，但根本无法保证其长久、安全地使用。

（四）气膜类产品自身的特殊性

因气膜类产品自身的特殊性，在应用方面存在限制。一是商业开发的限制。气膜场馆只能建一层，这是它在应用端最大的劣势。气膜场馆的商业设施和配套不如传统场馆的配套形式丰富，所以从长期运营的角度看，气膜场馆的拿地策略最好是绿化用地或者闲置的用地，

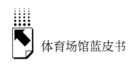

这样运营成本能够摊薄得比较低。二是不太适合建设成能够举办大型赛事的场馆。气膜类产品本身还有一个特点，即气膜馆对内部的空气压强要求比外部高。因此，进入气膜馆有两道门，要先把外面的门打开，进去后把外面的门关上，再把里面的门打开，才能够进入场馆内部，类似于"太空舱"，这就导致了单位时间进出气膜馆的人数和流量都有一定的限制。

四　气膜馆的未来发展对策及展望

（一）对策

1. 首要任务是尽快确立行业标准

作为新兴行业，气膜建筑暂无规范化的国家标准，行业门槛过低，行业标准的缺乏严重制约着气膜行业的健康发展。目前，气膜行业真正掌握核心技术和具有丰富的项目经验的企业并不多。由于没有统一的标准和监管，在缺乏制度约束、规范和引导的情况下，一些新进入行业、没有核心技术的气膜公司为节约成本，不顾产品质量，在建设过程中以次充好，给消费者留下了不好的体验，对客户、行业造成不良的影响和后果，破坏气膜行业形象，影响行业发展。

因此，需要相关部门尽快制定行业标准，严格按照行业标准进行验收，维护气膜行业的高品质和安全性。一般来说，行业规范的制定是由行业协会牵头，政府部门、专家学者、企业、消费者共同参与完成。除了中国钢结构协会空间结构分会积极推进标准化工作之外，随着充气膜行业的发展和需求，还应专门针对气膜建筑制定国家标准或行业标准，准则、符号术语、设计规定、材料选用、链接构造、制作安装、工程验收、维护保养等内容都应纳入其中。

2. 进一步加大技术研发投入

由于政策利好，气膜行业得到了高速的发展，但气膜进入国内的时间较短，掌握核心技术的企业寥寥无几。而欧美气膜市场起步较早，行业经验更丰富，掌握着行业的核心技术。

经过 10 余年的发展，国内企业正在逐步掌握核心技术，但国产膜材亟须研发创新，不断下探的成本也应引起国内企业的重视。2015 年，约顿气膜的"一种气膜建筑控制系统"（专利号：ZL 2011 1 0237683.9）取得了发明专利，这是中国第一个气膜建筑核心技术发明专利。这是中国气膜行业技术领域的重大突破，也意味着国内气膜行业的优秀厂商已经真正掌握了气膜核心技术的知识产权。除体育运动领域之外，随着气膜在工业、农业、物流、仓储、高原领域的不断尝试，掌握核心技术才是企业在激烈的市场竞争中取胜的保障。不断加大在产品技术研发上的投入，提高创新能力，在更多领域应用产品，才能推动气膜行业的全面发展。

3. 尽早引入政府监管机制

目前国内气膜行业暂时未被纳入政府部门管辖范围，而是由中国钢结构协会空间结构分会进行自律监管。但协会自律监管存在局限性和非强制性，部分企业会刻意避开监管。引入政府监管是保证气膜行业标准得到实施的重要举措。此外，引入政府监管以后，气膜建筑前期的立项审批等问题都将迎刃而解。

4. 加大推广力度，打造品牌

品牌在渠道里若没有溢价能力是无法实现可持续发展的。因此，当下应加大气膜建筑甚至是整个气膜行业的推广力度，增加推广手段，除了展会和自媒体，也要利用主流的电视媒体、体育媒体、财经媒体等平台。针对行业集中度高的情况，打造行业标杆品牌，通过品牌效应带动消费者认识气膜馆、走进气膜馆，通过举办赛事等方式，让更多人了解和认可这种建筑形式。同时，将气膜体育场馆推广到全

民健身领域，推动政府和相关部门采用气膜建筑作为民生工程，突破气膜发展瓶颈。

（二）展望

第一，国家积极发展体育产业，还将不断释放新的利好政策。例如，《2018年政府工作报告》就强调，"多渠道增加全民健身场所和设施"[①]；《体育强国建设纲要》提出，要积极推广多功能、季节性、可移动、可拆卸、绿色环保的健身设施[②]。气膜场馆这一造价低、可拆可移动、运营维护费用低、不受土地限制、环保防霾的新型体育场馆正逐步进入社区、学校和公园，市场前景广阔。

第二，2022年北京冬奥会的举办为气膜建筑创造了新一轮发展契机。2019年3月，中共中央办公厅、国务院办公厅印发了《关于以2022年北京冬奥会为契机大力发展冰雪运动的意见》，在主要任务中，要求大力普及群众性冰雪运动，建设群众冰雪设施。支持各地结合自然环境、气候条件、社会需求等因素，加强公共滑冰馆、室外滑冰场、滑雪场、综合性冰雪运动中心等场地场所建设，并配建无障碍设施。[③] 实现"3亿人参与冰雪运动"的目标，场地设施是群众性冰雪运动广泛开展的关键。2019年下半年，国家体育总局冬季运动管理中心提出"中央财政建设、地方提供场地、配备体育指导"的方式，试点建设气膜冰场、仿真冰场、城市越野滑雪道、可拆装滑冰场和体育场铺雪浇冰，以期真正为更多群众提供滑冰滑雪机会，发掘、

---

① 李克强：《2018年政府工作报告——2018年3月5日在第十三届全国人民代表大会第一次会议上》，中国政府网，http：//www. gov. cn/guowuyuan/2018zfgzbg. htm。
② 《体育强国建设纲要》，中国政府网，2019年9月2日，http：//www. gov. cn/zhengce/content/2019 – 09/02/content_ 5426485. htm。
③ 《中共中央办公厅、国务院办公厅印发〈关于以2022年北京冬奥会为契机大力发展冰雪运动的意见〉》，中国政府网，2019年3月31日，http：//www. gov. cn/zhengce/2019 – 03/31/content_ 5378541. htm。

培养冰雪运动后备人才，助力北京 2022 年冬奥会。

第三，体育气膜场馆还有进一步扩容的空间。体育气膜场馆将是中国体育场馆实现巨大增量的载体之一。过去几年，气膜场馆发展迅猛，成为一种新兴趋势，这与中国体育产业发展密切相关。国民健康意识提高，但场馆供给不足，客观上就迫切需要灵活机动、"船小好调头"的中小型全民健身场馆来填补空白，气膜场馆的创新性恰好可以填补这一空白。

第四，未来，气膜行业的自我创新能力将进一步提高。创新是任何细分市场和企业的生命力所在，也是体育产业发展一直坚持和传承的理念。高站位、高品质地营建全民健身设施，将企业新研发的大量创新型设施产品投向市场，同时在服务手段、工作理念方面不断加大创新力度。体育产业和全民健身事业的不断成熟和相关措施的落地推动企业积极创新，鼓励企业不断推出新产品、新技术和新的运动方式等，进而提高中国气膜行业的国际竞争力和自我创新能力。

参考文献

薛素铎编著《充气膜结构设计与施工技术指南》，中国建筑工业出版社，2019。

中国体育用品业联合会：《中国体育气膜行业白皮书》，2016。

B.8
智慧场馆：体育场馆发展的新趋势

杜　炤*

摘　要： 近年来，尽管全球的体育产业在持续增长，到体育场馆现场观看比赛的人数却在持续下降。这种情况使体育场馆的经营和体育赛事的组织面临着严峻的挑战，同时推动体育场馆的所有者和经营者应用现代信息技术为观众提供独特、高质量的现场观赛体验，以便吸引观众到体育场馆观看比赛、在体育场馆内停留更久和进行更多的消费，从而提高体育场馆经营者和体育赛事组织者的收益。本文总结了智慧场馆的概念和要素，从利益相关者和技术架构两个维度对智慧场馆进行剖析，并介绍了利维体育场、金色1号中心和托特纳姆热刺体育场三个大型智慧场馆的智能化情况。

关键词： 智慧场馆　观赛体验　利益相关者

一　智慧场馆的产生与发展

体育场馆不仅是体育活动的主要载体，而且是体育赛事的核心载

---

* 杜炤，管理学博士，北京体育大学网络信息中心信息化总工程师，体育工程学院副教授，体育商学院硕士生导师，研究方向为信息系统、大数据和智慧场馆相关的教学与研究工作。

体，在整个体育产业中起到了承上启下的作用。体育传媒中的赛事转播、广告宣传以及体育彩票的销售等都与体育场馆密不可分。在体育场馆内观看比赛，与喜爱的球队在一起，享受历史性的时刻、欢呼雀跃、泪流满面等体验对于观众（特别是体育迷、球迷）来说是独特和无可替代的。然而，在传统的体育场馆进行现场观赛，对观众来说不仅花费大，而且还存在往返交通拥堵、场馆周边停车困难、卫生间和零售店排长队、比赛中购买食品和饮料会错过比赛的精彩瞬间等诸多不便之处，这些问题使现场观赛的体验不尽如人意，观众到体育场馆观赛的意愿逐年降低。同时，随着高清大屏电视的普及和体育赛事直播技术的成熟，家庭观赛体验更加舒适、便捷，越来越多的人选择在家观看体育比赛。

德勤的一份研究报告指出，尽管全球体育产业在近年来经历了快速增长，到体育场馆观看体育比赛的人数却在持续下降。在美国四大联盟中，仅有美国职业篮球联赛（National Basketball Association，NBA）的上座率保持增长，美国职业橄榄球大联盟（National Football League，NFL）和美国职棒大联盟（Major League Baseball，MLB）比赛的上座率甚至低于 2007 年的水平，美国国家冰球联盟（National Hockey League，NHL）比赛的上座率也在 2012－13 赛季出现了显著下降。欧洲也有类似的情况，英超和德甲的上座率的增长一直停滞不前。有问卷调查表明，美国 70% 的体育迷更喜欢在家观看比赛。①

在这样的情况下，体育场馆的所有者和经营者利用虚拟现实等技术手段、互动座椅和大型屏幕等设施丰富观赛体验的内容，提高服务能力和运营水平，通过为观看体育比赛的观众创造家庭观赛环境中所不具备

---

① "Sports Tech Innovation in the Start-up Nation," Deloitte, March 2017, https：//www2. deloitte. com/content/dam/Deloitte/il/Documents/technology－media－telecommunications/sport_ tech_ report090317. pdf, accessed September 14, 2019.

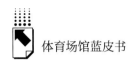

的超预期、独特和沉浸式的高质量现场观赛环境来获取竞争优势，以吸引观众到体育场馆观赛、在体育场馆内停留更久和进行更多的消费，提高体育场馆经营者和体育赛事组织者的收益。[①]

此外，随着互联网、5G、物联网、移动计算、云计算、大数据、虚拟现实和增强现实等现代信息技术的发展与应用的成熟，以及体育产业在近年来的跨越式飞速发展，体育场馆在现代城市中的作用不再只是单一的举办体育赛事，而是逐渐发展为城市中的地标性多功能综合公共空间。因此，智慧场馆作为智慧城市的重要元素受到了各方越来越多的关注。

体育场馆的所有者和经营者、体育赛事的组织者、为智慧场馆提供解决方案和软硬件设备的企业以及政府主管部门等不同的利益相关者从各自的角度定义和描绘了智慧场馆。虽然在这些认识中存在很多共同或者相通之处，但无论是业界还是学界均未对智慧场馆的概念和特征形成共识。下文将首先对智慧场馆的概念和要素进行总结，然后从利益相关者和技术架构两个维度对智慧场馆进行剖析，最后以利维体育场、金色 1 号中心和托特纳姆热刺体育场为例来解读智慧场馆的经典和最新实践。

二　智慧场馆的概念

关于智慧场馆的概念，不同的群体从各自的视角有不同的解读。从体育赛事观众的视角来看，智慧场馆可以提供超预期、独特和沉浸式的高质量现场观赛体验，包括便捷的无线网络接入、随手可得

---

① S. A. Alhadad, O. G. Abood, "Enhancing Smart Sport Management based on Information Technology," *IOSR Journal of Sports and Physical Education*, 2018, Vol. 5, No. 5, pp. 19–26; "Populous Designs the Gaming House of the Future," Populous, November 1, 2018, https://populous.com/populous–designs–the–gaming–house–of–the–future, accessed September 17, 2019.

的丰富信息、便捷的线上线下服务等。从体育场馆经营者和体育赛事组织者的视角来看，智慧场馆不仅可以吸引更多的观众到体育场馆观赛，增加比赛门票、食品饮料和特许商品销售的直接收入，并获得更多来自赞助商的间接收入；而且能够降低场馆的运营成本、提高场馆的安全保障能力、提高场馆的运营管理水平。从职业运动队和俱乐部的视角来看，智慧场馆能够提供优质的比赛环境以及与球迷全方位、近距离接触和互动的机会，这有助于增强运动队和俱乐部与球迷之间的联系，提高其长期商业价值。从智慧场馆的解决方案和软硬件供应商的视角来看，智慧场馆既提出了新的技术要求，也提供了新的市场空间和商业机会。从政府的城市管理和体育管理部门的视角来看，智慧场馆是智慧城市的重要元素，也是城市的地标性多功能综合公共空间。

那么，究竟什么是智慧场馆呢？智慧场馆以体育赛事的观众为中心，利用互联网、物联网、云计算、大数据、虚拟现实、增强现实和5G等现代信息技术，实现体育场馆的设施、服务和运营管理的智慧化，为体育赛事的观众创造独特、高质量、沉浸式的现场观赛环境，从而提高体育场馆经营者和体育赛事组织者的收益。让观众获得良好的观赛体验是智慧场馆的最终目的，吸引观众到体育场馆中观看比赛和参加与比赛相关的各种活动，以提高体育场馆经营者和体育赛事组织者的收益是智慧场馆的核心目标。

对于体育场馆的运营者和赛事组织者而言，首先，智慧场馆能够吸引更多观众到体育场馆观看体育比赛，从而增加门票和商品销售收入；其次，智慧场馆的经营者还可以通过数据分析增加对观众的了解和预测观众的行为（如在半场之后会购买热狗），根据消费者购买商品或者服务的历史记录为其提供奖励或推荐新的商品和服务，以提高观众的留存率和长期消费；再次，场馆知名度的提高可以进一步带动场馆和赛事赞助收入的增加；最后，智

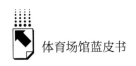

慧场馆通过智能化和高效的运营提高场馆运营的水平和降低场馆运营的成本。①

三 智慧场馆的要素

智慧场馆的要素包括智慧化的场馆设施，丰富、便利、个性化的场馆服务，以及高效、安全的场馆运营。

（一）智慧化的场馆设施

智慧化的场馆设施是智慧场馆有别于传统体育场馆的基础要素，硬件设备包括网络设备、物联设备、图像采集设备、高清大屏、巨幅 LED 显示屏、数据中心设备等；软件系统包括移动应用程序、IPTV 系统、场馆监控系统以及各种后台管理和服务系统等。

对体育比赛的观众来说，智慧化的场馆设施不只是单纯的功能性场馆设施，而且是具备静态信息可查询、动态信息可获得、设施选择智能化、设施使用电子化和使用情况数据化等能力的设施。相比单纯的功能性场馆设施，智慧化的场馆设施一方面能够减少观众在设施使用过程中遇到的不确定性和耗费的时间成本，另一方面也可以使场馆经营者及时掌握设施的状态，以便及时维护，保证其处于良好状态。这两方面的改善都可以提高观众对场馆设施的总体满意度，从而改善观众总体的观赛体验。

（二）丰富、便利、个性化的场馆服务

智慧场馆通过移动应用程序和 IPTV 系统等向体育比赛的观众提

① P. Boutin, " Stadium Technology Turns the Game Around," Hewlett Packard Enterprise, 2017, https://www.hpe.com/us/en/insights/articles/stadium-technology-turns-the-game-around-1709.html, accessed September 15, 2019.

供信息查询、在线服务和数字化观赛等便利、丰富、个性化的场馆服务。这些服务是观众能够直接感受到的智慧场馆不同于传统体育场馆的关键要素之一，从时间和空间两个维度拓展了体育场馆所提供的观赛服务的内涵和外延。

智慧化的场馆服务可以为观众提供很多便利。体育比赛的观众可以使用智慧场馆提供的移动应用程序随时、随地、随需获取有关场馆和比赛的各种信息，包括场馆周边交通情况，场馆内的停车位、座位、卫生间、零售店、售货亭等服务设施，以及比赛、职业运动队或俱乐部和球员的各种静态与动态信息。在观众使用场馆内的各种服务设施方面，移动应用程序还可以为观众提供智能导航服务，缩短排队等候时间，快速找到座位和停车位等服务设施。观众可以在不离开座位的情况下订购并获得食品和饮料，以免错过比赛中的精彩瞬间；观众可以在比赛过程中随时订购特许经营商品，在方便的地点快速取货而无须长时间排队。此外，智慧场馆能够为场馆管理人员提供周边交通、场馆内停车、天气、特许商品库存等的情况，以便他们快速响应和满足观众的需求。

同时，基于移动应用程序采集的数据和基于这些数据建立的用户画像，体育场馆的经营者、体育赛事的组织者以及职业运动队和俱乐部可以及时了解观众的行为与偏好，有针对性地推送产品、服务、座位升级和各种优惠信息，让观众更多地选择来到体育场馆中观看比赛并进行消费。

独特、高质量和沉浸式的数字化观赛体验是智慧场馆有别于传统体育场馆的关键特征。智慧场馆内的巨幅 LED 显示屏和高清大屏从不同角度展示的比赛精彩瞬间和欢呼雀跃的观众，营造让人热血沸腾、激动人心的现场氛围。观众还可以利用移动应用程序随时随地观看比赛的多视角实时回放。此外，观众暂离座位时仍可通过智能手机、平板电脑和场馆内的智能小屋（Stadium Kiosk）观看比赛，并随

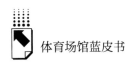
时获取球员的个人资料和统计数据以及查看比赛过程中球员与球队的精彩瞬间等。

（三）高效、安全的场馆运营

对于场馆运营者和赛事组织者来说，大型赛事举办过程中的安全保障和运营成本管理始终是难点。智慧场馆的运营监控系统可以帮助工作人员实时掌握场馆的运行情况，包括场馆内设施的运行状况、各区域的人流情况以及行为异常的球迷等，从而提高场馆安全保障和运营维护的能力与效率。

首先，在建筑管理和运营方面，通过统一的监控系统集中对场馆建筑各方面的运行情况进行管理，实现高效、经济的场馆运营。例如，在卫生间等场馆设施的维护方面，智能助理可以在使用量超过阈值或者设施出现损坏时提示场馆工作人员进行维护，保证场馆设施始终处于良好的运行状态。同时，基于长时间的数据积累，分析场馆中各种设施的使用情况和维护情况，掌握不同区域、不同类型、不同规格、不同品牌的设施的使用量和良好率，从而降低场馆设施的维护成本，实现场馆设施资源的最优化配置。

其次，在节约资源方面，通过智能控制系统，场馆工作人员可以监控场馆内的亮度、温度以及照明系统、空调系统的开启状况和运行状况，并根据天气情况和上座情况进行调整，降低场馆的能源消耗。在场馆内的水、电等资源的使用方面，智能算法的应用可以帮助工作人员及时发现异常的资源消耗并报警，以便及时处理。此外，智慧场馆内通常会安装太阳能板等清洁、绿色能源设备和水资源回收利用设备，为场馆运行提供相当一部分电力和水资源，减少水、电等资源的消耗。

最后，智慧场馆将变得更加安全。通过门禁系统和人脸识别技术可以更好地保证场馆内的敏感区域不出现非许可的进入；通过蓝牙信标可以掌握场馆内各区域的实时人流状况；通过监控摄像头可以监控场馆内人群的行为，并快速发现行为异常的球迷。①

四　智慧场馆的利益相关者

体育赛事的观众、体育爱好者、体育场馆的运营者、体育赛事组织者、职业运动队和俱乐部、智慧场馆的解决方案和软硬件供应商以及政府的城市管理和体育管理部门是智慧场馆的主要利益相关者，对参与智慧场馆的诉求和在智慧场馆发展中扮演的角色各不相同（见图 1）。

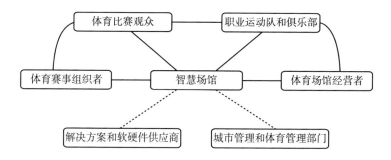

图 1　智慧场馆的利益相关者

资料来源：笔者绘制。

体育赛事的观众是智慧场馆的服务对象，他们对现场观赛体验的需求是智慧场馆发展的原动力。为了把观众从家庭环境重新吸引到体育场馆，智慧场馆利用现代信息技术重塑观看比赛的体验，改善交通、餐饮、特许商品销售等配套服务。

---

① "Smart Stadiums Take the Lead in Profitability, Fan Experience, and Security," Intel, https：//www. intel. com/content/dam/www/public/us/en/documents/solution-briefs/iot-smart-stadiums-brief. pdf, accessed August 19, 2019.

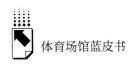

体育场馆的经营者负责智慧场馆的运营和管理，向体育赛事的观众和体育爱好者提供观看比赛的服务和交通、餐饮、购物等配套服务。作为智慧场馆建设的推动者、承担者和经营运行方，体育场馆的经营者希望通过对智慧场馆的投入来大幅度改善观众的观赛体验，吸引更多观众回到体育场馆观看比赛并进行更多的消费，从而增加经营收益；利用智慧化的手段实现场馆运营管理的精细化，降低场馆的运营成本。

体育赛事组织者、职业运动队和俱乐部是智慧场馆所提供的观赛服务的内容供给方。它们以智慧场馆为载体，以体育赛事的形式向观众提供服务。由于智慧场馆能够大幅度增加体育比赛对观众的吸引力，无论是对体育赛事组织者来说，还是对职业运动队和俱乐部来说，智慧场馆都是极为有益和有吸引力的。同时，因为智慧场馆能够为运动员提供比传统场馆更好的比赛条件和比赛氛围，所以通常更有利于运动员在比赛中充分发挥实力。此外，在数字化观赛体验中，智慧场馆将运动员、职业运动队和俱乐部的信息与比赛过程及比赛视频进行整合，有效地增加观众对运动员、职业运动队和俱乐部对观众的感知度以及观众与运动员、职业运动队和俱乐部之间的互动。

智慧场馆的解决方案和软硬件供应商是建设智慧场馆的核心力量。它们为智慧场馆的经营者提供有关智慧场馆的设施、服务和运营管理的解决方案和软硬件产品，其技术水平和服务能力是决定智慧场馆的成败与水平高低的关键因素。考虑到智慧场馆属于新兴的细分市场，对于智慧场馆的解决方案和软硬件供应商而言，定制化的研发投入相比其他成熟的细分市场要更大。因此，它们需要在定制化的研发投入与未来可预期的市场规模之间进行权衡，以保证对这一新兴产品线的投入能够在可接受的时间范围内得到预期的市场回报。

政府的城市管理和体育管理部门是智慧场馆的监管者。在建设智慧城市、提高城市发展水平的热潮中，智慧场馆作为智慧城市中的重要元素，日益受到政府城市管理和体育管理部门的关注。智慧场馆作为城市的新地标，可以展现现代化、高科技和人性化的城市形象，提高城市的体育公共服务水平和综合影响力，进一步带动城市体育产业、健康产业和整体经济的发展。

五　智慧场馆的技术架构

从信息技术的角度来看，物联网、移动计算、云计算和大数据是智慧场馆的关键使能技术。如图 2 所示，智慧场馆的技术架构自下而上分为五层，即基础设施层、数据层、服务层、应用层和接入层。

（一）基础设施层

基础设施层包括网络基础设施、物联网基础设施和数据中心基础设施。网络基础设施特别是无线网络设备是智慧场馆最基础的设施。智慧场馆一般需要按照 75～150 位观众一个无线路由器的标准来配置网络设备，并建设良好的 4G 和 5G 网络连接环境。此外，智慧场馆中通常还会安装大量的蓝牙信标，以便为观众提供体育场馆内的定位服务。场馆内的高清大屏与在显著位置安装的巨幅 LED 显示屏能够根据屏幕所在位置提供赛事和服务信息，是观众感知智慧场馆的重要途径。数据中心是智慧场馆的枢纽，包含 Web 服务器、应用服务器、计算机集群和存储集群。场馆中的观众和各种设备产生的数据都汇集到数据中心，由数据中心的服务器集群进行处理。[①]

---

① P. Boutin, " Stadium Technology Turns the Game Around," Hewlett Packard Enterprise, 2017, https：//www. hpe. com/us/en/insights/articles/stadium – technology – turns – the – game – around – 1709. html, accessed September 15, 2019.

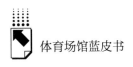

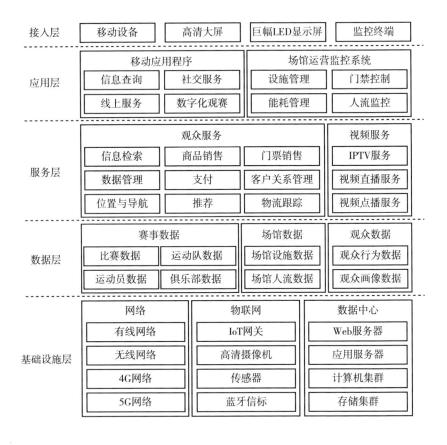

图2 智慧场馆的技术架构

资料来源：笔者绘制。

（二）数据层

数据层是智慧场馆的核心资产，分为赛事数据、场馆数据、观众数据三大部分，包括格式化的数据和文本、图片、视频等非格式化的数据。其中，赛事数据包括比赛数据、运动队数据、俱乐部数据和运动员数据，场馆数据包括场馆设施数据和场馆人流数据，观众数据包括观众行为数据和观众画像数据。这些数据既包括智慧场馆的经营和赛事举办过程中采集的原始数据，也包括对原始数据进行分析和挖掘之后得到的数据。

（三）服务层

服务层由智慧场馆的软件基础组件构成，包括观众服务和视频服务两大类。其中，观众服务包括信息检索、数据管理、位置与导航、商品销售、支付、推荐、门票销售、客户关系管理和物流跟踪等；视频服务包括 IPTV 服务、视频点播服务和视频直播服务等。服务层为应用层的移动应用程序和场馆运营监控系统提供各种基础性的软件服务。

（四）应用层

在应用层，智慧场馆通过移动应用程序向观众提供的服务可以分为信息查询、社交服务、线上服务和数字化观赛四类，通过场馆运营监控系统向场馆经营者及工作人员提供的服务主要用于设施管理、能耗管理、门禁控制和人流监控。应用层是大众能够直接感受到的智慧场馆有别于传统体育场馆的所在，因此它是智慧场馆建设和运营中首先需要关注的部分。

（五）接入层

接入层是观众、场馆的经营者和工作人员与智慧场馆接触及交互的中介，包括移动设备、高清大屏、巨幅 LED 显示屏和监控终端等硬件设备。其中，与观众接触和交互的设备包括移动设备、高清大屏和巨幅 LED 显示屏等，与场馆的经营者和工作人员接触和交互的设备包括移动设备、高清大屏和监控终端等。接入层不仅为智慧场馆的用户提供各种信息和在线服务，而且是营造智慧场馆独特、无法替代的观赛体验的重要元素。例如，智慧场馆中安装的大量高清大屏和巨

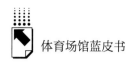

幅 LED 屏幕在为观众营造热血沸腾、激动人心的观赛氛围中发挥了重要作用。

六　智慧场馆案例分析

本节以利维体育场①、金色 1 号中心②和托特纳姆热刺体育场③这三个大型智慧场馆为案例进行介绍。其中，利维体育场是美式橄榄球场，于 2014 年建成，是世界上第一个大型智慧场馆。金色 1 号中心是室内篮球场，于 2016 年建成。托特纳姆热刺体育场是英国第二大体育场，于 2019 年 3 月投入使用。

（一）利维体育场

位于美国加州圣克拉拉硅谷腹地的利维体育场是美国职业橄榄球大联盟旧金山 49 人队的主场，能够容纳 70000 名观众。凭借硅谷的创新、高科技文化，利维体育场使用了大量前沿技术，科技含量高，被誉为体育科技的"天堂"。可以说，利维体育场利用技术重新定义了球迷的现场观赛体验。④

在旧金山 49 人队的官方互联网合作伙伴 Comcast Business 的支持下，利维体育场配备了最先进的 Wi – Fi 设施。整座建筑内铺设了 400 英里的电缆，并安装了 1200 个分布式天线系统，Wi – Fi 带宽达到 40Gbps。为了保持网络连接的持续性并最大限度地减少对球迷的干扰，场内每 100 个座位就设有一个独立的 Wi – Fi 路由器。利维体

① The Levi Stadium, https：//www. levisstadium. com/.
② Golden 1 Center, https：//www. golden1center. com/.
③ Tottenham Hotspur Stadium, https：//www. tottenhamhotspur. com/.
④ Andrew Hollington, "Inside the Cutting Edge Technology of Levi's Stadium," SportTechie, September 21, 2014, https：//www. sporttechie. com/inside – the – cutting – edge – technology – of – levis – stadium/, accessed September 14, 2019.

育场的无线网络带宽是美国普通体育场的 40 倍，是美国职业橄榄球大联盟标准体育场的 4 倍。

利维体育场内安装了 1700 个蓝牙信标，并开发了移动应用程序。通过与信标配对，移动应用程序可以精确地获取观众的位置并为他们提供很多便利的服务。例如，通过移动应用程序，观众不仅可以找到座位、最近的停车场出口、最近的洗手间、排队时间最短的啤酒供应点以及自己的朋友，而且能够在座位上订购食品、饮料和商品。观众还可以利用移动应用程序购票并观看多角度实时回放。移动应用程序提供 4 个视图的实时回放，将部分家庭观赛体验带到体育场馆中，满足球迷的多样化需求。此外，利维体育场内设立了旧金山 49 人队的体育博物馆，博物馆内安装了由索尼和微软提供的现实增强和运动体感游戏设备。[①]

利维体育场的建设也考虑了环境方面的因素。体育场坐落于公共交通和自行车道附近，以期最大限度地减少大量车辆通行所带来的污染。体育场内的草坪使用再生水灌溉，建筑内使用了从废旧飞机库拆解的再生木材。位于体育场 9 层的 27000 英尺的"绿色屋顶"安装了大量太阳能电池板，能够为体育场提供可观的电力供应。利维体育场获得了 LEED 金牌认证，是美国首个拥有该项认证的体育场馆。

（二）金色 1 号中心

金色 1 号中心位于美国萨克拉门托市中心，总造价 5 亿美元，是 NBA 萨克拉门托国王队（Sacramento Kings）的主场。金色 1 号中心内铺设了 650 英里的光纤和 300 英里的铜缆，安装了 1000 个 Wi-Fi 路由器，并拥有两条 100Gbps 带宽的链路。该中心内还安装了世界上

[①] "Sports Tech Innovation in the Start-up Nation," Deloitte, March 2017, https：//www2. deloitte. com/content/dam/Deloitte/il/Documents/technology-media-telecommunications/sport_ tech_ report090317. pdf, accessed September 14, 2019.

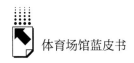

最大的室内 4K 记分牌，无论观众坐在什么位置，从什么角度观看比赛，都可以清楚地看到比赛成绩。[①] 金色 1 号中心的核心是一个 6000 平方英尺的数据和指挥中心，不仅可以监控天气状况、警力和交通情况等常规信息，而且还能够监测所有重要的社交媒体统计数据。

金色 1 号中心开发了一个移动应用程序，为球迷提供个性化的体验，包括安排优步乘车到体育场或预留附近停车位等。人工智能消息传递机器人是该移动应用程序的一个独特之处，它可以回答各种有关比赛、运动队和体育场的问题。通过这个移动应用程序，球迷可以获得专业的服务和支持，体育场则能够得到大量关于球迷的偏好和习惯的信息。另外，体育场计划使用虚拟现实技术为球迷提供全景的观赛体验。

（三）托特纳姆热刺体育场

托特纳姆热刺体育场位于英国伦敦北部，是英格兰足球超级联赛托特纳姆热刺足球俱乐部的主场，能够容纳 62214 名观众，是英国第二大体育场。托特纳姆热刺体育场是一个多用途的体育场，能够举办英超联赛足球比赛（Premier League Football Matches）和美式足球比赛（American Football Matches），是美国以外第一个能够举办美国职业橄榄球大联盟比赛的体育场。托特纳姆热刺体育场拥有一个完全可伸缩的天然草皮球场，该球场移开后会露出一个人造草皮球场，被认为是欧洲技术最先进的体育场和世界上最好的体育场之一。

托特纳姆热刺足球俱乐部希望能够从餐饮、娱乐和快速服务等方面为球迷提供良好的现场观赛体验，从体育场建设的早期开始就融入

---

① Corinne Reichert, "Sacramento Kings: Using 5G, VR, and Blockchain for the NBA Arena of the Future," ZDNet, February 14, 2019, https://www.zdnet.com/article/sacramento – kings – using – 5g – vr – and – blockchain – for – the – nba – arena – of – the – future, accessed September 20, 2019.

了科技元素。

高性能、可伸缩、鲁棒性和可扩展的网络是托特纳姆热刺体育场的关键基础设施，为体育场内的旋转栅门、闭路电视摄像机、零售店的销售时点系统、后台电脑等所有智能化设施提供网络连接。体育场内安装了 1641 个 Wi－Fi 路由器（其中一些位于座位下方）和 700 个蓝牙信标，可以为球迷提供上网和导航服务①。

托特纳姆热刺体育场内安装了 1800 个高清大屏并使用了 IPTV 平台，为观众提供比赛信息和安全信息。托特纳姆热刺体育场内安装了 4 块欧洲最大的巨幅 LED 显示屏和尚未商用的哈曼扬声器系统。

托特纳姆热刺体育场设有 65 个餐饮店，所有零售点都是无现金的，这样不仅能够快速提供服务，而且有利于增加人均消费。托特纳姆热刺体育场的运营管理人员通过网络可以监控所有餐饮店和零售点，以评估顾客活动的高峰。蓝牙信标则可以将球迷引导到顾客较少的餐饮店和零售点。

托特纳姆热刺体育场的一个独特之处在于球迷可以在体育场的大厅看到数据中心的运行情况，这表明技术是这座建筑的核心。这些服务器在每场比赛后分析从体育场周围收集的数据，为赛事组织者制订未来的赛事计划提供支持，确保有足够的工作人员以及食物和啤酒供应，并观察球迷在比赛中的表现。收集到的大部分数据实际上是在网络边缘而不是核心数据中心进行分析的，这样就可以实现数据的实时处理，并提高运营团队的整体效率。

---

① Steve McCaskill，"Inside Europe's Most Technologically Advanced Stadium：From Edge Computing to Next－gen Connectivity，Tech is Built into the Fabric of Spurs' New £ 1 Billion Stadium，" IT Pro.，May 3，2019，https：//www.itpro.co.uk/digital－transformation/33556/inside－europes－most－technologically－advanced－stadium，accessed September 20，2019.

案 例 篇

Case Report

B.9

冬奥会场馆遗产可持续发展研究

——以加拿大里士满奥林匹克椭圆速滑馆为例

李艳丽*

摘 要： 加拿大里士满奥林匹克椭圆速滑馆是2010年温哥华冬奥会体育遗产与社会遗产的重要组成部分。多元化的运营模式使里士满奥林匹克椭圆速滑馆成为温哥华冬奥会赛后唯一盈利的场馆，更成为全世界冬奥会场馆赛后利用与可持续发展的典范。里士满奥林匹克椭圆速滑馆运营内容包括：举办多样化的活动，塑造场馆品牌；场馆运营与社区相融合，实现合作共赢。里士满奥林匹克椭圆速滑馆对北京冬奥会场馆运营的启示

---

* 李艳丽，北京体育大学体育商学院副教授、硕士生导师，主要研究方向为体育场馆管理。

186

包括：建立体育场馆现代企业管理制度；注重体育场馆无形资产的开发，着力加强品牌建设；加强体育场馆的赛后利用，与多产业融合发展；与周边社区深度融合，打造多样化的体育场馆运营内容；秉持环保理念，提高场馆的智能化水平。

关键词： 体育场馆　里士满　冬奥会遗产　赛后利用

加拿大里士满奥林匹克椭圆速滑馆（Richmond Olympic Oval，以下简称"椭圆速滑馆"）是 2010 年温哥华冬奥会体育遗产与社会遗产的重要组成部分。椭圆速滑馆的建设秉持资源节约、环境友好理念，实现无障碍设计，为赛后运营打下了良好的硬件基础。椭圆速滑馆在温哥华冬奥会举办前两年完工，并实现了提前运营，在赛后就地转化为社区体育中心，为当地居民服务。椭圆速滑馆的成功运营使其成为冬奥会遗产可持续发展的典范。对加拿大里士满奥林匹克椭圆速滑馆进行全方位的分析，可以为北京冬奥会场馆赛后综合利用、冬奥会场馆遗产可持续发展提供参考。

一　里士满奥林匹克椭圆速滑馆的建筑情况

加拿大里士满奥林匹克椭圆速滑馆坐落于不列颠哥伦比亚省，所在地为居民密集区。该馆的建筑面积为 33000 平方米，包括一个 20000 平方米的大厅（含 400 米赛道），可容纳 8000 名观众。椭圆速滑馆由温哥华冬奥会、冬残奥会组委会授权建设，2006 年 11 月 17 日正式动工建设，2008 年 12 月 12 日完工并投入使用。椭圆速滑馆的设计建设由 Cannon Design 建筑事务所的建筑师 Glotman Simpson 负

责，设计亮点包括使用木材、垃圾处理方式、废弃热能循环利用、建筑形状、雨水循环系统，总投资 1.78 亿加元，其中，每平方米木材造价仅为 60 欧元。

速滑馆的整体建筑形如苍鹭，而苍鹭是里士满市的象征。椭圆速滑馆的建造秉持资源节约、环境友好理念，使用可回收材料。例如，椭圆速滑馆独特的"木波浪"屋顶由胶合木曲梁构成。这种建造材料由不列颠哥伦比亚省大量受到松树甲虫感染而枯死的树木经特别处理制成，实现了资源再利用。此创新设计还获得了加拿大皇家建筑学会的嘉许。①

椭圆速滑馆的每个进出通道、消防通道、安全通道和一般通道都有无障碍设计；洗手间修建了无门入口，台面也较低，方便轮椅进出；所有更衣室和运动场都修建了无障碍设施，并建造了一个轮椅运动队室，划船、划桨和健身中心也方便轮椅的使用；等等。

二 里士满奥林匹克椭圆速滑馆的赛后运营

（一）赛后运营的总体思路

里士满奥林匹克椭圆速滑馆公司（以下简称"公司"）于 2010 年成立，是一家市政公司，只有一个股东，即里士满市政府。董事会由 12 人组成，成员是里士满和大温哥华地区的商业代表和专业人士，董事长由里士满市政府任命。乔治·邓肯（George Duncan）担任椭圆速滑馆的首席执行官，也是董事会的一员。② 董事会下设两个委员

---

① W. Kenneth 等：《里士满奥林匹克椭圆速滑馆》，《中国建筑装饰装修》2011 年第 1 期，第 82 ~ 87 页。
② 更多董事信息参见里士满奥林匹克椭圆速滑馆官网，"Board of Directors"，Richmond Olympic Oval，https：//richmondoval. ca/board – of – directors/。

会——商业计划委员会（Business Planning Committee）和审计与财务委员会（Audit & Finance Committee）。

椭圆速滑馆运营管理团队坚持可持续发展理念，开发椭圆速滑馆奥运会遗产，以实现效益最大化为目标，在满足专业运动队需求的情况下积极推动场馆转型，将椭圆速滑馆由运动场馆转变为社区多功能场所，满足里士满居民的娱乐、健身、体能训练等多种需求。

（二）椭圆速滑馆的奥运会遗产

1. 体育遗产

冬奥会结束后，里士满奥林匹克椭圆速滑馆改建为社区体育中心，有冰场、篮球场、排球场、攀岩场等多个场地，可以满足社区居民不同的体育需求。该馆被划分为不同的功能区，包括高水平训练中心、活动区域（如溜冰场、硬木运动场地、多功能场地）、攀岩墙等附加设施、健身区域等。

2. 社会遗产

这里的社会遗产指里士满奥运体验馆（Richmond Olympic Experience）。该体验馆是北美首家国际奥林匹克博物馆联盟成员，除奥运展览外，它还是一个具有高科技含量的互动体验中心，成为一个旅游项目。[①]

椭圆速滑馆在赛后转型中，既承办比赛，也承办宴会、生日派对以及相关教育活动和团队建设活动。

（三）椭圆速滑馆的运营及其效果

作为城市地方发展的催化剂，为举办冬奥会而建设的速滑馆融入社区，转型为一个民众聚会场所，既有娱乐空间，也有高性能训练设

---

① 更多内容可参见 Richmond Oval Experience，https：//richmondoval. ca/therox/。

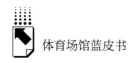

施和比赛设施。椭圆速滑馆附近建设了会议场所，可以举办多样化的室内和室外娱乐活动等。椭圆速滑馆在赛后满足高水平竞技运动需求的同时，积极转型，发展为具有广泛影响力并且仍然盈利的优质奥运会遗产。

1. 举办多样化的活动，塑造场馆品牌

第一，举办专业性体育竞技活动。例如，2018 年 6 月 16 ~ 21日，加拿大国家男子篮球队在里士满奥林匹克椭圆速滑馆馆举行了训练营开班仪式，并开始其国际夏季赛程，其中包括与中国男篮进行的两场比赛。

第二，举办运动训练或培训活动。例如，2018 年 8 月 7 日至 10日，加拿大籍 NBA 球星贾马尔·穆雷（Jamal Murray）和狄龙·布鲁克斯（Dillon Brooks）开办了青年训练营。在 4 天的培训中，对 180个孩子进行了训练，内容包括运球、投球、传球和防守等。

第三，开展志愿活动。例如，倡导"希望之路"运动。第二届"希望之路"收集新的和二手的曲棍球装备，为蒙古国的孩子提供了500 双溜冰鞋、1400 件球衣和 45 套完整的运动装备。

第四，将体育场馆服务业与文化旅游相融合。例如，与啤酒企业合作，于 2018 年 11 月 3 日在奥运体验馆内举办了"灯光啤酒之夜"。

2. 融入社区，实现合作共赢

第一，举办体育公益活动。2018 年 9 月 15 日，加拿大运动员埃文·邓菲（Evan Dunfee）在椭圆速滑馆中举办了"邓菲步行"活动，为 KidSport 25 周年募集 25000 加元，活动内容是每天步行 25 千米，持续 25 天，并参观 25 所学校。

第二，举办家庭活动。例如，2018 年 2 月 12 日举办"家庭奥运体验日"活动，组织家庭参观椭圆速滑馆，分享速滑、冰上曲棍球、攀岩等体育项目的运动体验。

第三，举办社区体育活动。"社区传统日"10 周年庆祝活动成功在椭圆速滑馆举办，社区居民（以家庭为单位）参与了 10 项趣味活动，包括滑冰、攀岩、健身挑战和轮椅篮球等。

第四，开办夏季运动训练营。椭圆速滑馆与社区的合作不断加深，联名产品和社区参与人数不断增多，2018 年夏季运动训练营的参与人数超过了 2300 人。

3. 运营效果

里士满奥林匹克椭圆速滑馆是世界上少有的在赛后能够实现盈利的大型体育馆。根据椭圆速滑馆 2016～2018 年度的财务报表，速滑馆连续 3 年盈利，2019 年度利润达 195.53 万美元；主要的资金来源包括会员会费、社会捐赠、承办比赛和宴会的收入以及高水平运动基金会等；累计盈余逐年增加，由 2016 年度的 1489.87 万美元上升至 2019 年度的 1948.41 万美元。①

三 椭圆速滑馆对北京冬奥会场馆
可持续运营的启示

（一）建立体育场馆现代企业管理制度

里士满奥林匹克椭圆速滑馆的运营采用公司制，由有不同背景的商业代表和专业人士组成董事会；设立委员会，为董事会提供建议，监督董事会的运行。为了更好地实现北京冬奥会场馆的赛后综合效益，现代化的公司运营很有借鉴意义。例如，作为 2022 年北京冬奥会的标志性场馆，国家速滑馆"冰丝带"成功引入社会资本参与场

---

① "2019 Annual Report," Richmond Olympic Oval, https://s3. amazonaws. com/richmondoval - prod/wp - content/uploads/2020/06/16112451/ROO_ AnnualReport_ 2019. pdf. 更多运营信息参见椭圆速滑馆的各年度报告，"Annual Report," Richmond Olympic Oval, https：//richmondoval. ca/about - us/annual - reports/。

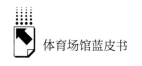
馆建设和运营，在"冰丝带"的赛后运营方面，也有必要建立现代公司治理制度，提高运营方面的决策效率。

（二）注重体育场馆无形资产的开发，加强品牌建设

里士满奥林匹克椭圆速滑馆在保障短道速滑、花样滑冰、冰壶和冰球等冬奥会项目国家队的训练需求的同时，注重无形资产的开发，打造自己的赛事品牌。北京冬奥会场馆赛后开发方面，在引进高端赛事的同时，应打造自己的赛事品牌，除传统冬季项目以外，开发季节性的特色项目，如攀岩、滑板、轮滑、半程马拉松等，打造多功能、多项目发展的体育场馆品牌。国家速滑馆"冰丝带"应注重体育馆无形资产的开发，加强品牌建设，与国家体育场"鸟巢"、国家游泳中心"水立方"等共同成为北京这座"双奥之城"的地标性建筑群。

（三）加强体育场馆的赛后利用，与多产业融合发展

里士满奥林匹克椭圆速滑馆融合体育与文化等多种元素，丰富场馆内涵，提高了场馆的赛后利用率。例如，建立里士满奥运体验馆，举办"体育＋文化＋旅游"活动。

在北京冬奥会场馆的赛后综合利用方面，目前部分冬奥会场馆在统筹考虑赛事需求、环境保护的基础上，已经开始探索赛事场馆的可持续发展的路径。例如，北京冬奥会延庆赛区依托冬奥会场馆，不仅可以举办高水平竞技赛事、发展大众冰雪运动，还可以充分利用生态资源优势及当地历史人文特色，加快发展特色旅游休闲、山地体育等产业，实现四季运营。国家速滑馆"冰丝带"在 2022 年北京冬奥会赛事期间，将承担速度滑冰项目的比赛和训练。赛后，"冰丝带"将在满足专业运动队需求的情况下，积极转型为集体育赛事、群众健身、展览展示、文化休闲、公益事业于一体的多功能冰上运动中心，既能举办冰球、速滑和冰壶等国际性冰上赛事，也能为北京市民提供

公共冰场，开展大众冰上活动。其他北京冬奥会场馆也在积极布局赛后综合开发利用，依托自身资源，实现多产业融合发展。

（四）与周边社区深度融合，打造多样化的体育场馆运营内容

里士满奥林匹克椭圆速滑馆与社区居民广泛互动，举办居民能够参与并乐于参与的各种活动，例如夏季运动训练营、"社区传统日"庆祝活动等。同时，利用各种媒体平台进行传播，提高品牌在青年人群中的影响力；打造多样化的体育馆运营内容，例如，举办高水平赛事、特色活动，提高活动质量，吸引更多的消费群体，实现场馆的可持续发展。为实现《北京 2022 年冬奥会和冬残奥会遗产战略计划》中"建设和利用好世界一流的体育场馆，打造成为值得传承、造福人民的优质资产"的目标①，北京冬奥会体育场馆赛后将面向大众，为群众体育服务，打造多样化、大众化、受人民喜爱的活动内容。赛后，国家速滑馆将成为服务大众的多功能冰上运动中心，场馆约 1.2 万平方米的冰面也会向公众全面开放。

（五）秉持环保理念，提高场馆的智能化水平

里士满奥林匹克椭圆速滑馆秉持绿色、环境友好理念，使用可回收材料，最大限度地利用资源、场地，同时充分进行无障碍设计，保障使用者的方便、安全。国家速滑馆"冰丝带"将致力于打造绿色环保的智慧场馆，引入先进的"定位导航系统"，观众通过使用室内外一体化的导航服务就可以找到最佳路径到达自己的座位。

---

① 《〈北京 2022 年冬奥会和冬残奥会遗产战略计划〉正式发布》，北京 2022 年冬奥会和冬残奥会组织委员会网站，2019 年 2 月 19 日，https://www.beijing2022.cn/a/20190219/009160.htm。

B.10
中国体育场馆建设类企业
竞争力分析与建议

—— 以北京约顿气膜建筑技术股份有限公司为例

马天平*

摘　要：　中国体育产业正处于蓬勃发展时期，体育场馆相关企业成为体育产业发展的重要载体。体育场馆建设类企业发展迅速，但也面临诸多问题与挑战。本文以盈利能力、市场能力、杠杆能力、营运能力、安全能力和成长能力为企业竞争力评价指标，以体育场馆建设类企业为研究对象，选取北京约顿气膜建筑技术股份有限公司作为案例，基于该公司 2016~2018 年的财务数据和营运资料，分析其竞争力现状和发展趋势。整体上，约顿公司以上六个能力表现良好，公司发展稳中有进。同时，本文从六个能力以及人才资本、品牌战略方面分别为体育场馆建设类企业提高竞争力的路径提出建议。

关键词：　体育场馆　企业管理　企业竞争力

---

* 马天平，北京体育大学体育商学院副教授，主要研究方向为产业经济与金融市场。

目前，中国体育场地设施建设增速明显，发展势头良好。以体育场馆建设类别为划分标准，根据国家统计局 2019 年公布的《体育产业统计分类》①，可将体育场馆建筑和装饰装修、体育场地设施工程施工和安装这两项服务内容纳入体育场馆建设类企业的经营范围。随着体育产业不断发展，相关企业之间的竞争愈加剧烈。场馆建设类企业间的竞争已从产品转向"产品 – 服务包"，企业不仅是设施供应商，还是解决方案的供应商，基于产品的服务体系的构建，为企业创造了更大的竞争优势与发展空间，这也将成为未来体育场馆建设类企业形成企业核心竞争优势的关键所在。②

根据迈克尔·波特的五力模型、指标体系构建的基本原则以及竞争力相关理论，本文以盈利能力、市场能力、杠杆能力、营运能力、安全能力和成长能力为企业竞争力的评价指标，选取中国新型气膜体育场馆的龙头企业——北京约顿气膜建筑技术股份有限公司（以下简称"约顿公司"）作为体育场馆建设类企业的代表进行实证分析。③

一 约顿公司的竞争力分析

（一）约顿公司的企业竞争力现状

约顿公司成立于 2006 年，是一家新兴的具有活力的体育场馆建设类企业，其收入构成中，建筑业务占比达到 96%（见表 1）。下文

---

① 《体育产业统计分类（2019）》（国家统计局令第 26 号），国家统计局网站，2019 年 4 月 9 日，http://www.stats.gov.cn/tjgz/tzgb/201904/t20190409_ 1658556.html。

② 李洪磊、于洋：《基于制造业服务化的企业战略联盟建设研究》，《物流科技》2013 年第 6 期，第 52 页。

③ D. Coates, B. R. Humphreys, "The Growth Effects of Sport Franchises, Stadia, and Arenas," *Journal of Policy Analysis and Management*, Vol. 18, No. 4, 1999, pp. 601 – 624.

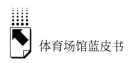

根据前述企业竞争力评价指标，汇总并分析该公司近三年的核心指标值。

表1 约顿公司企业基本资料

公司简介	公司致力于在中国市场推广绿色环保的气膜建筑,传播先进的建筑理念、展示全新的生活体验。约顿公司立足于国内市场,研究开发了多项气膜建筑技术专利,具备一流的设计能力、全方位的服务能力和丰富的施工经验。能根据不同行业、不同类型客户的需求提供专业的约顿气膜解决方案。目前,约顿气膜已经在中国诸多城市和多个不同领域投入使用
成立日期	2006 年 3 月 7 日
主营构成（最新年报）	气模建筑业务:96.13% 体育运营收入:3.87%

资料来源：Wind 数据库。

1. 盈利能力

企业的盈利能力是关键。整体来看，约顿公司的盈利水平发展趋势较好。第一，销售毛利率是反映企业基本盈利水平的重要指标，销售毛利是企业最终净利润的直接来源。从表2可看出，2016~2018年，约顿公司销售毛利率上升2.36个百分点，波动较小，总体呈缓慢上升趋势。第二，成本费用利润率是反映企业营销产品和成本费用控制水平的指标。销售毛利率和成本费用利润率较高的企业利润空间也相应较大。约顿公司的成本费用利用率从2016年的11.04%上升到2018年的22.37%，提高了1倍，且呈逐年递增状态，增速明显，可见其成本费用管理效率较高、利润空间较大。第三，净资产收益率是反映企业整体盈利水平的指标之一。表2数据显示，约顿公司的净资产收益率、总资产报酬率、总资产净利率、投入资本回报率在2018年均下降明显，反映了公司2018年的盈利情况比较不理想。从表2数据可以看到，约顿公司的销售成本率没有太大变动，销售净利率还有所改善，所以这种情况可能是宏观经济波动下销售收入减少、产品售价下跌等导致的，宏观上行业增速有所放缓、市场竞争加剧可能也是部分原因。

从盈利质量来看，约顿公司的盈利质量在合理范围内略有降低。第一，从经营效率看，2016～2017年公司在成本控制方面进行了改善，营业总成本相比之前降低了7%，直接使净利润占营业总收入的比重上升；同时销售费用、管理费用、财务费用占营业总收入比重的降低说明公司加强了费用控制，提高了经营效率。2016～2018年，约顿公司的销售成本率和销售毛利率变动不大，但是销售净利率有明显的上升，说明公司各项期间费用大幅降低，公司很可能对费用进行了改革，很好地控制了费用支出。同时，公司的销售规模逐渐扩大，产生明显的规模效应，销售费用及管理费用未成比例上升使费用支出降低。第二，资产减值损失占营业利润比重大。表2数据反映出约顿公司的应收账款问题突出，可以推断出是应收账款数量较大导致计提的坏账准备金额大导致的，这对企业的营运能力将造成一定影响。第三，经营活动净收益占利润总额的比重在2018年下降明显，价值变动净收益占利润总额比重上升明显，这也与2018年公司的盈利能力下降相符合，说明公司可能采取了投资收益救驾等方式来保持财报的盈利数据，这降低了收益质量，或企业内外部环境变化导致收益质量的降低。但是总体上盈利质量降低保持在正常合理的范围内。

从盈利成长来看，约顿公司的盈利成长能力较好。2016～2018年的净利润/营业总收入、营业利润/营业总收入以及息税前利润/营业总收入持续增长，增速明显。

总体上，约顿公司的各项盈利指标较优。尽管遭遇了2018年以来的经济低迷，但企业的适应能力较强（见图1）。

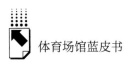

表 2　约顿公司的盈利能力情况

单位：%

时间	2018 年 12 月 31 日	2017 年 12 月 31 日	2016 年 12 月 31 日
报告期	年报	年报	年报
净资产收益率（年化）	10.24	15.64	14.59
总资产报酬率（年化）	9.74	14.97	12.37
总资产净利率（年化）	8.29	12.81	10.41
投入资本回报率	10.19	15.32	13.85
人力投入回报率（ROP）	216.89	283.08	0.00
销售净利率	16.56	15.82	9.45
销售毛利率	35.72	33.19	33.36
销售成本率	64.28	66.81	66.64
销售期间费用率	14.87	13.47	18.98
净利润/营业总收入	16.56	15.82	9.45
营业利润/营业总收入	19.32	18.61	11.01
息税前利润/营业总收入	19.45	18.48	11.24
EBITDA/营业总收入	20.41	18.96	11.71
营业总成本/营业总收入	83.12	82.56	89.08
销售费用/营业总收入	4.21	4.50	6.41
管理费用/营业总收入	10.82	9.13	12.39
财务费用/营业总收入	−0.16	−0.16	0.18
资产减值损失/营业总收入	3.23	1.74	2.34
成本费用利润率	22.37	19.70	11.04
资产减值损失/营业利润	16.74	9.37	21.23
主营业务比率	98.32	99.81	98.05
收益质量			
经营活动净收益/利润总额	85.90	93.54	97.33
价值变动净收益/利润总额	12.42	6.13	0.72
营业外收支净额/利润总额	1.68	0.19	1.95
所得税/利润总额	15.76	15.18	15.79
扣除非经常损益后的净利润/净利润	85.42	93.82	97.80

资料来源：Wind 数据库。

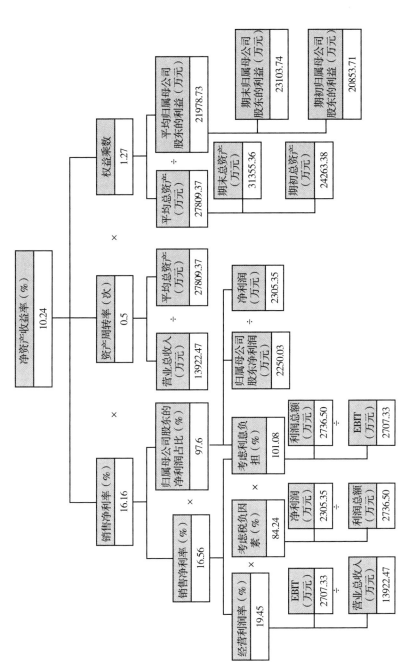

图1 约顿公司的净资产收益率构成（2018）

资料来源：Wind 数据库。

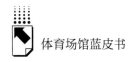

2. 市场能力

下文分析约顿公司的客户结构，考察其市场能力。从表3可以看出，在客户需求上，约顿公司以场馆建设为主，涉及体育、仓储、工业、科技等领域，客户种类多、客户资源前景广阔。同时，客户销售占比较为均衡，说明公司的市场能力较好，能够承担并控制个别主要客户合作关系变动所产生的影响。

约顿公司主要承接各类建设，因为是新型的气膜场馆，具有较好的市场。如图2所示，约顿公司的主营业务比例较高，说明公司的主要业务重心是建造气膜馆，可能受到行业变动和技术变动的影响比较大，公司要考虑在培养场馆建造核心竞争力的前提下适当开发其他相关的主营业务。

表3　约顿气膜的市场能力情况

报告期	单位名称	销售金额（元）	销售占比（%）
2018 年报	承德双承生物科技股份有限公司	19070000.00	13.70
2018 年报	成都外国语学校	11502077.82	8.26
2018 年报	国电龙源电力技术工程有限责任公司	9438425.60	6.78
2018 年报	山煤集团大同富利达房地产开发有限公司	9090909.09	6.53
2018 年报	中国人民解放军某部	6976545.55	5.01
2018 中报	承德双承生物科技股份有限公司	9660000.00	16.83
2018 中报	国电龙源电力技术工程有限责任公司	9438425.58	16.45
2018 中报	山煤集团大同富利达房地产开发有限公司	4545454.55	7.92
2018 中报	沧州体育管理中心	4501818.18	7.84
2018 中报	浙江省建工集团有限责任公司	3715527.28	6.47
2017 年报	河北华丰煤化电力有限公司	16752136.80	13.12
2017 年报	中体之星体育发展（北京）有限公司	10135135.14	7.94
2017 年报	内蒙古易博信息技术工程有限公司	10044226.67	7.87
2017 年报	华铁投资管理（北京）有限公司	9366486.49	7.33
2017 年报	北京启迪冰雪资产运营有限公司	8865765.77	6.94

资料来源：Wind 数据库。

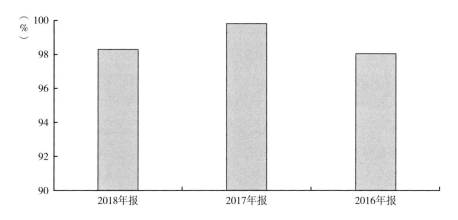

图2　约顿公司的主营业务比例

资料来源：国泰安数据库。

3. 杠杆能力

根据表4数据，可以从如下几个方面考察约顿公司的财务杠杆能力。其一，资本负债率在2016～2017年有大幅下降，在2017～2018年有所回升，总体来说还是低于一般值。这可能反映了公司管理层认为经营风险过大，通过降低财务杠杆来降低财务风险；也有可能是2017年经营情况较好，企业资金充足，不需要借债经营。但资本负债率较低也反映了公司举债经营能力不足、没有有效利用财务杠杆、融资能力差等问题。其二，从流动资产来看，流动资产占总资产比重高，可能是公司有大量应收账款导致的；表4数据还反映出公司负债以流动负债为主。其三，从自有资本来看，资本固定化比率低，反映了公司自有资本用于长期资产的数额相对较少，没有出现固定资产资金投入超过自身能力的情况。其四，从偿债能力来看，约顿公司的偿债能力强，表现为公司的现金、应收账款数额较大。但是各项数值过高也可能造成资金利用效率低下的问题。

总体来看，约顿公司的杠杆能力一般，但杠杆控制力较好，没有出现过度的短债长投。

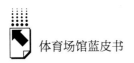

表4 约顿气膜的杠杆能力情况

时间	2018年 12月31日	2018年 6月30日	2017年 12月31日	2017年 6月30日	2016年 12月31日
报告期	年报	中报	年报	中报	年报
资本结构					
资产负债率	24.85	21.29	14.05	15.44	31.50
长期资本负债率	0.01	0.00	—	—	—
长期资产适合率	7851.18	7719.75	8939.40	7658.50	2106.78
权益乘数	1.33	1.27	1.16	1.18	1.46
流动资产/总资产	85.38	94.79	96.88	98.56	96.44
非流动资产/总资产	14.62	5.21	3.12	1.44	3.56
有形资产/总资产	63.60	74.66	85.65	84.23	68.18
非流动负债权益比率	0.01	0.00	—	—	—
流动负债权益比率	33.72	27.57	16.35	18.25	46.00
归属母公司股东的权益/全部投入资本	96.64	98.10	100.00	99.92	94.32
带息债务/全部投入资本	1.44	0.00	0.00	0.08	5.68
流动负债/负债合计	99.98	100.00	100.00	100.00	100.00
非流动负债/负债合计	0.02	0.00	—	—	—
资本固定化比率	19.84	6.74	3.63	1.70	5.20
偿债能力					
流动比率	3.44	4.45	6.89	6.38	3.06
速动比率	3.40	4.33	6.82	6.21	2.75
保守速动比率	2.55	2.95	3.79	6.19	2.74
现金比率	0.65	0.68	0.88	4.17	0.82
现金到期债务比	-72.71	-184.95	—	-5383.78	-151.11
现金流量利息保障倍数	-344.08	—	-334.20	-124.25	-46.00
产权比率（负债合计/归属母公司股东的权益）	0.33	0.27	0.16	0.18	0.46
归属母公司股东的权益/负债合计	2.96	3.63	6.12	5.48	2.17

时间	2018 年12 月 31 日	2018 年6 月 30 日	2017 年12 月 31 日	2017 年6 月 30 日	2016 年12 月 31 日
报告期	年报	中报	年报	中报	年报
归属母公司股东的权益/带息债务	67.22	—	—	1289.87	16.60
有形资产/负债合计	2.56	3.51	6.10	5.46	2.16
有形资产/带息债务	58.02	—	—	1284.78	16.53
有形资产/净债务	—	—	—	—	—
息税折旧摊销前利润/负债合计	0.36	0.13	0.71	0.17	0.33
经营活动产生的现金流量净额/负债合计	-0.06	-0.12	-0.67	-0.23	-0.20
经营活动产生的现金流量净额/带息债务	-1.41	—	—	-53.84	-1.51
经营活动产生的现金流量净额/流动负债	-0.06	-0.12	-0.67	-0.23	-0.20
经营活动产生的现金流量净额/净债务	—	—	—	—	—
经营活动产生的现金流量净额/非流动负债	-281.25	—	—	—	—
非筹资性现金净流量与流动负债的比率	5.21	1.39	-365.88	-26.07	-6.34
非筹资性现金净流量与负债总额的比率	5.21	1.39	-365.88	-26.07	-6.34
已获利息倍数（EBIT/利息费用）	—	—	—	—	1047.54
长期债务与营运资金比率	0.00	0.00	—	—	—
长期负债占比	0.00	0.00	0.00	0.00	0.00
有形净值债务率	39.07	28.51	16.41	18.33	46.21
净债务/股权价值	-5.84	-5.57	-2.82	-2.82	-2.35
带息债务/股权价值	0.00	0.00	0.53	0.53	0.55
EBITDA/带息债务	8.27	—	—	41.04	2.48
全部债务/EBITDA	0.23	0.50	0.00	0.02	0.40
EBITDA/利息费用	-97.43	-45.94	-112.00	-34.85	1092.09

资料来源：EPS 数据库。

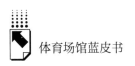

4. 营运能力

盈利能力的强劲与杠杆的平衡依赖于日常的运营周转，没有良好的营运，就没有良好的盈利和杠杆能力。根据表5数据，可以从如下几个方面考察约顿公司的营运能力。其一，从存货周转能力来看，2016～2018年公司的存货周转天数有很大改善。公司存货周转率一直在上升，说明公司存货的占用水平低、流动性强，存货转换为现金或应收账款的速度快，这提高了公司的变现能力、短期偿债能力及获利能力。其二，从应收账款来看，2018年应收账款出现的问题比较严重，营运资金过多呆滞在应收账款上，影响正常的资金周转及偿债能力。部分气膜项目投资总金额较大，受国家政策调整变化、地方政府财政紧张、费用控制不力、公司现金流压力和回款压力等因素的影响，项目实施存在延期的风险。如果公司不能对应收账款进行有效的管理，将会增加资金占用，降低运营效率。一旦发生坏账，可能因坏账准备计提不足，在一定程度上影响未来的经营业绩。其三，从应付账款周转率和周转天数来看，2016～2018年，应付账款周转率的下降和周转天数的增加说明公司付款条件往有利的方向发展，对上游企业的付款谈判能力增强。总体来看，约顿公司的营运能力尚可，但应收账款问题可能会降低公司的运营效率。

表5　约顿公司的营运能力情况

单位：天，%

时间	2018 年 12 月 31 日	2017 年 12 月 31 日	2016 年 12 月 31 日
报告期	年报	年报	年报
营业周期	316.94	216.09	232.59
存货周转天数	10.47	20.63	37.11
应收账款周转天数	306.46	195.46	195.48
存货周转率	34.37	17.45	9.70
应收账款周转率	1.17	1.84	1.84
流动资产周转率	0.55	0.84	1.14

时间	2018 年 12 月 31 日	2017 年 12 月 31 日	2016 年 12 月 31 日
报告期	年报	年报	年报
固定资产周转率	54.24	54.37	40.05
总资产周转率	0.50	0.81	1.10
应付账款周转率	2.33	3.91	3.50
应付账款周转天数	154.55	92.10	102.76
净营业周期	162.38	123.99	129.83
营运资本周转率	0.71	1.03	1.61
非流动资产周转率	5.21	25.15	35.71

资料来源：Wind 数据库。

5. 安全能力

根据表6数据，可以从以下两个方面考察约顿公司的安全能力。其一，货币资金占总资产的比重偏低，表明公司有一定资金压力，但考虑到公司处于成长上升阶段，所以这一比重也处于正常范围。其二，利润总额和净利润总额呈持续增长趋势，显示公司正在快速发展，管理能力和盈利能力不断增强。

表6　约顿公司的安全能力情况

单位：万元，%

时间	2018 年 12 月 31 日	2017 年 12 月 31 日	2016 年 12 月 31 日
报告期	年报	年报	年报
货币资金	4229.43	2957.27	1886.52
货币资金/资产总计	13.49	12.19	25.94
资产总计	31355.36	24263.38	7271.86
负债合计	7792.26	3409.66	2290.99
负债合计/资产总计	24.85	14.05	31.5
营业总收入	13922.47	12769.81	6362.66
利润总额	2736.50	2381.26	714.17
利润总额/营业总收入	19.66	18.65	11.22

时间	2018 年 12 月 31 日	2017 年 12 月 31 日	2016 年 12 月 31 日
报告期	年报	年报	年报
净利润总额	2305.35	2019.69	601.41
净利润总额占比	16.56	15.82	9.45

资料来源：Wind 数据库。

从员工构成来看，如图 3 所示，技术员工占比较大表明公司注重技术核心竞争力；2018 年销售人员占比上升，表示公司正在扩大市场，加大市场开发力度。员工人数的增加也反映了公司近两年的成长扩张战略（见图 4）。

总体来看，约顿公司的发展稳中有进，安全能力尚可。

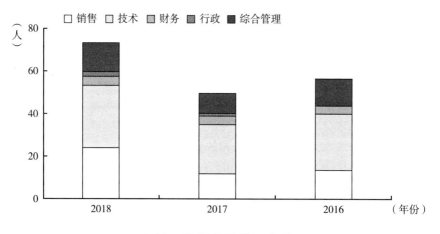

图 3　约顿公司员工构成

资料来源：Wind 数据库。

6. 成长能力

成长性是企业有没有潜力的表现，代表企业未来的实力。挖掘约顿公司的成长指标，如表 7 所示，可以发现，营业利润和净利润指标

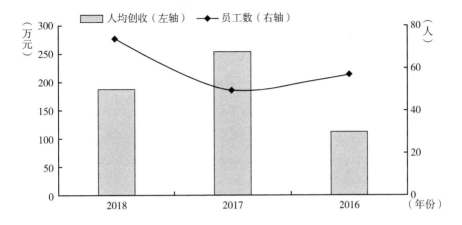

图4　约顿公司人均创收及员工人数变化

资料来源：Wind 数据库。

向好，每股收益在 2018 年下降可能是公司增资扩股导致的。因为公司处于成长期，所以每股收益下降属于正常现象，也是公司成长能力较好的表现之一。

表7　约顿公司的成长能力情况

单位：百万元，%

时间	2018 年 12 月 31 日	2017 年 12 月 31 日	2016 年 12 月 31 日
报告期	年报	年报	年报
每股收益（基本）	− 8.33	100.00	− 5.26
每股收益（稀释）	− 8.33	100.00	− 5.26
每股经营活动产生的现金流量净额	78.91	− 144.29	19.95
营业总收入同比增长率	9.03	100.70	27.04
营业收入同比增长率	9.03	100.70	27.04
营业利润	13.20	239.42	45.22
利润总额	14.92	233.43	20.60
归属母公司股东的净利润	11.40	235.83	19.71

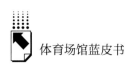

续表

时间	2018 年 12 月 31 日	2017 年 12 月 31 日	2016 年 12 月 31 日
报告期	年报	年报	年报
归属母公司股东的净利润（扣除非经常损益）	1.43	222.14	43.86
经营活动产生的现金流量净额	78.91	−405.31	−68.08
净资产收益率（摊薄）	0.56	−19.79	−21.61
相对年初增长率			
每股净资产	10.71	102.39	−27.25
资产总计	29.23	233.66	69.61
归属母公司的股东权益	10.79	318.68	52.72

资料来源：CSMAR 数据库。

信息技术对成长性的影响较大，其在竞争市场展现的优势也较为明显。从表 8 可知，约顿公司拥有一定数量的软件著作权，并且在智能管理系统开发上具有较大优势，拥有一定的信息技术优势。

整体而言，约顿公司成长能力较好，具有一定的成长空间。

表 8 约顿公司的软件著作权情况

序号	名称	简称	版本号	登记号	分类号
1	气膜建筑移动互联管理软件	—	V1.0	2016SR297877	10100 − 0000
2	食用菌种植气膜建筑智能管理系统软件	—	V1.0	2016SR292583	30208 − 0100
3	气膜游泳馆智能管理软件	—	V1.0	2016SR150707	30000 − 0000
4	气膜煤渣仓库管理软件	—	V1.0	2015SR161410	30208 − 0000
5	室内空气净化管理软件	—	V1.0	2014SR121655	30200 − 0000
6	高原气膜建筑智能管理系统	—	V1.0	2012SR047943	30100 − 8300

资料来源：CSMAR 数据库。

（二）约顿公司的发展趋势

基于对约顿公司竞争力的分析，可以预测其未来走向，现从以下几个角度展开。

其一，从盈利能力分析，根据中国产业研究院发布的《2017—2022年中国体育场地建设行业投资分析与"十三五"战略》研究报告，统计数据显示体育场地建设行业的毛利率保持在24.86%左右。2016～2018年，约顿公司的毛利率比行业平均值高10个百分点左右，说明约顿公司在体育场地建设方面具有强劲的行业竞争力和良好的成本管理能力与盈利能力。

其二，从营运能力及杠杆能力分析，约顿公司营运能力中最显著的问题是应收账款周转天数数值过高、应收账款周转率低，主要是受到宏观经济的影响。虽然国内经济发展整体呈增长态势，但受宏观经济波动的影响，约顿公司的客户尤其是工业类客户的经营情况会产生一定的波动，可能对其在气膜建筑上的投入规模产生影响，进而对公司的收入水平造成潜在不利影响。随着宏观经济状况的好转，企业间的三角债将会得到改善，这将进一步推动公司营业收入规模的扩大和应收账款管理的改善。

其三，从市场能力分析，近年来国家加大了对体育产业的支持力度，多次发布重要政策文件，明确国内体育产业的体量规模发展目标。2014年国务院发布的《关于加快发展体育产业促进体育消费的若干意见》、2016年国家体育总局印发的《体育产业"十三五"规划》、2019年国务院印发的《体育强国建设纲要》等文件均对国内体育产业和人均体育面积提出了量化要求。在政策的带动下，国内气膜行业得到迅速发展。约顿公司掌握气膜建筑系统的各类关键技术，凭借技术研发能力强和团队稳定的优势奠定了行业领先地位，成为业内当之无愧的龙头企业。

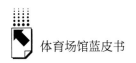

其四，从安全能力分析，自 2017 年北京体育文化产业集团（以下简称"北体集团"）成为约顿公司实际控制人以来，在增强公司资金实力以及为公司引入北体集团战略资源的同时，营业总成本和销售费用、管理费用、财务费用占营业总收入的比重不断下降，销售毛利率和净利率都在不断改善。这说明约顿公司在完成注资变更后，进行了很好的内部控制，控制权变更没有使内部管理秩序产生混乱，公司的管理能力和盈利能力得到很大提高。

其五，从成长能力分析，气膜建筑在造价和运营成本、投资回报周期、节能环保、安全和抗震等多个方面具有明显优势。近年来，气膜建筑在中国建筑领域的应用快速发展，应用行业越来越广泛，如体育、仓储、环保、军事、文物保护、工业厂房等，具体项目包括防止雾霾气膜、气膜煤仓、气膜厂房、物流仓库、遗址保护等，市场前景广阔。一方面，约顿公司客户的广泛性特征将推动其进一步扩大销售收入规模；另一方面，公司在气膜建筑体育场馆领域将持续保持高速增长。2017 年，北体集团全资控股子公司中互体育文化发展（北京）有限公司向约顿公司增资近 1.4 亿元，持有公司 51.66% 的股权，北体集团成为公司实际控制人。约顿公司联手北体集团推出"千馆计划"，以约顿公司为实施平台，通过投资建设等方式，3~5 年内在全国范围内打造以气膜建筑为主的新型体育场馆。从中长期发展来看，约顿公司与北体集团合作打造以气膜建筑为主的新型体育场馆，将形成独有的体育文化运营模式，协同效应明显；"千馆计划"逐步推进，以"千馆计划"为平台，约顿公司计划以气膜场馆为载体，将场馆建造与场馆运营有机结合起来，掌握场馆运营的大数据服务系统，通过合作引入体育培训和体育赛事，并搭载商业、餐饮、广告等周边服务，最终形成以气膜场馆为核心的场馆运营体系及约顿体育的商业蓝图，2020 年以后有望进入规模兑现期。另外，与北体集团联手打造"建设 + 运营"体系将进一步推动约顿公司的发展。

二 体育场馆建设类企业提高竞争力的路径

从上述案例可以看出，对于核心底层指标的拆解，虽然看起来接近财务分析，但并非单纯地挖掘会计报告数据背后的经济意义，而是收集、分析企业竞争力指标，围绕一个企业的底层资金流展开，使资金流信息情报化。一方面，通过这种底层分析，可以了解企业的技术改进、资源配置、盈利能力、信用程度、支付能力、偿债能力等方面的情况，提高企业对市场的把握程度，帮助企业制定更为合理可行的竞争策略和发展方向，进一步提高企业绩效。另一方面，基于对企业竞争力指标的分析，可以更为全面地了解体育场馆建设类企业的技术开发创新能力、经营管理能力和公共关系能力等。这些能力影响到体育场馆建设类企业的竞争能力，并集中表现为企业开拓市场、占领市场并赢得市场的能力，有助于客观、高效地对体育场馆建设类企业的竞争力情况进行评估分析。

中国体育场馆建设类企业对于自身存在的问题，需要采取有针对性的竞争措施，保持自己在行业内的优势地位。

从盈利能力和营运能力出发，在赛事场地建设中不断提高盈利能力和优化竞争模式。在现阶段广泛发展国际赛事的合作和交流，加快模式转型，并从战略的角度出发，挖掘品牌价值，尽早形成自己的品牌体系，加强企业内部的竞争能力。① 第一，对企业的资源进行有效整合，利用协同效应形成独有的体育运营模式。第二，进行有效的成本控制管理，提高营运能力②。第三，有效控制企业的成本，确保债务偿还能力的持续稳定，促进体育场馆建设类企业的稳定和可持续发

---

① 王钊、谭建湘、王敏：《体育场馆公共服务研究》，《体育文化导刊》2015 年第 5 期，第 17 页。
② 陈元欣、李国立、王健：《大型体育场馆余裕空间利用研究》，《北京体育大学学报》2014 年第 4 期，第 27 页。

展。在降低采购成本、管理成本方面，需要在企业内部建立完整的成本评估系统，严格和有效管理采购、服务、售后等运营方面的成本与费用，提高运营效率和运营能力。第四，对内外的供应链进行深度优化。体育场馆建设类企业对上游企业的管理是重点，将企业产业链向上游不断延伸也是决定企业成败的关键因素。对供应链进行整合，与众多的优秀供应商合作，并建立对双方有利的战略联盟机制，通过深入的沟通努力化解双方的利益冲突，整合资源，整体提高双方的协同效益，共谋互利，形成上下游之间的有效链条。

从市场能力和成长能力出发，首先，体育场馆建设类企业应提高技术研发能力和团队稳定能力；其次，体育场馆建设类企业应实现业务多元化，考虑在培养场馆建造核心竞争力的前提下适当开发其他相关的主营业务，降低因业务分布过于集中而产生的风险。[①]

从杠杆能力出发，体育场馆建设类企业应优化杠杆能力，加强体育金融投资体系建设。一般来说，在短期债务较大的情况下，企业的短期债务偿还压力更大，体育场馆建设类企业在高速运转的过程中需要大量的设备投资，所以没有更多闲置资金。短期债务增加，若在运营中资本链中断，体育场建设类企业将无法维持正常运营，抗风险能力下降，无法实现稳步发展。因此，考虑到短期负债的影响，体育场馆建设类企业需要更多的长期负债来满足企业正常运营的资本需求，短期负债和长期负债的比例必须稳定。优化资本结构，提高偿还债务的能力，使企业竞争力水平更加科学、合理。同时，通过清除融资障碍、制订资金计划、集中管理和资金集中结算，确保资金的顺利运作，提高运营效率，实现资本使用的最大价值。建立健全的财务管理系统，提高财务管理水平，保护企业的资本供应，提高企业的避险能

---

① 董红刚、易剑东：《大型体育场馆的建设逻辑及其出路》，《天津体育学院学报》2014 年第 5 期，第 394 页。

力，提高偿还债务水平，进而提高体育场馆建设类企业的竞争力。[①]

从安全能力出发，体育场馆建设类企业应提高安全能力，扩大资产规模，提高抗风险能力。经营效率持续提高在很大程度上将提高体育场馆建设类企业对资源价值进行开发和利用的安全能力。保障在经营的每个环节都做到信息的高质量传递和共享是企业安全能力提高的关键因素。体育场馆建设类企业应有效利用信息和通信技术来整体提高企业的内部效率；充分利用网络平台来拓宽企业的销售渠道，增加产品的销售量，并为客户提供优质的产品和便捷的服务；通过定期举办宣传促销活动，更加准确地把握消费市场；建立实时监控产品数据、及时更新客户反馈的采集系统。在这些环节中，引入信息技术，实现信息技术同优化改造之后的业务流程的进一步融合，进而建立一个全方位的信息服务平台，实现体育场馆建设类企业的信息化、远程化控制，从而有效提高企业的整体运营效率。

体育场馆建设类企业除了要实现和提高以上几个方面的能力，还需要做好配套的支撑工作，尤其是人力和品牌。

第一，建立成熟的经理人市场。当今企业竞争表现在声誉、资金实力、产品、品牌、技术、管理等方面，但人力资本是最主要的生产要素，是最重要的资本，归根结底企业竞争是人才的竞争。若体育场馆建设类企业拥有优秀的人才，就可以掌握先进的技术来进行经营管理、生产运营。优秀的经理人能够帮助体育场馆建设类企业同生产供应商及客户建立起有效的沟通机制和长久合作机制，从而形成上下游之间的有效链条，提供优质的产品与服务，提高体育场馆建设类企业的整体竞争力。开发企业人力资本，一方面，通过人才培养、人才引进等形式可以为企业储备后续人才，保障工作团队的质量和稳定；另

---

① 李艳丽：《我国大型体育场馆财务运营及对策研究》，《北京体育大学学报》2013年第3期，第39页。

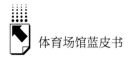

一方面，人才需求的增强保证了体育场馆建设类企业的可持续发展，提高企业的发展潜力。

第二，实施品牌战略，实现规模经济，创造无形资产。企业可以通过整合营销提高品牌价值，降低营销成本、提高营销质量，在服务、研发和品牌传播等方面实现规模效益。品牌作为企业的一项无形资产，是企业的一种独特资源，可以满足消费者品牌消费的心理，提高消费者满意度，形成大范围的感染力，使企业获得独特的竞争优势。

综上所述，在体育产业高速发展的背景下，体育场馆建设类企业的竞争力体系优化愈加迫切，结合互联网时代背景挖掘竞争优势对于企业战略分析而言尤为重要。通过对竞争优势的整合，企业形成独特、系统、高水平的核心竞争优势，进而在市场上展现出强有力的竞争活力。

B.11
中国体育场馆运营类企业
竞争力分析与建议

——以广州珠江体育文化发展股份有限公司为例

马天平*

摘　要： 随着全民健身活动蓬勃开展，居民体育意识不断增强，体育场馆作为大众体育活动的载体迎来了新的发展机遇，体育场馆合理化、高效化的运营也愈加受到重视。本文以体育场馆运营类企业为研究对象，选取广州珠江体育文化发展股份有限公司作为案例，从盈利能力、市场能力、杠杆能力、营运能力、安全能力和成长能力六个方面分析其竞争力现状和发展趋势。整体上，珠江文体以上六个能力表现良好，具有一定市场竞争力。同时，本文从六个能力以及人才资本、品牌战略方面分别对体育场馆运营类企业提高竞争力的路径提出建议。

关键词： 体育场馆　企业管理　企业竞争力　品牌战略

体育场馆是众多赛事的承载地，是体育活动运营的基石。以体育

---

* 马天平，北京体育大学体育商学院副教授，主要研究方向为产业经济与金融市场。

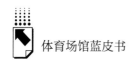
场馆类别为划分标准，根据国家统计局 2019 年公布的《体育产业统计分类》①，可将体育场馆管理、体育服务综合体管理和体育公园及其他体育场地设施管理这三项服务内容纳入体育场馆运营类企业的经营范围。从服务产值来看，场馆的运营服务可以分为总产值体育场馆服务和增加值体育场馆服务，即产值和增值两部分。当前，随着体育产业不断发展，相关企业之间的竞争愈加激烈，在做好产值服务的基础上提升增值服务是体育场馆运营类企业提高企业核心竞争力的关键所在。

本文以盈利能力、市场能力、杠杆能力、营运能力、安全能力和成长能力为企业竞争力评价指标，选取上市公司中唯一以体育场馆运营为主业的广州珠江体育文化发展股份有限公司（以下简称"珠江文体"）作为体育场馆运营类企业案例进行实证分析。

一 珠江文体企业竞争力现状

珠江文体自 2001 年成立至今已近 20 年，是一家老牌、具有持久力的体育场馆运营类企业。珠江文体在场馆经营和场馆管理上的收入构成达到 79.51%（见表 1）。

（一）盈利能力

如表 2 所示，首先，2016～2018 年，珠江文体的盈利水平保持稳定。第一，珠江文体的销售毛利率整体呈上升趋势，2016～2018 年上升了 3.49 个百分点。第二，2017 年的成本费用利润率比 2016 年上升了 4.57 个百分点，2018 年比 2017 年下降了 2.11 个百分点，2016～2018 年总体上升了 2.46 个百分点，整体呈小幅增长趋势，较

---

① 《体育产业统计分类（2019）》（国家统计局令第 26 号），国家统计局网站，2019 年 4 月 9 日，http://www.stats.gov.cn/tjgz/tzgb/201904/t20190409_ 1658556. html。

表 1　珠江文体基本资料

公司简介	公司积极开展文化体育产业的研究与项目开发,在体育场馆、体育赛事运营管理和文化康体项目开发方面进行了大胆尝试,形成了独特优势。公司在运营管理体育场馆的过程中,将现代物业酒店管理理念融入体育场馆管理之中,开创了国内体育场馆酒店式管理的先河,率先在国内建立起了符合现代服务业要求的体育场馆管理体系。凭借在体育场馆运营管理领域的丰富经验和专业品质,公司已成为国内为数不多的最具影响力的体育场馆运营管理专业机构。公司现运营管理了六个建制体育场馆,包括位于广州市的"广州体育馆"、"广州亚运城综合体育馆"和位于山东省济宁市的"济宁体育中心"、"济宁高新区综合体育馆"、"兖州体育中心"和"微山县体育中心"四个建制体育场馆。该公司主营业务:从事大型体育场馆及其附属设施的运营管理业务
成立日期	2001 年 4 月 16 日
主营构成 (最新年报)	场馆经营收入:46.47% 场馆管理收入:33.04% 物业经营收入:20.47% 其他业务:0.02%

资料来源:CSMAR 数据库。

为稳定。第三,公司净资产收益率、总资产报酬率、总资产净利率、投入资本回报率在 2018 年小幅下降,反映了珠江文体 2018 年的盈利情况有所下滑。综合来看,原因在于宏观经济波动引起销售收入减少、产品售价下跌等。

其次,珠江文体的盈利质量稳步提高,营运模式较为健康。与 2016 年相比,2018 年珠江文体的销售成本率小幅下降、整体销售毛利率略微上升且销售净利率总体保持稳定,说明公司对各项期间费用的控制较好,持续优化体育场馆运营,提高效率、控制成本。珠江文体的销售规模逐渐扩大,运营活动产生一定的规模效应,销售费用和管理费用未成比例上升使费用支出降低。2016~2017 年,珠江文体的成本控制较为稳当,营业总成本没有上升,使净利润占营业总收入的比重稳步上升。同时,销售费用、管理费用、财务费用三费用占营业总收入的比重基本处于稳定偏降趋势，说明公司的费用控制得力，经营效率较好。资产减值损失占营业利润的比重保持稳定，企业营运能力突出，应收账款情况较好，反映出企业的营运模式较为健康，几乎不存在"坏账"情况。经营活动净收益/利润总额在2018年保持稳定，价值变动净收益/利润总额上升明显，说明公司的收益质量相对可靠，没有采用投资收益盈余管理等方式来粉饰盈利质量。

再次，珠江文体的盈利成长能力较好。根据表2数据，2016～2018年，珠江文体的净利润/营业总收入、营业利润/营业总收入以及息税前利润/营业总收入在合理范围内波动，总体呈增长态势，较为稳定。

表2　珠江文体盈利能力情况

单位：%

时间	2018年 12月31日	2017年 12月31日	2016年 12月31日
报告期	年报	年报	年报
盈利能力			
净资产收益率（年化）	6.86	7.60	9.64
总资产报酬率	7.77	8.17	10.26
总资产报酬率（年化）	7.77	8.17	10.26
总资产净利率	6.05	6.62	7.43
总资产净利率（年化）	6.05	6.62	7.43
投入资本回报率	7.32	7.61	9.99
人力投入回报率（ROP）	41.18	42.71	35.66
销售净利率	12.46	13.94	10.78
销售毛利率	48.40	50.18	44.91
销售成本率	51.60	49.82	55.09
销售期间费用率	33.34	33.26	33.15
净利润/营业总收入	12.46	13.94	10.78
营业利润/营业总收入	16.82	18.76	10.19

时间	2018 年 12 月 31 日	2017 年 12 月 31 日	2016 年 12 月 31 日
报告期	年报	年报	年报
息税前利润/营业总收入	16.01	17.21	14.88
EBITDA/营业总收入	18.38	19.34	16.90
营业总成本/营业总收入	86.21	84.29	90.29
销售费用/营业总收入	13.66	13.73	11.56
管理费用/营业总收入	20.41	20.93	21.67
财务费用/营业总收入	−0.73	−1.40	−0.08
资产减值损失/营业总收入	0.03	0.03	0.07
成本费用利润率	14.67	16.78	12.21
资产减值损失/营业利润	0.19	0.14	0.65
主营业务比率	99.88	100.29	67.58
收益质量			
经营活动净收益/利润总额	81.90	83.98	64.45
价值变动净收益/利润总额	15.14	3.85	3.14
营业外收支净额/利润总额	0.12	−0.29	32.42
所得税/利润总额	25.98	25.49	28.49
扣除非经常损益后的净利润/净利润	78.92	82.14	59.84

资料来源：Wind 数据库。

从以上分析可看出，珠江文体的各项盈利指标较优，适应能力较强。如图 1 所示，在珠江文体的净资产收益率构成中，销售净利率的贡献较大，资产周转率的贡献一般，尽管权益乘数不高，但仍反映出珠江文体保持了较好的着力点。

（二）市场能力

在盈利的基础上，考察企业盈利的来源，即市场能力。从表 3 可以看出，珠江文体的客户销售占比没有严重失衡，说明其市场能力较

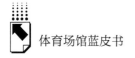

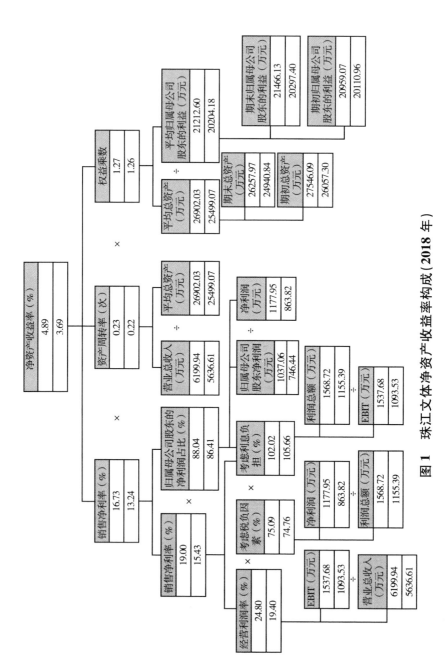

图 1　珠江文体净资产收益率构成（2018 年）

资料来源：EPS 数据库。

好，不容易受某一主要客户的合作关系变化的影响而导致收入大幅下降。珠江文体运营已经建设好的体育场馆，客户较优，只是主营业务比例较高（见图2）。

表3　珠江文体的客户结构

报告期	单位名称	销售金额（亿元）	销售占比（%）
2018 年报	济宁市体育局	0.20	15.00
2018 年报	广州市番禺区文化广电旅游体育局	0.07	5.67
2018 年报	微山县教育体育局	0.05	3.81
2018 年报	济宁市兖州区体育运动服务中心	0.05	3.56
2018 年报	广州汇都休闲会所有限公司	0.04	3.08
2017 年报	济宁市体育局	0.20	16.59
2017 年报	广州市番禺区财政局	0.07	6.24
2017 年报	广州汇都休闲会所有限公司	0.03	2.71
2017 年报	广州家和餐饮有限公司	0.03	2.39
2017 年报	微山县教育体育局	0.02	1.81

资料来源：CSMAR 数据库。

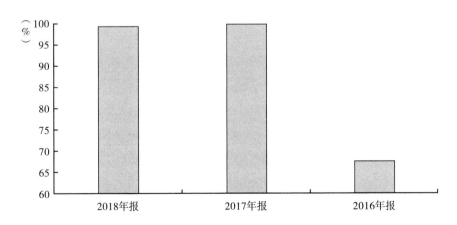

图2　珠江文体主营业务比例

数据来源：Wind 数据库。

（三）杠杆能力

考察企业的财务杠杆能力，可以了解其财务"借力"和财务"窘境"之间的平衡度。根据表4数据，从杠杆风险来看，珠江文体的资本负债率在2016～2017年上升明显，2017～2018年的升幅较小，总体来看较为平稳，公司举债经营风险较小，并且适度扩大了生产规模、开拓市场，在一定程度上增强了企业活力，营运能力尚佳。从流动资产来看，流动资产占总资产的比重降低，如表5所示，应收账款等流动资产营运能力提高。从自有资本来看，2016～2018年，珠江文体的资本固定化比率增幅明显，反映出公司自有资本用于长期投资的数额增加。根据以上分析，珠江文体的杠杆能力不强，但杠杆控制力较好，稳健安全。

表4　珠江文体的杠杆能力情况

时间	2018 年 12 月 31 日	2017 年 12 月 31 日	2016 年 12 月 31 日
报告期	年报	年报	年报
资本结构			
资产负债率	21. 61	21. 25	18. 67
长期资本负债率	1. 27	1. 55	1. 09
长期资产适合率	796. 58	4353. 91	5520. 50
权益乘数	1. 28	1. 27	1. 23
流动资产/总资产	89. 24	97. 04	97. 25
非流动资产/总资产	10. 76	2. 96	2. 75
有形资产/总资产	75. 29	76. 06	78. 69
非流动负债权益比率	1. 29	1. 57	1. 10
流动负债权益比率	27. 12	25. 96	22. 26
归属母公司股东的权益/全部投入资本	97. 07	98. 00	98. 31

续表

时间	2018 年 12 月 31 日	2017 年 12 月 31 日	2016 年 12 月 31 日
报告期	年报	年报	年报
带息债务/全部投入资本	0.00	0.00	0.00
流动负债/负债合计	95.46	94.29	95.30
非流动负债/负债合计	4.54	5.71	4.70
资本固定化比率	14.15	3.83	3.44
偿债能力			
流动比率	4.32	4.84	5.47
速动比率	4.32	4.84	5.46
保守速动比率	2.07	4.17	4.96
现金比率	1.84	3.81	4.75
现金到期债务比	—	—	—
现金流量利息保障倍数	—	—	—
产权比率	0.28	0.27	0.23
归属母公司股东的权益/负债合计	3.52	3.63	4.28
归属母公司股东的权益/带息债务	—	—	—
有形资产/负债合计	3.48	3.58	4.21
有形资产/带息债务	—	—	—
有形资产/净债务	—	—	—
息税折旧摊销前利润/负债合计	0.40	0.41	0.38
经营活动产生的现金流量净额/负债合计	0.38	0.36	0.48
经营活动产生的现金流量净额/带息债务	—	—	—
经营活动产生的现金流量净额/流动负债	0.39	0.38	0.50
经营活动产生的现金流量净额/净债务	—	—	—
经营活动产生的现金流量净额/非流动负债	8.28	6.23	10.17

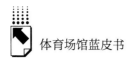

续表

时间	2018 年 12 月 31 日	2017 年 12 月 31 日	2016 年 12 月 31 日
报告期	年报	年报	年报
非筹资性现金净流量与流动负债的比率	-160.17	4.92	41.25
非筹资性现金净流量与负债总额的比率	-152.90	4.64	39.31
已获利息倍数（EBIT/利息费用）	—	—	—
长期债务与营运资金比率	0.01	0.02	0.01
长期负债占比	4.54	5.71	4.70
有形净值债务率	28.71	27.94	23.73
EBITDA/利息费用	-22.26	-12.85	-89.90

资料来源：CSMAR 数据库。

（四）营运能力

如果没有良好的营运能力，企业就难以具备良好的盈利能力和杠杆能力。如表 5 所示，珠江文体的营运能力具有以下三个特征。其一，从存货周转看，2016～2018 年，存货周转天数情况有很大改善，存货周转率持续上升，说明公司存货的占用水平低、流动性强，存货转换为现金或应收账款的速度快，这提高了公司的变现能力、短期偿债能力和获利能力。其二，从应收账款看，珠江文体应收账款的回款能力较强，营运资金掌控较好，发生坏账的概率较低，应收账款不会对未来经营业绩造成影响。其三，从营运资本看，2016～2018 年，应付账款周转率的下降和周转天数的增加说明公司可以更多地凭借自身的商业信用来补充营运资本而无须向银行短期借款。珠江文体在同行业内的市场地位上升，信誉提高，在资金上有一定的主动权，付款条件有利，对上游企业的付款谈判能力提高。从以上分析可知，珠江文体的营运能力较为稳定，具备了一定的抗衰降能力。

表 5　珠江文体的营运能力情况

单位：天，%

时间	2018 年 12 月 31 日	2017 年 12 月 31 日	2016 年 12 月 31 日
报告期	年报	年报	年报
营业周期	39.41	37.79	18.56
存货周转天数	0.55	0.74	0.84
应收账款周转天数	38.86	37.04	17.72
存货周转率	654.13	485.74	429.94
应收账款周转率	9.26	9.72	20.32
流动资产周转率	0.52	0.49	0.72
固定资产周转率	41.36	34.16	36.44
总资产周转率	0.49	0.47	0.69
应付账款周转率	4.82	5.64	7.62
应付账款周转天数	74.75	63.85	47.28
净营业周期	-35.35	-26.07	-28.72
营运资本周转率	0.67	0.61	0.98
非流动资产周转率	6.97	16.61	16.17

资料来源：Wind 数据库。

（五）安全能力

在安全能力方面，从货币资金储备来看，2016～2018 年，珠江文体的货币资金占总资产的比重偏高，说明其资金储备率较高，经营风险小，偿债能力较强；从盈利情况看，根据利润总额和净利润总额表现，珠江文体运营保持平稳，管理能力和盈利能力较强（见表 6）。

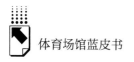

表6 珠江文体的安全能力情况

单位：万元

年份	2018 年 12 月 31 日	2017 年 12 月 31 日	2016 年 12 月 31 日
报告期	年报	年报	年报
货币资金	10440.58	19904.93	20108.05
资产总计	27546.09	26057.30	23769.93
负债合计	5953.83	5536.58	4438.45
营业总收入	13010.90	11829.51	10007.20
利润总额	2190.66	2213.40	1508.19
净利润总额	1621.54	1649.24	1078.53

资料来源：CSMAR 数据库。

在员工方面，从员工构成来看，珠江文体的技术员工占比较低，行政人员占比较高，公司的人工成本较低；从员工人数看，2016～2018年，珠江文体进行了成本控制，员工数量大幅减少，但总成本和费用控制得较好，人均创收增加（见图3）。总体来看，珠江文体的安全能力较优，具备一定的抗风险能力。

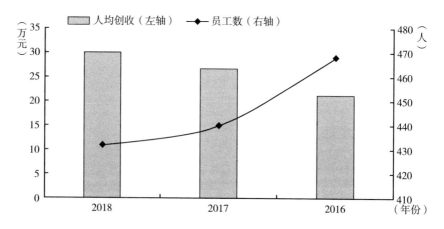

图3 珠江文体的人均创收及员工人数变化

资料来源：Wind 数据库。

（六）成长能力

成长性是企业潜力的表现，代表了企业未来的实力。根据表7的同比增长率及相对年初增长率数据可知，2016～2018年，珠江文体的营业利润和净利润指标总体向好，但受宏观经济影响，每股收益的增幅在2018年有所下降。

表7　珠江文体的成长能力情况

单位：万元，%

时间	2018年 12月31日	2017年 12月31日	2016年 12月31日
报告期	年报	年报	年报
同比增长率			
每股收益（基本）	-6.67	50.00	-83.33
每股收益（稀释）	-6.67	50.00	-83.33
每股经营活动产生的现金流量净额	13.67	-7.26	-89.79
营业总收入同比增长率	9.99	18.21	20.35
营业收入同比增长率	9.99	18.21	20.35
营业利润	-1.43	117.91	-14.89
利润总额	-1.03	46.76	32.21
归属母公司股东的净利润	-5.28	48.57	27.75
归属母公司股东的净利润（扣除非经常损益）	-8.98	103.92	-25.89
经营活动产生的现金流量净额	13.68	-7.26	-21.46
净资产收益率（摊薄）	-9.11	40.40	-88.19
相对年初增长率			
每股净资产	4.48	5.79	40.74
资产总计	5.71	9.62	351.67
归属母公司的股东权益	4.22	5.82	981.57

资料来源：Wind数据库。

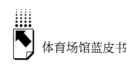

信息技术对企业成长性的影响较大。在信息技术应用方面，珠江文体注重客户体验，较为重视企业门户网站的建设（见表8），这有利于良好的客户关系管理模式的建立和发展，增强企业竞争优势，助力企业稳步成长。总体来说，珠江文体具有稳定的成长能力，存在一定的成长空间。

表8　珠江文体的信息技术情况

网站名称	网址	域名
城市文体	www. citywenti. cn	citywenti. cn
城市文体	www. citywenti. com	citywenti. com
城市文体	www. citywenti. com. cn	citywenti. com. cn
城市文体	www. citywenti. net	citywenti. net
广州珠江体育文化发展有限公司	www. gztyg. net	gztyg. net
广州珠江体育文化发展有限公司	www. gzjtywh. com	gzzjtywh. com
广州珠江体育文化发展有限公司	www. 广州体育馆 . cn	广州体育馆 . cn
广州珠江体育文化发展有限公司	www. 广州体育馆 . com	广州体育馆 . com
广州珠江体育文化发展有限公司	www. 广州体育馆 . 中国	广州体育馆 . 中国
广州珠江体育文化发展有限公司	www. 广州珠江体育文化 . cn	广州珠江体育文化 . cn

资料来源：CSMAR 数据库。

二　珠江文体的发展趋势

下面将从以下三个方面分析珠江文体的未来竞争力。

其一，从盈利能力和营运能力分析，近年来，珠江文体运营稳定，具备抗衰降能力。珠江文体在体育场馆运营方面具有强劲的行业竞争力和良好的成本管理能力与盈利能力。

其二，从安全能力和杠杆能力分析，在宏观经济有所波动的情况下，珠江文体受到影响较小，其杠杆控制力好，稳健安全，具备一定的竞争力。

其三，从市场能力和成长能力分析，近年来国家加大了对体育产业的支持力度，在政策的带动下，随着赛事和健身活动的增加，体育场馆运营行业将得到迅速发展。珠江文体运营管控能力较强，凭借稳扎稳打的运营，将来会做得更好。

三 体育场馆运营类企业提高竞争力的建议

通过分析核心指标——盈利能力、市场能力、杠杆能力、营运能力、安全能力和成长能力，能够科学、全面地评估一个体育场馆运营类企业的竞争力情况。了解同行业企业的管理情况，企业可以制定差异化战略，使产品和服务与业内其他企业相比具有明显差别，发展独特有力的竞争优势。其中包括有利的经营服务条件，如设施条件（如新设备）、交通条件（如位于交通便利区）、信息条件（如地处经济发达地区，信息灵通）、人力资源条件（如处于人才集中区）、独有的政策条件（如能得到政府的重点扶持、享受政府的政策优惠待遇等）。

体育场馆运营类企业面对自身存在的问题，需要采取有针对性的竞争措施，保持自己在行业内的优势地位。

第一，在盈利能力和营运能力方面，首先，场馆建成后，在运营中不断提高盈利能力和优化竞争模式。现阶段，企业需要广泛开展国际赛事的合作和交流，加快模式转型。其次，进一步完善管理制度。不断学习并吸收国际先进体育场馆的经营和管理理念，进一步健全企业的财务系统，完善客户维系、售后管理等制度，提高管理水平。中国很多体育场馆运营类企业的经营者不是创业企业家，而是体育人士，其商业理念难以满足国际体育市场经济发展的条件，产业概念、服务概念、市场概念、利益概念、服务概念实际上还没有确立，对国

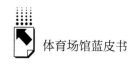

际竞争和企业危机的认识不太敏感。①

第二，在市场能力和成长能力方面，创新体育客户喜闻乐见的模式和体验。体育场馆运营类企业的核心业务是服务，而服务的中心是消费者，围绕消费者提供的体验式服务是未来企业进行差异化营销、开拓市场的趋势。当前体育场馆运营类企业的业务范围、多样性和商业模式存在明显的均一性，未来，随着体育场馆市场的竞争越来越激烈，需要革新营销技术，提高服务效率和质量，从而增加市场份额，持续提高体育场馆运营类企业的市场能力。② 首先，要以顾客为中心，有效满足顾客需求，提供让顾客满意的营销服务；其次，遵守多样化和层次组合的原则，在制定营销战略时，需要考虑各种各样顾客的实际需求，并对需求进行分类；最后，提供高品质、特色的服务，进行服务创新。

第三，在杠杆能力方面，提高杠杆能力，优化体育金融投资体系，改善体育场馆运营类企业的融资环境和金融服务，以吸引资金。体育场馆运营类企业必须重视资本市场机遇，这不仅有利于自身的发展，也可以推动企业尽快成长为体育场馆领域的巨头，收购其他体育场馆运营类企业，通过资本市场介入来降低收购成本，在较短的时间内获得较多的通道资源并占据重要的市场份额，使并购的双方能够实现核心能力和资产的互补，最终实现双方的互利共赢。同时，体育场馆运营类企业应优化资本结构，保持合理的负债水平。③

第四，在安全能力方面，体育场馆运营类企业应扩大资产规模和提高抗风险能力。体育场馆运营类企业应持续地提高经营效率，这在

---

① 王钊、谭建湘、王敏：《体育场馆公共服务研究》，《体育文化导刊》2015 年第 5 期，第 17 页。

② 李军岩、程文广：《全球竞争背景下我国体育用品企业创新能力提升策略研究》，《南京体育学院学报》2011 年第 1 期，第 84 页。

③ 李艳丽：《我国大型体育场馆财务运营及对策研究》，《北京体育大学学报》2013 年第 3 期，第 16 页。

很大程度上将提高其在资源价值开发和利用上的安全能力。从根本上看，保障经营的每个环节都做到信息的高品质传递和共享是企业提高安全能力的关键因素。

随着信息和通信技术的快速发展，越来越多的传统体育场馆运营类企业进入了电子商务时代，电子商务技术适用于体育场馆运营类企业运营活动的各个方面，为体育场馆运营类企业的持续开发和扩大提供主要的技术支持，例如虚拟体育场、虚拟体验、虚拟现实等新模式。新技术的发展给传统的体育场馆运营类企业带来了不断变革和提高竞争力的机会。通过互联网技术系统，可以有效收集各种各样的消费者需求、顾客说明、顾客满意度等信息，持续改善产品和服务，为顾客提供满意的产品和服务，同时增加资产、利润，增强企业的安全能力，从而有效提高体育场馆运营类企业的竞争力。

除了提高这些核心能力，还需要做好配套的支撑工作，尤其是人力和品牌方面。其一，完善企业经营者激励制度，构建人力资源培训体系。企业应加强比较优势，建立有创新能力的人才队伍，推动企业的可持续发展。在人才培养方面，可采取内部培养和外部引进的方法；企业应为人才的成长创造一个优越的环境，在各方面采取一些积极政策，使员工能够在企业中继续提高和拓展职业能力，从而在企业内建立一支较强的创新队伍。目前，中国本土的体育场馆运营类企业竞争力还不强，建立人才激励制度和培养体系是提高国内体育场馆运营类企业竞争力的重要举措。总之，体育场馆运营类企业之间的竞争与人才的竞争有着密不可分的关系。某种程度上，体育场馆运营类企业在各方面能力的高低是决定其能否长期稳定发展的因素。[①]

其二，实施品牌战略，重视无形资产和长期增值。一方面，独特

---

① 白震、杨黎:《体育用品企业核心竞争力打造与提升的对策研究》,《成都体育学院学报》2006 年第 4 期，第 16 页。

的品牌会在消费者心中形成一个独特的记忆符号，这一符号价值作为企业的无形资产在市场竞争中有着举足轻重的作用。构建企业品牌就是以企业产品和服务质量为基础打造企业的符号价值，形成品牌资产。品牌资产在企业不断成长的过程中获得内源力量，进行长效增值。另一方面，品牌战略也是企业吸引人才的重要方式。对于拥有国内外知名品牌的企业来说，其良好的声誉和形象不仅可以吸引优秀的经营人才和世界一流的员工，也有助于激励员工，促进企业更好、更快地发展，这样的良性循环将大大提高企业的竞争力。体育场馆运营类企业需要更新概念，提高服务意识，根据国际标准提高服务水平，确立"服务第一"的理念。通过服务、价格、信誉、文化等因素来培育自己的无形资产，在保障总产值质量的同时，增加其体育场馆服务的增值部分，满足消费者的体验消费心理，使企业拥有较高的知名度和获得相应的美誉度，实现获客和引流。[①]

综上所述，在信息和通信时代，体育场馆运营类企业竞争力变动周期缩短，企业间的竞争越发激烈。因此，高质量、高效率地挖掘体育场馆运营类企业的竞争优势，是每个体育企业家必须做的战略分析。在企业战略的指引下，通过对这些竞争优势的管理组合，进而培育和塑造企业的核心竞争优势，这样才能全方面提高体育场馆运营类企业的竞争力。

参考文献

耿宝权：《基于平衡计分卡的大型体育场馆运营绩效评价研究》，《北京

---

① 吴同生：《论品牌战略在企业营销中的地位》，《科技情报开发与经济》2006年第9期，第202页。

体育大学学报》2012 年第 12 期。

耿国阶、李超：《政府购买社会服务的"内卷化"——基于 A 县政府购买城市规划服务的实证分析》，《东北大学学报》（社会科学版）2018 年第 6 期。

姬庆、陈元欣：《公共体育场馆委托管理服务合同研究》，《成都体育学院学报》2019 年第 4 期。

李海杰：《基于 WSR 的公共体育场馆运营管理绩效评价研究》，《体育研究与教育》2018 年第 3 期。

李明：《PPP 大型体育场馆项目契约治理路径及框架体系构建的实证研究》，《首都体育学院学报》2018 年第 5 期。

盛菊霞：《托管型公共体育场馆社会效益评价指标的构建》，《成都体育学院学报》2012 年第 4 期。

王进、颜争鸣、潘世华、徐光辉、顾璟佶：《大型体育场（馆）运营综合评价指标体系的研究及运用》，《体育科学》2013 年第 10 期。

杨风华：《对我国城市公共体育场馆服务民营化改革的认识》，《首都体育学院学报》2018 年第 5 期。

郑文林、朱菊芳：《两权分离改革下江苏省体育场馆绩效评价的困境及对策》，《体育文化导刊》2018 年第 10 期。

B.12
北京科技大学体育馆建设经验及运营启示

邹华东　鞠洋*

摘　要：　北京科技大学体育馆是2008年北京奥运会柔道、跆拳道，残奥会轮椅篮球、轮椅橄榄球的正式比赛场馆。作为奥运会新建的4所高校体育场馆之一，北京科技大学体育馆建设秉持绿色环保理念、采用先进技术、融入学校人文环境。在完成奥运赛事任务后，经过调查研究、场地改造和队伍建设，体育馆于2009年对外开放运营，成为开展校园体育和推动群众体育的重要载体。本文运用文献资料法、归纳法分别从场馆设施、赛事举办与服务、赛后运营等方面总结介绍了北京科技大学体育馆的经验，并为高校大型体育场馆建设及运营提供参考。

关键词：　奥运会场馆　高校体育馆　赛后利用　以馆养馆

2007年10月，北京科技大学体育馆建成并投入使用，在圆满完成2008年北京奥运赛事任务后，于2009年4月对外开放运营。北京科技大学体育馆采用校级直属机构自主运营管理的形式，通过不断探

---

* 邹华东，北京科技大学体育馆管理中心主任、副教授；鞠洋，北京科技大学体育馆管理中心副主任、助理研究员。

索，形成一套既满足校内使用需求，又确保场馆可持续发展的高效运营模式，实现了"以馆养馆"的运营目标。

一 场馆特色

（一）建设历程

2001 年 7 月 13 日，时任奥委会主席萨马兰奇先生宣布北京成为 2008 年第 29 届奥运会主办城市，这意味着中国体育事业将迈上一个崭新的台阶。2002 年 10 月 16 日，经国务院第 141 次总理办公室会议批准，北京科技大学体育馆成为 2008 年北京奥运会新建的 11 个场馆之一，也是新建的 4 座高校场馆之一。场馆由清华大学建筑设计研究院设计、中国新兴建设开发有限责任公司建设、北京远达建设监理有限责任公司负责监理。2005 年 10 月 18 日，北京科技大学体育馆开工奠基，拉开了体育场馆工程建设的序幕，场馆主要建设历程见表 1。

表 1　北京科技大学体育馆建设历程

时间	建设进度
2005 年 10 月 18 日	建设开工奠基
2005 年 11 月 22 日	基础开挖完工
2006 年 9 月 5 日	地基基础完工
2006 年 9 月 28 日	主体混凝土封顶
2007 年 5 月 15 日	砌体完工
2007 年 8 月 20 日	金属屋面完工
2007 年 9 月 30 日	幕墙完工
2007 年 10 月 25 日	屋面卷材完工
2007 年 10 月 26 日	装饰装修完工
2007 年 11 月 14 日	体育馆竣工

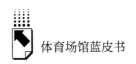

北京科技大学体育馆的建设全面落实"节俭办奥运""廉洁办奥运"的方针，对工程建设进行严格管理和监督，实现了安全、质量、工期、功能、成本的"五统一"，在北京奥运会新建场馆评估中名列前茅，受到广泛好评，经验得到推广。2007 年 11 月，历时 2 年，一座崭新的现代化体育馆屹立在校园之中。

（二）建筑特色

北京科技大学体育馆由主体育馆和副馆构成，总建筑面积 24662 平方米。其中，主体育馆中设 60 米 ×40 米的比赛区和 8012 个观众座席（含临时座席区），副馆中设 50 米 ×25 米的标准游泳池。北京科技大学体育馆从选址到设计、从建筑到施工、从赛事到服务，处处彰显"绿色奥运、科技奥运、人文奥运"三大理念，场馆呼应校园规划，融合奥运的运动之美与北京科技大学的"钢铁摇篮"之称。

1. 绿色环保

由于场馆位于校园内，场地资源十分有限，场馆在设计时尽最大可能节约用地和营造绿色环境，使绿化空间合理且灵活。奥运会赛事举办期间，主要对停车场进行绿化，赛后将大部分广场用地改建为绿地。同时，体育馆广泛采用高科技环保技术。一是在游泳馆屋面安装了约 800 平方米的太阳能集热板，可日产 150 立方米的淋浴热水，赛时为运动员提供淋浴热水，赛后为泳客提供配套服务，大大降低了能源消耗；二是体育馆广场区域使用了太阳能光伏照明系统，发电量达到 5 千瓦时；三是在体育馆广场南侧建设了一座 150 立方米的雨水收集池，收集的雨水可以用于广场绿化灌溉，真正实现了雨洪循环再利用。

2. 先进技术的应用

（1）光导管装置

体育馆中心场地屋顶安装了 148 个直径为 530 毫米的光导管，这是当时世界上首次大面积使用该技术，也是体育馆的建设亮点。室外光照充足时，光导管采集的光线能够满足体育训练的需求，基本不需要灯光照明或仅需要开启辅助照明，每年主场地照明这一项就可节省电费 25 万元。由于光导管装置是密闭的，一次安装完成后在维护上无须投入过多，大大降低了设备维护的费用。光导管在白天采集自然光照亮室内，晚上则可以将室内的灯光通过屋顶的采光罩传出，起到美化夜景的效果。

（2）双向正放网架

在场馆屋顶建构上，采用了改进型双向正放网架、拔杆群外扩法整体提升技术、凹槽型吊装保护装置等先进技术。体育馆顶部结构跨度大，要在 77 米×105 米的网架上吊挂设备，平均荷载很大，经过创新和优化，采用了改进型双向正放网架，整个屋顶网架的用钢量每平方米仅为 66 千克，使顶部构造更加安全可靠、现代时尚。

（3）防腐防锈的螺栓球喷锌工艺

为了解决体育馆的赛后利用问题，奥运赛事结束后，北京科技大学体育馆副馆恢复成游泳馆，考虑到游泳馆内的水质消毒和潮湿环境，在场馆建设之初对螺栓球采用了防腐防锈的喷锌工艺，保证顶部结构的正常使用年限。

（4）生态砂透水砖

北京科技大学体育馆广场及周围共约 2000 平方米的地面都铺上了具有生态效应的生态砂透水砖，这种砖具有透水、透气、耐压、耐磨、融雪和防滑等特性。

北京科技大学体育馆从内部到外部融合绿色与科技，美观大方、坚固实用，材料选用严格、施工过程规范，在保证工程进度的同时也保证了工程质量和人员安全。

3. 人文气息与人文关怀

（1）融合校园文化

北京科技大学于 1952 年由天津大学（原北洋大学）、清华大学

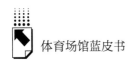
等 6 所国内著名大学的矿冶系科组建而成。半个多世纪来，北京科技大学的体育竞技水平和群众性体育活动在北京乃至全国享有盛誉，涌现了一批以李敏宽、楼大鹏、巩立姣为代表的优秀教练员、体育官员和运动员。学生田径代表队在全国及北京市高校竞赛中数次折桂，女篮代表队在北京市高校联赛中连续 12 次夺冠；北京科技大学也是中国大学生柔道协会和北京大学生柔道跆拳道、摔跤协会主席单位。北京科技大学是名副其实的体育传统学校，有着丰富、浓厚的体育文化和运动氛围，学校师生参与体育运动的积极性高，可以说体育馆的建成使用是全校师生共同的期盼。

北京科技大学前身是"北京钢铁学院"，冶金及材料学科尤为突出。体育馆外立面采用了钢板结构，并以铁锈红色为主色调，凸显了"钢铁学院"的钢铁意志，这个精心的设计与学校的人文历史相辅相成，充分体现了人文奥运精神。体育馆的外观沉稳厚重，与北京科技大学严谨的校园文化完美结合，与校园内的其他建筑浑然一体。体育馆正面宽阔的五环广场、矗立的电子屏幕为北京科技大学师生弘扬奥林匹克文化和宣传体育工作提供了良好的平台。

（2）"带"的意义

凝重浑厚的体育馆位于学校原有中轴线的最东端，矗立于体育场的东侧，与体育场看台遥相呼应，校园规划整体更加协调，学校中轴线"文脉"得到延伸。北京科技大学体育馆作为北京 2008 年奥运会柔道、跆拳道的比赛场馆，在外形设计上，使用了柔道、跆拳道运动中"带"的观念。3 米宽、间距 0.75 米的铁锈红色金属板立面均匀分布，挺直的线条和极富雕塑感的板材，使体育馆显得精致而稳重，蕴含着柔道、跆拳道运动特有的沉着与爆发力；整齐而极具韵律的线条从体育馆的外墙立面一直延伸至中心广场，刚柔并济，传递着"带"的意象。与其他体育馆相比，北京科技大学体育馆外形稳重、传统，玻璃幕墙和亚光金属面板将体育馆外墙划分成一条条明暗交替的光带，象征着柔道和跆拳道项目不断超越的段位。

（3）人文关怀

作为第13届残奥会轮椅篮球、轮椅橄榄球的比赛场馆，北京科技大学体育馆的无障碍设施齐全、分布合理、安全可靠，包括室外停车场、观众入口、楼梯、电梯、座席、卫生间等场馆各处均安装修建了无障碍设施（见表2）。

表2 北京科技大学体育馆无障碍设施情况

设施名称	数量
无障碍座席	39个
无障碍卫生间	14个
无障碍电梯	3部，其中一部在贵宾区
无障碍坡道	7个（可无障碍通向一层和二层）

二 赛后运营情况

（一）场地改造

北京科技大学体育馆建筑面积24662平方米，整体布局为地下一层、地上三层。主场地面积2400平方米，有固定座席3825个，热身场地面积750平方米，有50米×25米的标准游泳池，三层南北平台面积各1060平方米，地下室面积450平方米，一层至三层有大小功能房间81间（约2500平方米），体育馆改造完成后一层及三层平面图见图1及图2。

北京科技大学体育馆秉持"满足赛时，立足赛后"的设计理念，游泳馆在奥运赛事期间临时填平，作为比赛的热身场地和工作人员办公区，赛后恢复游泳馆原貌。主场馆三层南北两侧平台在赛时搭建

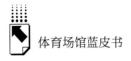
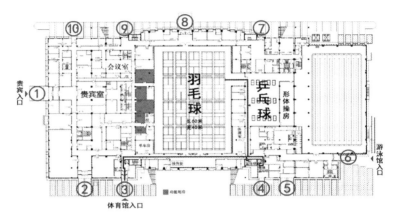

图1　场馆一层平面图

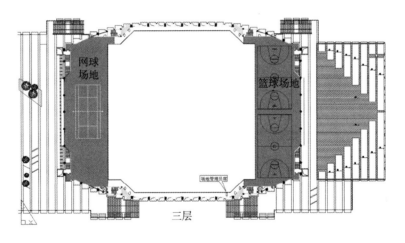

图2　场馆三层平面图

4000个临时座席，赛后经过改造，南侧为两片篮球场地，北侧为一片网球场地。这样，赛时整个体育馆浑然一体，功能齐备；赛后，体育馆"变"成一个拥有近4000个座席的中心主馆、一个乒乓球馆、两片篮球场地、一片网球场地和一个游泳馆，可谓"一馆变五馆"，场地具体改造情况如表3所示。主馆周围还有大量功能用房，可承办国际、国内大型体育赛事，开展体育教学、训练、健身、会议会展、文艺演出等多种活动，成为师生、员工和社区居民的重要活动场所，在这里延续后奥运的精彩。

表3 场地改造情况

项目	数量	场地信息
羽毛球	20 片	2400 平方米,主场地,专业地胶
乒乓球	15 片	原热身候场区,500 平方米,培训业务合作
篮球	2 片	三层临时座席区改造,专业木地板
网球	1 片	三层临时座席区改造,专业运动地面
游泳	1 个	原工作人员办公区,50 米×25 米标准泳池
健身房	1 间	总面积为697 平方米,其中地下面积约为450 平方米;动感单车房和形体操房在一层,器械健身区在地下一层
室内高尔夫	15 个打位	位于体育馆2 号门区域,暂未对外经营,使用面积约为 700 平方米
二层南侧大厅	150 平方米	跆拳道教学区(非对外经营项目)
二层北侧大厅	100 平方米	柔道教学区(非对外经营项目)

资料来源：笔者统计。

（二）体育馆定位

为了充分利用体育馆，北京科技大学专门成立了体育馆使用规划工作组对体育馆的使用进行规划，并为体育馆确立新的定位。体育馆的功能定位为：以服务学校和师生为主，加强大学生素质教育，促进学校体育事业的发展。同时，对外适度开放，兼顾经济效益和社会效益。体育馆的目标定位为：以馆养馆，持续发展，不断完善各项软硬件设施，提高服务水平，成为健康文明、环境舒适、设施一流、服务周到的体育教学训练、师生和员工健身、举办大型活动的场所。体育馆在承担学校大型活动、体育教学、运动队训练之外，还开设游泳、篮球、网球、乒乓球、羽毛球等经营项目，详情见表4。

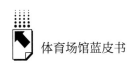

表 4　体育馆各项目赛后运营模式

项目	数量	运营模式
羽毛球	20 片	
乒乓球	15 片	
篮球	2 片	体育馆自营
网球	1 片	
游泳	1 个	
健身房	1 间	合作运营
室内高尔夫	15 个打位	
二层南侧大厅	150 平方米	暂未对外开放,仅用于体育教学
二层北侧大厅	100 平方米	

资料来源：笔者统计。

（三）组织架构

北京科技大学体育馆由学校自主管理，成立体育馆管理中心负责日常运营与维护，实行馆长负责制，在服务学校的前提下实行企业化管理；体育馆实行全成本核算制度，自负盈亏。

场馆的职能部门包括场馆管理部、市场服务部、物业管理部、设备运行部，各部门分工明确、职责明晰，团队规模为 55～58 人，其中管理人员 15 人。组织架构相对扁平化，大大降低了人员冗余和职能交叉的情况。体育馆组织架构及各部门职能划分如图 3 所示。

（四）运行机制

围绕场馆定位，北京科技大学体育馆在保障学校使用的前提下适度进行市场化运营。根据场地改造后开设的运动项目，对校内外采用差别定价、有偿开放的模式。校内大型活动无偿使用，包括开学典

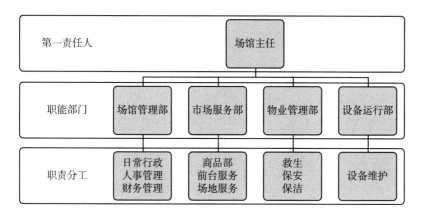

图3 北京科技大学体育馆团队组织架构

礼、毕业典礼、校庆大会、大型双选会以及校级临时性大型活动；体育教学及代表队训练无偿使用，包括羽毛球、乒乓球、跆拳道、游泳、健美操、跆拳道、柔道等十门课程，男篮、女篮运动队训练，羽毛球队训练，跆拳道队训练。对外可承办国内外专业体育赛事、趣味运动会、公司年会、机器人比赛等大型活动，收费标准根据活动性质、规模等情况略有差别。

三 经验总结及启示

（一）运营实例

自2009年对外开放运营以来，根据每学期体育教学安排及代表队训练用场，北京科技大学体育馆年均可承办校内外大型活动35场。高校体育场馆在满足校内使用需求的基础上适度对外开放运营，因此对外开放时间十分有限，教学期间仅限于周末承办大型活动。为了保持财务收支平衡，充分开发利用场地资源，北京科技大学体育馆形成了一套高效、完善的协调工作流程。

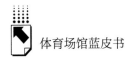

1. 日常项目运营

北京科技大学体育馆自开放运营之初便使用了场馆管理系统，主要用于场地预定、商品售卖、经营收入的管理统计，财务人员在每天营业时间结束后核对收入数据。顾客进入场馆后首先到服务台支付场地费用，换取消费凭条，球类项目设立场地服务岗位，通知设备人员开启场地灯光，引导顾客到相应场地，及时整理场地器材。日常运营时，各岗位各司其职，由部门自行管理排班。

2. 大型活动运营

在举办大型活动方面，由于体育教学占用大量场地和时间，首先需要与体育部协调排课计划，即每周五主场地不安排体育课程，这样活动主办方可以利用周五的时间进场搭建，充分释放了周末的场地资源。待确认好场地档期后，场馆方与学校保卫处等部门报备活动性质及规模，由学校保卫处配合协调交通、安全等问题。

以一场参与人数为2500人的年会活动为例，主办方通过前置审批流程后，体育馆在主办方进场前拆卸主场地羽毛球架，铺设好地毯以保护地面，协助主办方搭建舞台，并完成消电检工作。在活动举办过程中，配合主办方完成音控、照明、安防等工作，协调处理现场突发状况。活动结束后第一时间督促主办方拆除舞台，撤除地毯等物资，恢复主场地原貌。在大型活动组织工作中，由各部门经理统一协调工作，按比例抽调员工参与大型活动保障工作，形成了"日常按岗分工，活动集体配合"的模式，既保障日常运营有序开展，又助力大型活动高效完成。

目前，北京科技大学体育馆主要收入为日常项目、大型活动、培训合作三部分，比例大约为6∶3∶1。作为全成本核算单位，日常运营支出由场馆自行承担，主要支出为设备采购及保养、人员薪酬两部分，年度盈余全部上缴学校。

（二）运营经验及启示

第一，场馆建设选址问题。北京科技大学体育馆位于学校中轴线上，整体规划统一和谐，与学校的文脉相承，但由于校园功能布局和空间的局限性，体育馆与家属区距离较近，承办大型活动时容易出现噪声较大、车辆拥堵等问题。为降低对周围居民的影响，体育馆更改了日常出入口，细化了大型活动安装、拆卸舞台等工作。

第二，场馆与校园文化的融合问题。在选用场馆设计方案时，从学校的办学特色、校史文化、建筑风格等多方面进行考量，既突出承办的奥运会比赛项目的特色，又充分考虑与校园文化的和谐统一。场馆选用的铁锈红主色调沉稳厚重，契合了学校"学风严谨、崇尚实践"的精神，建成使用10多年仍令人眼前一亮、印象深刻。

第三，运营模式的选择。高校体育场馆开放运营的主要目标是优先满足校内使用需求，在此基础上适度对外，因此在时间和空间上有很大的局限性。目前高校体育场馆运营模式主要有三种：体育部或后勤管辖、委托第三方管理、成立专门机构。三种模式各有利弊，但就场馆长远发展而言，成立专门机构更有助于高校体育场馆的维护管理和良性发展。无论选择何种运营模式，要明确主旨目标，热爱场馆事业，真正实现"以馆养馆，持续运营"。

北京科技大学体育馆由于便利的地理位置、优质的硬件设施和专业的服务得到师生、顾客的广泛好评，自2013年以来，场馆连续7年年收入突破千万，并能实现盈余。场馆使用率高、运转速度快，运营团队配合默契，各项事业的发展均位于全国高校场馆前列。今后，北京科技大学体育馆将大力促进智能化、信息化建设，全方位、多层次持续开发场馆资源，持续打造优秀高校体育场馆的名片。

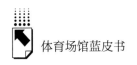

参考文献

车雯、陆亨伯、郝思增：《公共体育场馆免费开放的对策研究》，《体育文化导刊》2015 年第 6 期。

何斌、席玉宝、王郓等：《美国高校大型体育场馆的建设与运营》，《武汉体育学院学报》2016 年第 10 期。

刘杰：《大型体育场馆市场化运营的体制性障碍研究》，《武汉体育学院学报》2011 年第 6 期。

潘前、王萍丽、陈榕：《美国大学竞技体育商业化现状研究》，《浙江体育科学》2014 年第 4 期。

王健、陈元欣、王维：《中美体育场馆委托经营比较研究》，《西安体育学院学报》2013 年第 1 期。

吴昕歌、陈元欣：《美国高校体育场馆运营模式的分析与启示》，《体育成人教育学刊》2018 年第 4 期。

徐海明：《协同治理：宁波市奥体中心运营模式选择》，《浙江体育科学》2018 年第 2 期。

杨慕屹、陆亨伯：《大型体育场馆公共服务协同治理要素探索》，《浙江体育科学》2018 年第 4 期。

钟华梅：《体育场地投资结构、运营模式的特征及影响因素》，《体育成人教育学刊》2017 年第 2 期。

周守友、朱兰君、张锐：《高校体育场馆建设共享模式研究——超越思维的惯性与定势之一》，《体育科技文献通报》2018 年第 11 期。

附　　录

Appendix

B.13
中国体育场馆发展大事记
（1950 ~2019）*

李艳丽**

1950 年　北京市什刹海游泳池落成。

1952 年　能容纳 2 万名观众的上海市虹口体育场和成都市人民体育场先后落成。

1953 年　广州市越秀山体育场落成，能容纳 4 万多名观众；呼和浩特市人民体育场、大同市体育场先后落成，能容纳 2 万名观众；哈尔滨市人民体育场落成，能容纳 1 万多名观众。

---

　*　本部分记录了中华人民共和国成立以来，在体育场馆领域有代表性的案例，包括在建筑规模、建筑风格、建筑意义等方面非常有代表性的案例，以及相关代表性文件。

　**　李艳丽，北京体育大学体育商学院副教授，硕士生导师，研究方向为体育场馆管理。

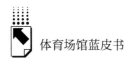

1954 年 能容纳 3 万观众的西北人民体育场（西安）、福建省厦门市人民游泳池落成。

1955 年 北京体育馆落成，是新中国成立后建立的第一座综合性体育建筑。

1959 年 中国当时最大的一座新型综合体育场——北京工人体育场落成，占地 35 万平方米，建筑面积 8 万平方米，是第一个登上新中国邮票的体育场馆，设 15000 个观众席。

1961 年 广西体育馆落成。

1968 年 中国第一座现代化大型体育馆——首都体育馆落成，它既是国内的第一个冰球馆，也是当时国内规模最大的多功能体育馆之一。

1969 年 浙江省人民体育馆落成，是中国第一个采用椭圆形平面和马鞍形预应力钢筋悬索屋盖结构的体育馆。

1974 年 中国进行了第一次全国性体育场地普查。这是中国历史上首次进行大规模体育场地普查工作。截至 1974 年底，中国各类体育场地（馆）总数为 25488 个。其中，体育场 152 个，体育馆 113 个，游泳池 1604 个，室内游泳池 74 个，灯光球场 17620 个，篮球房、排球房 284 个，体操房 155 个，射击房 129 个，乒乓球房 928 个，足球场 2833 个，运动场 1435 个，田径房 9 个，游泳场 95 个，网球场 35 个，举重房 12 个，滑冰场 3 个，羽毛球场 7 个。按系统划分：体委系统有 4141 个，工矿系统有 8969 个，农村有 3277 个，学校系统有 4603 个，解放军系统有 3095 个，其他系统有 1403 个。在拥有各类体育场馆数量排在前三名的是解放军（3095 个）、广东（2608 个）、广西（2299 个）。拥有体育场数量为零的是西藏、青海和宁夏。

1975 年 上海体育馆落成，是当时中国规模最大的体育馆。

1978 年

1 月 全国体育工作会议在北京召开，会议上明确提出要"建设现代化的体育设施"。

1979 年

9 月 国家体委转发《关于加强城市和做好县的体育工作的两个意见》，强调体育场地设施要列入城市和县镇建设规划。

12 月 国家体委颁布了《体育场馆（池）场地工人业务技术等级标准（草案)》，对工人的业务水平进行了明确划分，明确体育场馆从业人员的等级标准。

1980 年

4 月 国家体委、财政部、国家劳动总局、文化部联合下发《关于充分发挥体育场地使用效率的通知》。

1983 年

第二次全国体育场地普查工作于 1983 年进行，普查的标准时点为 1982 年 12 月 31 日。普查结果显示，全国共有各种体育场地415011 个。其中，体育场 315 个、体育馆 191 个、游泳馆 13 个、室内游泳池 110 个、室外游泳池 2043 个、有固定看台灯光球场 4016个、田径房 20 个、篮球房 404 个、排球房 131 个、小运动场 25634个、篮球场 327366 个、排球场 40342 个。数量较多的场地为篮球场，占 78.88%，排球场占 9.72%，小运动场占 6.18%。1949 年到 1982年，全国体育场地年平均增长速度为 13.7%，体委系统年平均增长速度为 12.1%。全国体育场地分布为：体委系统 9959 个，占 2.4%；工矿系统 39655 个，占 9.56%；农村人民公社 18727 个，占 4.52%；学校系统 294475 个，占 70.95%；解放军 21900 个，占 5.28%；铁路系统 1444 个，占 0.35%；其他 28851 个，占 6.95%。

4 月 国家体委和财政部发布《各级体委所属公共体育场所财务管理暂行办法》，提出了关于体育场馆考核指标的计算公式。

10 月 国务院批转国家体委《关于进一步开创体育新局面的请示》，在关于建设世界体育强国的战略目标中，提出建设现代化的体育设施。

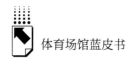

1984 年

10 月 党中央发布《关于进一步发展体育运动的通知》，提出了加快我国体育事业发展的指导思想、主要任务和工作措施。该通知提出增加体育事业经费和基建投资；体育场馆要改善管理，提高使用率；实行多种经营，逐步转变为企业、半企业性质的单位。

1986 年

4 月 第六届全国人民代表大会第四次会议通过关于《中华人民共和国国民经济和社会发展第七个五年计划》，其中提出："进一步加强专业体育队伍的建设，大力开展群众性体育活动，促进整个民族健康水平的提高。适当加强体育设施的建设。除国家建设一些重点体育设施外，有条件的地方，也要因地制宜地逐步建设体育运动设施。"

11 月 城乡建设环境保护部与国家体委共同公布试行《城市公共体育运动设施用地定额指标暂行规定》，首次根据人口分级对城市公共体育运动设施面积进行较详尽的规定。

1987 年

6 月 国家体委发布《全国体育先进县的标准和评选办法》《全国体育先进县标准的细则》，提出县级体育设施的建设要符合"两场、一池一房"的标准。

8 月 广州天河体育中心体育场落成，可容纳 6 万人，是当时中国规模最大的综合性体育场，主要由体育场、体育馆、游泳馆三大场馆组成。

1988 年

6 月 国家体委、国家统计局、国家教委、全国总工会联合下发了《关于对 1983 年以来全国新建体育场地进行普查的联合通知》。

1989 年

1 月 中国体育场馆协会在民政部注册登记。

1990 年　国家奥林匹克体育中心体育场建成。

1993 年

5 月　《国家体委关于深化体育改革的意见》发布,明确指出:"要逐步将有条件的体育事业单位推向市场,大多数公共体育场馆、训练场馆、新闻出版单位、科研和信息机构等事业单位,要由福利型、公益型和事业型向经营型转变,有条件的可办成经济实体,实行企业化经营。"

1994 年

2 月　《国家体委关于公共体育场所进一步发挥体育功能、积极向群众开放的通知》发布,指出"在保证满足体育训练竞赛,群众体育活动的前提下,可以开展多种经营活动,但不能因搞多种经营而破坏场馆结构或长期占用体育设施"。

3 月　《国务院办公厅关于体育彩票等问题的复函》发布,国务院批准发行体育彩票,这一特殊政策为中国体育事业发展提供了强有力的经济支撑,也为未来体育场馆建设提供了有效支撑。

1995 年

2 月　国家体委发布《关于公共体育场馆向群众开放的通知》,提出逐步探索出适应社会主义市场经济体制的群众体育社会化的新路子;在搞好社会效益的前提下,现有公共体育场馆原则上应免费向群众开放,体育场馆及设施可实行有偿和经营性服务活动。

6 月　国务院颁布《全民健身计划纲要》,纲要规定"体育场地设施建设要纳入城乡建设规划,落实国家关于城市公共体育设施用地定额和学校体育场地设施的规定。任何单位和个人不得侵占体育场地设施或挪作它用。各种国有体育场地设施都要向社会开放,加强管理,提高使用效率,并且为老年人、儿童和残疾人参加体育健身活动提供便利条件"。

8 月　全国人民代表大会常务委员会颁布《中华人民共和国体育

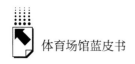

法》。《中华人民共和国体育法》的颁布，结束了中国体育无法可依的历史，开辟了中国"依法建场"的历史。《体育法》明确规定："按照国家对城市公共体育设施用地定额指标的规定，将城市公共体育设施建设纳入城市建设规划和土地利用总体规划，合理布局，统一安排"，"公共体育设施应当向社会开放……提高体育设施的利用率"。

11 月　国家体委会同国家统计局、国家教委、全国总工会和农业部启动了第四次全国体育场地普查。

1996 年

3 月　全国人大八届四次会议通过《国民经济和社会发展"九五"计划和 2010 年远景目标纲要》，明确提出"进一步改革体育管理体制，有条件的运动项目要推行协会制和俱乐部制。形成国家与社会共同兴办体育事业的格局，走社会化、产业化道路"。

10 月　第四次全国体育场地普查结束。根据普查数据，截至1995 年底，中国拥有符合普查标准的体育场地 615693 个，占地面积10.7 亿平方米，建筑面积 7700 万平方米，体育场地面积 7.8 亿平方米，累计投入体育场地建设的资金达 372 亿元。以 1994 年底全国总人口 11.985 亿人计算，每万人拥有体育场地 5 个，人均体育场地面积 0.65 平方米。

11 月　《国家体委关于深化改革加快发展县级体育事业的意见》发布，并提出"公共体育场馆不应以营利为目的，但可以实行有偿服务和部分有偿服务，不断提高服务质量，注重社会效益"。

1997 年

1 月　国家体委出台《关于加强体育法制建设的决定》，为中国体育设施政策的科学、配套、体系化建设提供了政策制定的系统框架。

1998 年　青岛国信体育场落成。

1999 年

11 月　财政部、国家体育总局发布《全国体育场地维修专项补助经费管理办法》，为加强全国体育场馆维修，中央财政设立了专项补助经费及管理办法。

2000 年

10 月 杭州黄龙体育中心体育场落成，可容纳 55000 人，是当时规模最大的集体育比赛、文艺表演、健身娱乐、餐饮住宿、商务办公和购物展览于一体的多功能场所。

12 月 国家体育总局在《2001—2010 年体育改革与发展纲要》中提出加强公益性体育基础设施的规划和建设；各级人民政府将城市公共体育设施建设纳入城市建设规划和土地利用总体规划，统一安排、合理布局；社会及个人投资兴建体育场馆设施，在土地使用、资金贷款等方面给予优惠政策。

2001 年 广州奥林匹克广场落成，成为当时中国占地面积最大的体育场馆。

2002 年

7 月 《中共中央国务院关于进一步加强和改进新时期体育工作的意见》提出："新建居民小区、经济开发区和学校必须配套建设相应的体育设施。公共体育设施要向社会开放，正确处理好公益性和经营性的关系。收费标准要充分考虑人民群众的经济承受能力。学校、机关、企事业单位的体育设施也要努力实现社会共享。严禁侵占、破坏体育设施。要将体育场馆建设成为健康、科学、文明的阵地。"

8 月 武汉体育中心体育场建成，有观众座席 5.6 万个，能够举办国内大型综合性运动会和国际单项比赛。

2003 年

6 月 国务院公布《公共文化体育设施条例》规定，对公共文化体育设施的定义、建设选址、建筑规划、建设资金来源、使用细则、管理方案等方面做了详尽的规定。

10 月 建设部、国家体育总局发布的行业标准《体育建筑设计

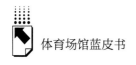

规范》开始施行。

11 月 北京 2008 年奥运会主要场馆及相关设施项目法人招标工作圆满结束，这是奥运场馆建设筹备工作的一个重要里程碑。

2005 年

2 月 《第五次全国体育场地普查数据公报》发布。数据显示，截至 2003 年 12 月 31 日，中国各系统、各行业、各种所有制形式（不含港澳台地区）共有符合第五次全国体育场地普查要求的各类体育场地 850080 个，其中标准体育场地 547178 个，非标准体育场地 302902 个，占地面积为 22.5 亿平方米，建筑面积为 7527.2 万平方米，场地面积为 13.3 亿平方米。

11 月 《城市社区体育设施建设用地指标》出台。

2006 年 南通体育会展中心竣工，它是中国第一个采用巨型活动开启式屋盖的体育场馆。

2007 年

8 月 五棵松体育馆正式竣工。

9 月 国务院颁布《大型群众性活动安全管理条例》，对大型群众性活动进行界定，完善安全管理制度和措施，明确承办者、场所管理者和公安机关等相关单位的责任与职责，尤其强调各方应承担的法律责任。

2008 年

1 月 国家游泳中心竣工。

3 月 《国务院办公厅关于加快发展服务业若干政策措施的实施意见》发布，开启了政府鼓励中国体育场馆市场化经营的大幕，提出体育等部门放宽市场准入、鼓励社会力量增加供给等建议，从国家层面推进体育服务业的标准化。

6 月 国家体育馆和国家游泳中心落成。

2009 年

9 月 国务院颁布《全民健身条例》，将全民健身事业纳入国民经济和社会发展规划部，有计划地建设公共体育设施。第十二条中规定，每年8月8日为"全民健身日"，应加强全民健身宣传、积极组织和开展全民健身活动、组织开展免费健身指导服务、向公众免费开放公共体育设施。

11 月 《公共体育场馆建设标准》发布，明确规定了体育场、体育馆和游泳馆的建设标准。

2010 年

4 月 国家体育总局发布《2006—2008 全国体育及相关产业统计公报》。

2011 年

4 月 国家体育总局发布《体育事业发展"十二五"规划》，强调要加强公共体育设施规划制定与实施管理、加强全民健身设施建设、进一步推动体育场馆向公众开放。

6 月 深圳湾体育中心竣工。

8 月 钻石球场建成。

2013 年

11 月 国家体育总局、国家发展和改革委员会等8部门联合印发《关于加强大型体育场馆运营管理改革创新提高公共服务水平的意见》，并出台了一系列配套措施。

7 月 武汉光谷国际网球中心正式破土动工。

2014 年

1 月 国家体育总局、财政部联合印发《关于推进大型体育场馆免费低收费开放的通知》，推进体育部门所属大型体育场馆全面向社会免费、低收费开放。

5 月 财政部、国家体育总局联合出台了《大型体育场馆免费低收费开放补助资金管理办法》，对大型体育场馆免费、低收费开放补助资金的补助范围和标准、申报和审批、管理和使用、监督检查和绩效评价等做出明确的规定。2014 年中央财政共安排补助金额 8.5 亿元，对全国体育系统免费、低收费开放的 1265 个大型体育场馆予以补助，有力推动了体育系统大型体育场馆的免费、低收费开放。与此同时，在地方省市财政的大力支持下，河北、上海、浙江、湖北、河南等地还进一步扩大了补助资金的支持范围，惠及了更多的百姓，取得了良好效果。

10 月　《国务院关于加快发展体育产业促进体育消费的若干意见》发布，提出创新体育场馆运营机制、完善体育设施、推动场馆设施开放利用、完善规划布局与土地政策、创新体育场馆运营机制等。同时，"46 号文件"中首次提出以体育设施为载体，打造城市体育服务综合体，推动体育与住宅、休闲、商业的综合开发。

12 月　国家体育总局发布《第六次全国体育场地普查数据公报》。数据显示，截至 2013 年 12 月底，全国共有体育场地 169.46 万个，体育场地面积 19.92 亿平方米，人均体育场地面积 1.46 平方米，体育场地建筑面积 2.59 亿平方米。其中，室内场地 16.91 万个，室外体育场地 152.55 万个，用于满足高水平比赛的大型体育场馆（体育场、体育馆、游泳跳水馆）1000 多个。

国家体育总局发布《关于印发〈大型体育场馆基本公共服务规范〉、〈大型体育场馆运营管理综合评价体系〉的通知》。

2015 年

1 月　国家体育总局印发了《体育场馆运营管理办法》，提出鼓励有条件的体育场馆发展体育旅游、体育会展、体育商贸、康体休闲、文化演艺等多元业态，建设体育服务综合体和体育产业集群。

12 月　财政部、国家税务总局联合下发《关于体育场馆房产税和城镇土地使用税政策的通知》。

2016 年

6 月　国务院印发《全民健身计划（2016—2020 年）》，统筹建设全民健身场地设施，方便群众就近就便健身。

7月 国家体育总局印发《体育产业发展"十三五"规划》，提出："积极推动体育场馆做好体育专业技术服务，开展场地开放、健身服务、体育培训、竞赛表演、运动指导、健康管理等体育经营服务。充分盘活体育场馆资源，采用多种方式促进无形资产开发，扩大无形资产价值和经营效益。支持大型体育场馆发展体育商贸、体育会展、康体休闲、文化演艺、体育旅游等多元业态，打造体育服务综合体。推进体育场馆通过连锁等模式扩大品牌输出、管理输出和资本输出，提升规模化、专业化、市场化运营水平。"

10月 中共中央、国务院发布《"健康中国2030"规划纲要》，提出将完善全民健身公共服务体系，推行公共体育设施免费或低收费开放，确保公共体育场地设施和符合开放条件的企事业单位体育场地设施全部向社会开放。

11月 《水上运动产业发展规划》《航空运动产业发展规划》《山地户外运动产业发展规划》先后发布。3个运动产业发展规划描绘了到2020年有关运动产业发展的蓝图，提出到2020年各自的产业发展目标。三个规划的产业总规模累计达9000亿元，并逐步形成山地户外"三纵三横"、水上运动"两江两海"、航空运动200千米飞行圈等运动产业发展新格局。

国家体育总局、国家发展和改革委员会等7部门联合印发了《全国冰雪场地设施建设规划（2016—2022年)》，加快冰雪场地设施建设，推动冰雪运动的普及和提高，促进冰雪产业发展。

国务院办公厅印发《关于进一步扩大旅游文化体育健康养老教育培训等领域消费的意见》，强调了体育场馆的"盘活""开放""利用"，与此前的相关政策一脉相承，深入推进场馆运营管理改革工作。

12月 国家体育总局召开了2015年度体育产业统计数据发布

会，宣读了《国家体育总局国家统计局联合发布 2015 年国家体育产业规模及增加值数据的公告》。公告显示，2015 年中国体育产业总产出（总规模）为 1.7 万亿元，增加值为 5494 亿元，占同期国内生产总值的比重为 0.8%。其中，体育场馆建设和运营相关产业产值1011.4 亿元，增加值 493.4 亿元，分别占我国体育产业总产值和增加值的 6% 和 9%。

2017 年

1 月 国家发展改革委、国家体育总局联合印发了《"十三五"公共体育普及工程实施方案》，旨在提升公共体育普及水平，进一步满足人民群众日益增长的体育健身需求，提高中华民族身体素质。

3 月 教育部、国家体育总局联合印发《关于推进学校体育场馆向社会开放的实施意见》，要求学校体育场馆向社会开放时间应与当地居民工作、教学时间适当错开，在国家法定节假日和学校寒暑假，学校体育场馆应适当延长开放时间。

6 月 中央财政下达 2017 年公共体育场馆向社会免费或低收费开放补助资金 9.3 亿元，用于支持体育部门所属 1257 个大型体育场馆向社会免费或低收费开放。

7 月 国家体育总局、国家旅游局联合发布《"一带一路"体育旅游发展行动方案》，行动领域包括加大体育旅游宣传力度、培育体育旅游重点项目、加强体育旅游设施建设、促进体育旅游装备制造、推动体育旅游典型示范、发展体育旅游目的地、打造体育旅游合作平台、强化体育旅游智力支撑。

8 月 国家体育总局与海南省签署战略合作协议。国家体育总局从国家体育发展战略出发，推动海南群众体育、竞技体育和体育产业发展，建设国家体育旅游示范区、国家运动健康城市和体育特色小镇、国家体育总局南方训练基地，举办全国性、国际性体育赛事活动，打造体育宣传重要媒体、支持探索发展竞猜型体育彩票和大型国际赛事即开型彩票。

8月 第十三届全运会在天津正式开幕，此次全运会赛事涉及场馆47个。全运会场馆建设运用多项创新技术，比如天津体育中心自行车馆结构上采用了"弦支穹顶"设计，该技术将每平方米的用钢量由120千克降到80千克。

12月 《国土资源部关于印发〈城市公共体育场馆用地控制指标〉的通知》，明确了城市公共体育场馆建设的土地使用标准和节约集约用地要求，进一步完善了体育领域的土地使用标准体系。

2018年

1月 国家体育总局办公厅印发《大型体育场馆信息化监管系统建设试点工作方案》，探索大型体育场馆信息化监管系统建设模式和工作机制，探索大型体育场馆免费或低收费开放补助新思路，推动大型体育场馆提高管理服务水平。

4月 国家体育总局公布《关于做好2018年大型体育场馆免费或低收费开放工作有关事宜的通知》，要求要充分认识新时代下做好大型体育场馆开放工作的重要意义，充分发挥大型体育场馆的公共服务作用，通过网络平台和扁平化管理，推进体育场馆开放更加阳光，实现体育场馆免费或低收费开放监督检查全覆盖，完善体育场馆免费或低收费开放管理机制。

5月 中央财政下达2018年公共体育场馆向社会免费或低收费开放补助资金9.3亿元，统筹用于大型体育场馆向社会免费或低收费开展基本公共体育服务项目所需支出。

6月 国家体育总局办公厅印发《智慧社区健身中心建设试点工作方案》，探索建立社区健身中心管理服务新模式，探索构建社区健身中心管理服务新平台，探索社区健身中心建设运营新路径。

8月 北京市延庆区人民政府区长与中标冬奥会延庆赛区PPP合作招标的住总集团、万科集团和中建一局联合体签订框架协议，北京

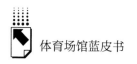
2022 年冬奥会和冬残奥会再次成功引入社会资本参与场馆建设和运营，标志着冬奥会延庆赛区场馆建设的全面提速。

11 月 首都体育馆场馆群全面开工，计划于 2020 年竣工。

12 月 国家游泳中心冬奥工程开工动员会在水立方比赛大厅举行，"水立方"向"冰立方"转变工程正式启动。改造后的水立方将在比赛大厅新增冰壶场地功能，满足北京 2022 年冬奥会和冬残奥会赛事需要，"冰立方"是冬奥会历史上最大体量的冰壶场馆。

2019 年

1 月 3 日 中国足协正式下发《关于增加和调整〈中国足球协会职业俱乐部准入规程〉部分内容的通知》，要求各俱乐部加强自身建设。在基础设施建设方面，"俱乐部要与体育场签订 3 年以上使用协议"，俱乐部必须拥有一座可用于亚足联赛事和俱乐部申请参加中国足协各级联赛赛事使用的体育场等。

1 月 8 日 国家统计局、国家体育总局发布《2017 年全国体育产业总规模与增加值数据公告》。2017 年，中国体育场馆服务行业总产出达到 1338.5 亿元，增加值为 678.2 亿元。

1 月 15 日 国家体育总局、国家发展改革委联合发布《进一步促进体育消费的行动计划（2019—2020 年）》，提出打造各类体育综合体，加强便民体育设施建设，进一步完善大型公共体育场馆向社会免费或低收费开放政策。

2 月 14 日 国家体育总局办公厅发布了《2019 年群众体育工作要点》，推动解决群众"去哪儿健身"难题，推进全民健身公共服务体系建设，推动各类群众体育活动广泛开展；继续会同中央有关部门利用中央资金支持地方建设完善群众身边的健身设施；持续推进大型体育场馆信息化监管系统和智慧社区健身中心建设试点；推进大型体育场馆免费或低收费开放。

7 月 12 日 国家发展改革委、国家体育总局、国务院足球改革发展部际联席会议办公室联合印发《全国社会足球场地设施建设专项行动实施方案（试行）》，要求充分发挥中央预算内投资示范带动和地方政府引导作用，进一步激发社会力量参与积极性，扩大足球场地设施有效供给，为足球运动在全国蓬勃发展奠定坚实的设施基础。

8月27日　国务院办公厅印发《关于加快发展流通促进商业消费的意见》（以下简称《意见》）。对于体育场馆，《意见》提出："推动传统流通企业创新转型升级。支持线下经营实体加快新理念、新技术、新设计改造提升，向场景化、体验式、互动性、综合型消费场所转型。鼓励经营困难的传统百货店、大型体育场馆、老旧工业厂区等改造为商业综合体、消费体验中心、健身休闲娱乐中心等多功能、综合性新型消费载体。在城市规划调整、公共基础设施配套、改扩建用地保障等方面给予支持。"

8月28日　国家发展改革委等21部门联合印发《促进健康产业高质量发展行动纲要（2019—2022年)》（以下简称"纲要"）。在"落实税费政策"方面，纲要提出："体育场馆等运动健身场所执行不高于一般工商业标准的电、气、热价格，体育场馆按规定享受房产税、城镇土地使用税优惠政策。"

9月2日　国务院办公厅印发《体育强国建设纲要》，提出："运用物联网、云计算等新信息技术，促进体育场馆活动预订、赛事信息发布、经营服务统计等整合应用，推进智慧健身路径、智慧健身步道、智慧体育公园建设。鼓励社会力量建设分布于城乡社区、商圈、工业园区的智慧健身中心、智慧健身馆。""科学规划布局和建设一批室内外公共滑冰、滑雪场地，推广使用可移动式冰场和仿真冰场。推动建设公共体育场地设施管理服务网络平台……推进体育服务综合体建设，在全国建设一批体育特色鲜明、服务功能完善的体育服务综合体。稳步推进运动休闲特色小镇建设，开展定期测评，实行动态调整，打造10个具有示范意义的小镇样板。"

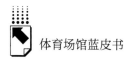

9 月 17 日 《国务院办公厅关于促进全民健身和体育消费推动体育产业高质量发展的意见》发布，提出：建设场地设施，增加要素供给；大力培育健身休闲、竞赛表演、场馆服务、体育经纪、体育培训等服务业态，创新商业模式，延伸产业链条；鼓励建设体育服务综合体，支持推出一批体育特色鲜明、服务功能完善、经济效益良好的综合体项目，稳步推进建设一批规划科学、特色突出、产业集聚的运动休闲特色小镇。

10 月 25 日 国家体育总局、公安部、自然资源部、住房城乡建设部、卫生健康委、应急管理部、市场监管总局、国家林业和草原局联合印发《关于进一步加强冰雪运动场所安全管理工作的若干意见》。

10 月 30 日 中华人民共和国国家发展和改革委员会令第 29 号《产业结构调整指导目录》公布，自 2020 年 1 月 1 日起施行。《产业结构调整指导目录（2011 年本）（修正）》同时废止。《目录》提出，鼓励体育场地和设施管理、体育场地设施建设，限制高尔夫球场项目及赛马场项目。

Abstract

Annual Report on Development of China's Sports Venues (2019 – 2020) includes five parts: General Report, Construction and Operation Report, Special Report, Case Report and Appendix. As China's first blue book of venues, this book is not only academic, authoritative and comprehensive, but also emphasizes practicality, innovation and timeliness. Guided by policies, based on facts, cases and data, this report seeks to present a full picture of China's sports venues industry and explore the driving force and engine for its high-quality development.

Since the founding of the People's Republic of China, governments at all levels and sports administrative departments have always attached great importance to the construction and operation of sports venues and their socio-economic value. Since the 13th Five-Year Plan, remarkable achievements have been made in the construction of sports venues, both the scale of the venue and the area per capita have increased considerably. However, the distribution of sports venues among different systems, units, projects, as well as between urban and rural areas, and between regions is still uneven, especially in the central and western regions and the vast rural areas. Besides the three major sports events of basketball, table tennis and running, there are also deficiencies in facilities' supply.

China's sports venues mainly include sports venues service industry and sports venues construction industry. The sports venues service industry, with its rapid development, has been faced with six major constraints: insufficient professionalism in operation, single business model, lack of management personnel, inadequate resource development and utilization,

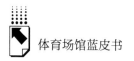

low level of information and intelligence, and high operating cost. The steady growth of sports venue construction industry needs to overcome the problems of financing, construction mechanism and mode, land and follow-up operation.

Looking ahead, the report believes that against the backdrop of the in-depth implementation of the "Leading Sports Nation" and "Healthy China" strategies, the sports venue industry will present the following ten major development trends. The overall rapid development momentum will continue to be maintained, and the system will enter a new stage of quality and efficiency. Mechanism reform further deepens, social forces are deeply involved in the construction and operation of sports venues. Diversified operation of sports venues and sports service complexes gradually become dominant. The level of intelligence in venue construction and operation continues to increase, and the new professional venue operation market entities grow fast. The function and mission of serving national fitness has been strengthened. Key projects such as winter sports and football have set off a new upsurge, and sports venues have become an important carrier for community development.

Keywords: Sports Venue; Sports Industry; Winter Olympic Games; Service Complex; Smart Venue

Contents

I General Report

Abstract: This paper reviews the three development stages of sports venue construction and operation since the founding of the People's Republic of China. Based on the fifth and sixth national census data of sports venues and important data related to the sports venue industry during the 13th Five-Year Plan period, this paper analyzes the distribution of sports venues among different systems, units, sports events, urban and rural areas, and regions. It points out the constraints of the two major formats of sports venue service industry and sports venue construction industry. The research believes that with the deepening of system and mechanism reforms, the rapid advancement of new technologies and the boost of consumer consumption capacity, the sports venue industry will present ten major development trends.

Keywords: Sports Venue; Venue Service Industry; Venue Construction Industry

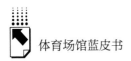
Ⅱ Construction and Operation Report

B. 2 Analysis of Post-game Use of Winter Olympic Venues

and the Implications for the Beijing Winter Olympic Games

Xu Hanbing , Bai Yunchao and Ruan Fei / 034

Abstract：As Beijing prepares for the 2022 Winter Olympic Games，China's winter sports and related industries are gaining momentum. This paper takes the Lillehammer Winter Games in Norway，the Salt Lake City Winter Games in the United States and the Vancouver Winter Games in Canada as examples to analyze the development，operation and investment models of post-game use of Winter Olympic venues. In the above three host cities，post-game use of venues is characterized by diversified operation，specialized and diverse services，and operation supported by Olympic legacy trust fund. For post-game use of the Beijing 2022 Winter Olympic venues，the following is suggested：implement the Olympic Agenda 2020 accordingly and diversify operation；strengthen pre-game planning and give full play to the leverage effect of events；develop sports complexes and promote regional integration of venues；innovate in funding models to meet the needs of venue renovation and maintenance；plan systematically to ensure the efficient use of the Olympic legacy.

Keywords：Winter Olympic Venue；Post-game Use；Beijing Winter Olympic Games

B. 3 Establishment and Application of Evaluation System for

Operation Capacity of Mega Sports Venues *Sun Erjuan* / 058

Abstract: Through archival study, field research, interviews and questionnaire surveys, this paper establishes an evaluation system for the operating capacity of mega sports venues. The system covers 5 dimensions (comprehensive service output, basic facility resources, comprehensive management, comprehensive benefits, and feature bonus points) , 16 first-level indicators, 59 second-level and third-level indicators. The author takes the Shenzhen Sports Center as a case, uses the established evaluation system to grade its operation and summarize its achievements and experience, with a view to providing theoretical reference for reforming the management rights of public sports venues, restructuring the business forms of venues, fostering professional venue operators, and developing high-quality sports consumption.

Keywords: Sports Venue; Operating Capacity System; Assessment Criteria; Shenzhen Sports Center

B. 4 Main Business Models of Sports Complexes: Analysis

and Suggestions *Wang Jin* / 092

Abstract: This paper systematically reviews related contents of sports complexes and holds that sports complexes are featured by large space, being sport-oriented, diverse business forms, and efficient integration of business forms. It also points out that sports complex services mainly include physical fitness, sports training, sports events, sports products marketing and other supporting projects. The author goes on to introduce three main

business models of sport complexes： complexes embedded in business centers； sports center complexes； integrated complexes for nationwide fitness programs， with a view to providing theoretical reference and practical guidance for improving the operating capacity and sustainability of sports venues.

Keywords： Sports Venue； Services Complex； Business Model

Ⅲ　Special Report

B. 5　A Policy Tool Perspective on the Status Quo and Prospects

　　of China's Policies on Sports Venues　　*Fan Songmei* / 108

Abstract： Since the State Council published the "No. 46 file"， China and its various provinces have established policies concerning venue planning， operation and management， as well as finance and taxation. From the perspective of policy tools， this paper establishes an analysis framework for venue-related policies and reviews the status quo of venue-related policies adopted both at the national and provincial levels between October 2014 and October 2019. Suggestions are put forward for future development of such policies. The study finds that at the national level， the State Council and its affiliates have mainly adopted 20 venue-related policies， including 5 on planning and construction， 10 on operation and management， and 5 on finance and taxation； China mainly adopts supply-based and environment-oriented policy tools to develop sports venues， and rarely uses demand-based policy tools. At the provincial level， supply-based policy tools are mainly used； environment-oriented policy tools are sporadically used； few demand-type policy tools are adopted. In the future， at the national level， developing venue-related policies should focus on setting out detailed supporting rules for policy implementation; detailed policies for venue planning, operation and management, finance and taxation should be put in place. At the provincial level, the focus should be on formulating feasible policies that are tailored to local conditions. And at both the national and provincial levels, the policy tools mix should be enriched and balanced.

Keywords: Sports Venue; Policy Tool; Feasible Policy

B. 6　PPP Model in China's Sports Venues: History, Challenges and Countermeasures　　　　　　　　　　*Li Yanli* / 128

Abstract: The PPP model has been embraced and promoted as an important means and tool for the government to expand financing channels for infrastructure and livelihood, revitalize social stock capital, and drive innovation in government governance models via innovation in project management models. Sports venues are the focus of PPP in the sport industry. At present, blind spots still exist in the theory and practice of PPP in sports venues. This paper first systematically summarizes the connotation and form of PPP in sports venues; second, it describes the development process and challenges of applying PPP to China's venues; finally, it is proposed that the key to optimizing the operating mechanism for PPP in venues lies in the design of the operating mechanisms, including mechanisms for cooperation among stakeholders and for governance.

Keywords: Sports Venue; PPP Model; Financing Channel

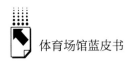

B. 7　Analysis of the Value of Air Dome Application and
　　　its Development in Practice　　　　　　　　*Tan Ning* / 144

Abstract：As the nationwide fitness campaign develops, building sports venues has become an essential part of improving the urban public sports service system. The sport industry has witnessed exponential growth. Air dome technology has been widely used in sports venues, cultural entertainment venues and other projects. This paper first analyzes China's use of air domes in sports, pointing out that 2014 was a turning point for the development of air dome venues and that the air dome industry is now growing rapidly. Secondly, the support of national and local policies, changes in the economic climate and social needs, have provided opportunities for air dome application in sports. Thirdly, perception and the lack of industry standards have become restrictions on air dome development. Finally, the author proposes countermeasures for future development of air domes from four aspects：industry standards, government regulations, R&D investment and promotion efforts.

Keywords：Air Dome；National Fitness；Sports Venue；Winter Sport

B. 8　Smart Venues：New Trends in the Development of
　　　Sports Venues　　　　　　　　　　　　　*Du Zhao* / 170

Abstract：In recent years, despite the continuous growth of the global sport industry, the number of people watching sports at stadiums has continued to decline. This has posed serious challenges to sports venues operation and the organization of sports events；it has also spurred venue owners and operators to use modern information technology to provide spectators with a unique, high-quality live viewing experience, with a view to attracting spectators to the stadiums to watch the games, stay longer at the stadiums and increase consumption, so as to increase profits for venue operators and event organizers. This paper summarizes the concept and elements of smart venues, analyzes the smart venues from the perspectives of stakeholders and technical architecture, and introduces three mega smart venues: The Levi's Stadium, Golden 1 Center and Tottenham Hotspur Stadium.

Keywords: Smart Venue; Viewing Experience; Stakeholder

Ⅳ   Case Report

B. 9   Research on the Sustainability of Winter Olympic Venues

—*Taking Canada's Richmond Olympic Oval as an Example*

Li Yanli / 186

Abstract: The Richmond Olympic Oval is an important part of the Vancouver 2010 Winter Olympic legacy. The diversified operation model makes the Richmond Olympic Oval the only profitable venue after the Vancouver Games, and it has become a model of post-game use and sustainability for Olympic venues around the world. The Richmond Olympic Oval operation includes: holding diverse events for venue branding; integrating venue operation with communities to achieve win-win cooperation. Implications of the Richmond Olympic Oval for Beijing Winter Olympic venues: establish a modern corporate management system for sports venues; focus on developing intangible assets in sports venues and branding; strengthen post-game use of venues and integrate multiple industries; integrate venues with surrounding communities to diversify

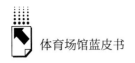

venue operation; remain eco-friendly and develop smart venues.

Keywords: Sports Venue; Richmond; Winter Olympic Legacy; Post-game Use

B. 10   Analysis of and Suggestions on the Competitive Edge
        of China's Venue Developers: Taking METASPACE
        as an Example   *Ma Tianping* / 194

Abstract: China's sport industry is booming, and venue-related enterprises have become an important pillar for its growth. Venue developers are growing rapidly, but they also face many problems and challenges. Taking profitability, marketing, leverage, operation, safety and growth potential as Enterprise Competitive Edge Indicators, this paper intends to study venue developers and takes METASPACE as the case. Based on the company's financial statistics and operating information, the author analyzes its current competitive edge and development trends. Overall, METASPACE has performed well in terms of the above six indicators, and it has made steady progress. Finally, this paper puts forward suggestions on improving the competitive edge of venue developers from the perspectives of the six indicators, human capital and branding strategies.

Keywords: Sports Venue; Corporate Management; Enterprise Competitive Edge

Abstract: As nationwide fitness campaigns gain momentum, public
awareness of sports has been increasing, and sports venues, as a platform for
mass sport activities, are presented with development opportunities.
Increasing attention has been paid to proper and efficient venue operation.
This paper aims to study venue operators, taking Guangzhou Pearl River
Sports & Culture Development Co. , Ltd. as the case and analyzing its
current competitive edge and development trends from six dimensions:
profitability, marketing, leverage, operation, safety and growth potential.
On the whole, the company performs well in terms of the six dimensions,
and enjoys certain market competitive edge. Finally, suggestions are put
forward on improving the competitive edge of venue operators from the
perspectives of the above six dimensions, human capital and branding
strategies.

Keywords: Sports Venue; Corporate Management; Enterprise
Competitive Edge; Branding Strategy

Abstract: The Gymnasium at University of Science and Technology
Beijing (USTB) was the official venue for Judo, Taekwondo, Wheelchair
Basketball, Wheelchair Rugby of the Beijing 2008 Olympic and Paralympic

Games. As one of the four newly-constructed university stadiums for the Olympic Games, the USTB Gymnasium embraces green and eco-friendly development, adopts advanced technology, and integrates the university's campus culture. After the Olympic Games, investigation and research were conducted to fine-tune the venue, which was opened to the public in 2009 and became an important venue for campus sports and mass sports. Taking archival study and an inductive approach, this paper summarizes the experience of the USTB Gymnasium in terms of venue facilities, sport events and related services, and post-game operation, and provides reference for the development and operation of mega venues at universities.

Keywords: Olympic Venue; University Gymnasium; Post-game Use; Financially Self-reliant Venue Operation

V Appendix

社会科学文献出版社

皮 书

智库报告的主要形式
同一主题智库报告的聚合

❖ 皮书定义 ❖

皮书是对中国与世界发展状况和热点问题进行年度监测，以专业的角度、专家的视野和实证研究方法，针对某一领域或区域现状与发展态势展开分析和预测，具备前沿性、原创性、实证性、连续性、时效性等特点的公开出版物，由一系列权威研究报告组成。

❖ 皮书作者 ❖

皮书系列报告作者以国内外一流研究机构、知名高校等重点智库的研究人员为主，多为相关领域一流专家学者，他们的观点代表了当下学界对中国与世界的现实和未来最高水平的解读与分析。截至2020年，皮书研创机构有近千家，报告作者累计超过7万人。

❖ 皮书荣誉 ❖

皮书系列已成为社会科学文献出版社的著名图书品牌和中国社会科学院的知名学术品牌。2016年皮书系列正式列入"十三五"国家重点出版规划项目；2013~2020年，重点皮书列入中国社会科学院承担的国家哲学社会科学创新工程项目。

中国皮书网

（网址：www.pishu.cn）

发布皮书研创资讯，传播皮书精彩内容
引领皮书出版潮流，打造皮书服务平台

栏目设置

◆关于皮书

何谓皮书、皮书分类、皮书大事记、
皮书荣誉、皮书出版第一人、皮书编辑部

◆最新资讯

通知公告、新闻动态、媒体聚焦、
网站专题、视频直播、下载专区

◆皮书研创

皮书规范、皮书选题、皮书出版、
皮书研究、研创团队

◆皮书评奖评价

指标体系、皮书评价、皮书评奖

◆互动专区

皮书说、社科数托邦、皮书微博、留言板

所获荣誉

◆2008 年、2011 年、2014 年，中国皮书
网均在全国新闻出版业网站荣誉评选中
获得"最具商业价值网站"称号；
◆2012 年,获得"出版业网站百强"称号。

网库合一

2014年，中国皮书网与皮书数据库端口
合一，实现资源共享。

权威报告・一手数据・特色资源

皮书数据库
ANNUAL REPORT(YEARBOOK)
DATABASE

分析解读当下中国发展变迁的高端智库平台

所获荣誉

- 2019年，入围国家新闻出版署数字出版精品遴选推荐计划项目
- 2016年，入选"'十三五'国家重点电子出版物出版规划骨干工程"
- 2015年，荣获"搜索中国正能量 点赞2015""创新中国科技创新奖"
- 2013年，荣获"中国出版政府奖・网络出版物奖"提名奖
- 连续多年荣获中国数字出版博览会"数字出版・优秀品牌"奖

成为会员

通过网址www.pishu.com.cn访问皮书数据库网站或下载皮书数据库APP，进行手机号码验证或邮箱验证即可成为皮书数据库会员。

会员福利

- 已注册用户购书后可免费获赠100元皮书数据库充值卡。刮开充值卡涂层获取充值密码，登录并进入"会员中心"—"在线充值"—"充值卡充值"，充值成功即可购买和查看数据库内容。
- 会员福利最终解释权归社会科学文献出版社所有。

数据库服务热线：400-008-6695
数据库服务QQ：2475522410
数据库服务邮箱：database@ssap.cn
图书销售热线：010-59367070/7028
图书服务QQ：1265056568
图书服务邮箱：duzhe@ssap.cn

社会科学文献出版社 皮书系列
SOCIAL SCIENCES ACADEMIC PRESS (CHINA)
卡号：841873382456
密码：

基本子库
SUB DATABASE

中国社会发展数据库（下设 12 个子库）

　　整合国内外中国社会发展研究成果，汇聚独家统计数据、深度分析报告，涉及社会、人口、政治、教育、法律等 12 个领域，为了解中国社会发展动态、跟踪社会核心热点、分析社会发展趋势提供一站式资源搜索和数据服务。

中国经济发展数据库（下设 12 个子库）

　　围绕国内外中国经济发展主题研究报告、学术资讯、基础数据等资料构建，内容涵盖宏观经济、农业经济、工业经济、产业经济等 12 个重点经济领域，为实时掌控经济运行态势、把握经济发展规律、洞察经济形势、进行经济决策提供参考和依据。

中国行业发展数据库（下设 17 个子库）

　　以中国国民经济行业分类为依据，覆盖金融业、旅游、医疗卫生、交通运输、能源矿产等 100 多个行业，跟踪分析国民经济相关行业市场运行状况和政策导向，汇集行业发展前沿资讯，为投资、从业及各种经济决策提供理论基础和实践指导。

中国区域发展数据库（下设 6 个子库）

　　对中国特定区域内的经济、社会、文化等领域现状与发展情况进行深度分析和预测，研究层级至县及县以下行政区，涉及地区、区域经济体、城市、农村等不同维度，为地方经济社会宏观态势研究、发展经验研究、案例分析提供数据服务。

中国文化传媒数据库（下设 18 个子库）

　　汇聚文化传媒领域专家观点、热点资讯，梳理国内外中国文化发展相关学术研究成果、一手统计数据，涵盖文化产业、新闻传播、电影娱乐、文学艺术、群众文化等 18 个重点研究领域。为文化传媒研究提供相关数据、研究报告和综合分析服务。

世界经济与国际关系数据库（下设 6 个子库）

　　立足"皮书系列"世界经济、国际关系相关学术资源，整合世界经济、国际政治、世界文化与科技、全球性问题、国际组织与国际法、区域研究 6 大领域研究成果，为世界经济与国际关系研究提供全方位数据分析，为决策和形势研判提供参考。

法律声明

"皮书系列"（含蓝皮书、绿皮书、黄皮书）之品牌由社会科学文献出版社最早使用并持续至今，现已被中国图书市场所熟知。"皮书系列"的相关商标已在中华人民共和国国家工商行政管理总局商标局注册，如 LOGO（▨）、皮书、Pishu、经济蓝皮书、社会蓝皮书等。"皮书系列"图书的注册商标专用权及封面设计、版式设计的著作权均为社会科学文献出版社所有。未经社会科学文献出版社书面授权许可，任何使用与"皮书系列"图书注册商标、封面设计、版式设计相同或者近似的文字、图形或其组合的行为均系侵权行为。

经作者授权，本书的专有出版权及信息网络传播权等为社会科学文献出版社享有。未经社会科学文献出版社书面授权许可，任何就本书内容的复制、发行或以数字形式进行网络传播的行为均系侵权行为。

社会科学文献出版社将通过法律途径追究上述侵权行为的法律责任，维护自身合法权益。

欢迎社会各界人士对侵犯社会科学文献出版社上述权利的侵权行为进行举报。电话：010-59367121，电子邮箱：fawubu@ssap.cn。

社会科学文献出版社